A BÍBLIA DA WICCA

A BÍBLIA DA WICCA

O GUIA DEFINITIVO DA MAGIA E DA ARTE PARA OS BRUXOS

Ann-Marie Gallagher

Tradução
Denise de Carvalho Rocha

Editora Pensamento
SÃO PAULO

Título do original: *The Wicca Bible – The Definitive Guide to Magic and the Craft*.

Copyright © 2005, 2009 Octopus Publishing Group.

Copyright do texto © 2005 Ann-Marie Gallagher.

Copyright da edição brasileira © 2021 Editora Pensamento-Cultrix Ltda.

1ª edição 2021.

Todos os direitos reservados. Nenhuma parte deste livro pode ser reproduzida ou usada de qualquer forma ou por qualquer meio, eletrônico ou mecânico, inclusive fotocópias, gravações ou sistema de armazenamento em banco de dados, sem permissão por escrito, exceto nos casos de trechos curtos citados em resenhas críticas ou artigos de revista.

A Editora Pensamento não se responsabiliza por eventuais mudanças ocorridas nos endereços convencionais ou eletrônicos citados neste livro.

Editor: Adilson Silva Ramachandra
Gerente editorial: Roseli de S. Ferraz
Gerente de produção editorial: Indiara Faria Kayo
Editoração eletrônica: Join Bureau
Revisão: Adriane Gozzo

Dados Internacionais de Catalogação na Publicação (CIP)
(Câmara Brasileira do Livro, SP, Brasil)

Gallagher, Ann-Marie
 A bíblia da wicca: o guia definitivo da magia e da arte para os bruxos / Ann-Marie Gallagher; tradução Denise de Carvalho Rocha. – São Paulo: Editora Pensamento Cultrix, 2021.

 Título original: The wicca bible: the definitive guide to magic and the craft
 ISBN 978-85-315-2128-7
 1. Bruxaria 2. Magia 3. Wicca I. Título.39550

20-39550 CDD-133.43

Índices para catálogo sistemático:
1. Wicca: Ocultismo 133.43
Cibele Maria Dias – Bibliotecária – CRB-8/9427

Direitos de tradução para o Brasil adquiridos com exclusividade pela
EDITORA PENSAMENTO-CULTRIX LTDA.,
que se reserva a propriedade literária desta tradução.
Rua Dr. Mário Vicente, 368 – 04270-000 – São Paulo – SP
Fone: (11) 2066-9000
http://www.editorapensamento.com.br
E-mail: atendimento@editorapensamento.com.br
Foi feito o depósito legal.

Sumário

INTRODUÇÃO	6
O QUE É WICCA?	14
OS OITO SABÁS	48
OS CINCO ELEMENTOS SAGRADOS	74
CAMINHOS E TRADIÇÕES	90
DEUSES E DEUSAS	102
VISUALIZAÇÃO	132
O CÍRCULO SAGRADO	184
COMO SE TORNAR WICCANO	218
MAGIA	242
DESENVOLVA SEUS CONHECIMENTOS E HABILIDADES	278
RITUAIS E CERIMÔNIAS	364
GLOSSÁRIO	382
ÍNDICE REMISSIVO	390
AGRADECIMENTOS	400

Introdução

A Wicca é a religião e a prática dos bruxos, ou dos "Sábios", significado do termo anglo-saxão *wic*. Ela é reconhecida como a religião que mais cresce no Ocidente, embora ninguém saiba, de fato, quantos wiccanos existam no mundo. A julgar pelo número de *sites* na internet e grupos formais que surgem todos os anos ao redor do globo, principalmente na Grã-Bretanha, na Europa continental e nos Estados Unidos, é evidente que o crescimento do movimento wiccano é um verdadeiro fenômeno.

Talvez isso não seja tão surpreendente. Ao longo das últimas décadas, o interesse do público pelo meio ambiente, por terapias alternativas, alimentos e remédios naturais, pelo autodesenvolvimento, pela justiça social e, sobretudo, pela espiritualidade e magia foi às alturas. A Wicca engloba muitas dessas questões em um caminho espiritual inclusivo, que respeita a diversidade, reverencia a Mãe Natureza e aconselha seus seguidores a "não prejudicar ninguém". Se ler atentamente os vários capítulos deste livro e realizar as atividades, que o ajudam a aprender mais

A Wicca é uma religião da natureza. Os wiccanos veem o divino na natureza, tanto dentro de si quanto no mundo ao redor.

sobre a prática da Wicca, você começará a entender exatamente por que a Wicca, às vezes chamada de "Arte", cresceu em popularidade e por que, em pleno século XXI, as pessoas estão praticando bruxaria.

Como a Wicca não é uma religião que tenha uma doutrina imposta ou um "papa", textos sagrados ou um conjunto de regras, a responsabilidade de aprender e se desenvolver na tradição espiritual escolhida fica a cargo do seguidor. Embora existam algumas tradições bem estabelecidas na comunidade wiccana, muitas são fruto da prática dos seguidores e continuam a evoluir à medida que estes descobrem quais práticas e conceitos são essenciais e quais podem ser adaptados.

A prática da espiritualidade fora dos limites restritos de uma religião "organizada" pode ser uma experiência muito libertadora, mas também desafiadora, pois requer considerável disciplina e vontade de aprender. Alguns novatos terão a sorte de ter amigos ou familiares wiccanos e, portanto, estarão a um telefonema de distância de boas fontes de aconselhamento. A maioria de nós, porém, terá que se virar sozinha antes de ingressar num grupo ou encontrar outras pessoas que possam dar conselhos úteis sobre a Wicca.

O principal objetivo deste livro é propiciar uma fonte de informações detalhadas – além de inspiração –, tanto para aqueles que estão fazendo contato com a Wicca pela primeira vez quanto para os que já estão trilhando esse caminho. Todas as informações e orientações necessárias sobre os principais aspectos da Wicca como filosofia, caminho espiritual e tradição mágica serão transmitidas. O conhecimento desses conceitos o conduzirá através do emocionante território da espiritualidade e da prática wiccanas, de modo que você possa desenvolver sua própria compreensão e contato com o divino em sua vida.

Nós, wiccanos, reconhecemos a importância de desenvolver continuamente nossa compreensão e nossas práticas. Assim como o mundo muda constantemente ao nosso redor, também precisamos nos aprimorar e ampliar nossos conhecimentos e nossas habilidades. O conteúdo deste livro será precioso para aqueles que já possuem conhecimento dos caminhos dos Sábios e querem expandi-lo ou desejam revisar seu entendimento dos diferentes aspectos da Wicca.

Bem-vindo, portanto, à Wicca, como é praticada pelos Sábios em todo o mundo, com suas variações regionais e diversos matizes. Bem-vindo também a uma tradição que se volta para o passado com o intuito de encontrar afinidade espiritual com nossos antepassados e encara com expectativa o futuro, para descobrir novos modos de nos relacionarmos com as outras pessoas, com os ritmos da Terra e com a natureza. E, se você está dando o primeiro passo no caminho dos Sábios, então, como dizem os wiccanos, que a Deusa e o Deus o abençoem.

O cálice é um símbolo de cura, comunhão e iniciação.

A Wicca leva em conta os ritmos e as marés da natureza.

INTRODUÇÃO

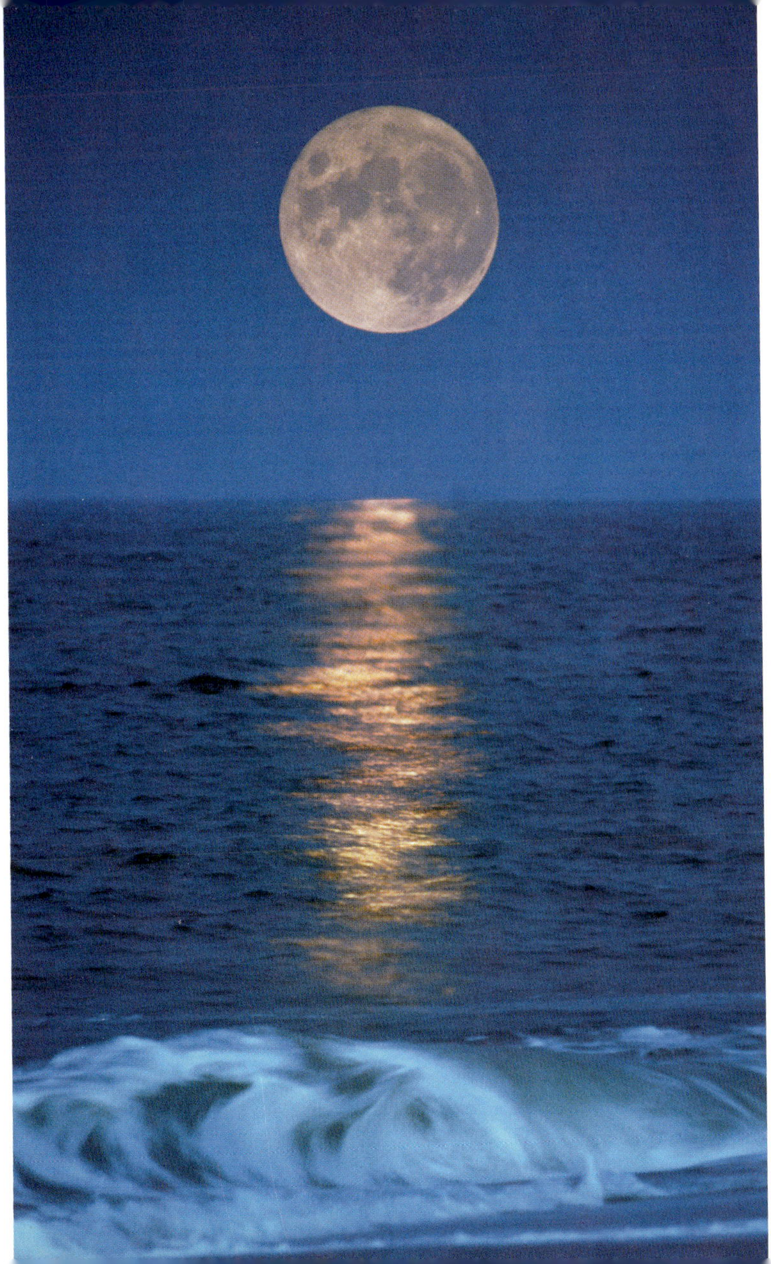

Como usar este livro

Se você é iniciante, a melhor maneira e mais eficaz de usar este livro, ao lê-lo pela primeira vez, é estudar os capítulos na ordem em que se apresentam, fazendo os vários exercícios à medida que avança. Se você é novo na Wicca, também convém ler com atenção o capítulo "O que é Wicca?" (pp. 14-47), que lhe dará uma boa base para o que vem a seguir.

Cada capítulo tem uma introdução com informações preliminares e instruções sobre as sugestões e os exercícios que se seguem. É importante ler as introduções cuidadosamente, pois a definição e a explicação da terminologia podem fornecer informações essenciais para a prática sugerida. Por exemplo, a introdução sobre a visualização (pp. 132-39) oferece um guia para iniciantes, com orientações práticas sobre como se preparar fisicamente para a visualização e criar um espaço sagrado onde praticá-la. Se o leitor ignorar a introdução, isso pode dificultar a prática dos exercícios e deixá-lo frustrado. Se você estiver ansioso para lançar feitiços (pp. 242-77), por exemplo, é vital que leia a introdução sobre os princípios, as leis e a ética da magia.

Se você é um praticante experiente, ainda assim é uma boa ideia ler o capítulo O que é Wicca? (pp. 14-47), para conhecer a base que fundamenta este livro. Além disso, sua experiência permitirá que você use esta obra sempre que quiser, para obter informações, ideias e inspiração para a prática solitária ou em grupo. No entanto, não deixe de ler a introdução de qualquer capítulo, pois ela o levará a recordar os conceitos básicos e entender o raciocínio por trás do conteúdo apresentado. Se você é professor

A preparação é importante. Esta bruxa passa a fumaça do incenso pelo espaço sagrado antes do ritual.

Por tradição, a cerimônia de casamento wiccano é válida por um ano e um dia.

da Arte dos Bruxos, pode encontrar um bom material sobre a Roda do Ano e os oito sabás wiccanos (pp. 48-73), bem como sugestões de atividades para entrar em sintonia com os cinco elementos sagrados (pp. 74-89).

Tanto o iniciante quanto o praticante experiente encontrarão, no capítulo Caminhos e Tradições (pp. 90-101), um verdadeiro arsenal de informações, baseadas no conhecimento de veteranos da Wicca e em pesquisas sobre as crenças e práticas dessa religião. Você vai encontrar explicações ou lembretes sobre a importância do círculo e do espaço sagrado para os bruxos, bem como instruções sobre como criar esse espaço. Do mesmo modo, poderá encontrar orientações sobre como fazer magia e lançar feitiços, bem como maneiras de se aprimorar nessa prática. Contará com informações sobre a melhor ocasião para realizar feitiços e rituais, incluindo os ciclos da Lua e do Sol, os dias da semana, as horas planetárias e informações astrológicas (pp. 210-15), assim como uma lista dos principais deuses e deusas reverenciados na Wicca e informações completas sobre seus símbolos e suas associações (pp. 108-31). O desenvolvimento de suas habilidades e do conhecimento (pp. 278-363) é impulsionado pelos guias de referência rápida, que incluem informações sobre a interpretação dos sonhos (pp. 284-89), a cabala (pp. 302-07), os símbolos wiccanos (pp. 314-19), o simbolismo das cores (pp. 320-23), as ervas, os óleos e os incensos mais comuns na magia e nos rituais (pp. 324-43) e as runas (pp. 350-57).

Para aqueles mais interessados em métodos de divinação, há também orientações sobre astrologia, tarô e "escriação" (arte da divinação com espelhos, bolas de cristal ou água). A descrição desses aspectos da divinação não tem a pretensão de esgotar o assunto, apenas de ser um ponto de partida para aqueles que querem se aprofundar na Arte e em suas tradições.

Além disso, você encontrará conselhos práticos sobre o dia a dia dos wiccanos, incluindo dicas sobre como montar um altar, adquirir e consagrar instrumentos mágicos, lançar um círculo (espaço sagrado), preparar-se para a iniciação, escolher um nome mágico, trabalhar com segurança com fogo e preparar refeições para uma reunião de bruxos.

Seja você um novato na Wicca ou um praticante experiente, este livro vai ajudá-lo a desenvolver e aprimorar seus conhecimentos e habilidades na Arte dos Bruxos. Desejo-lhe muitas bênçãos de luz no seu caminho!

O athame e a varinha podem ser usados para direcionar a energia.

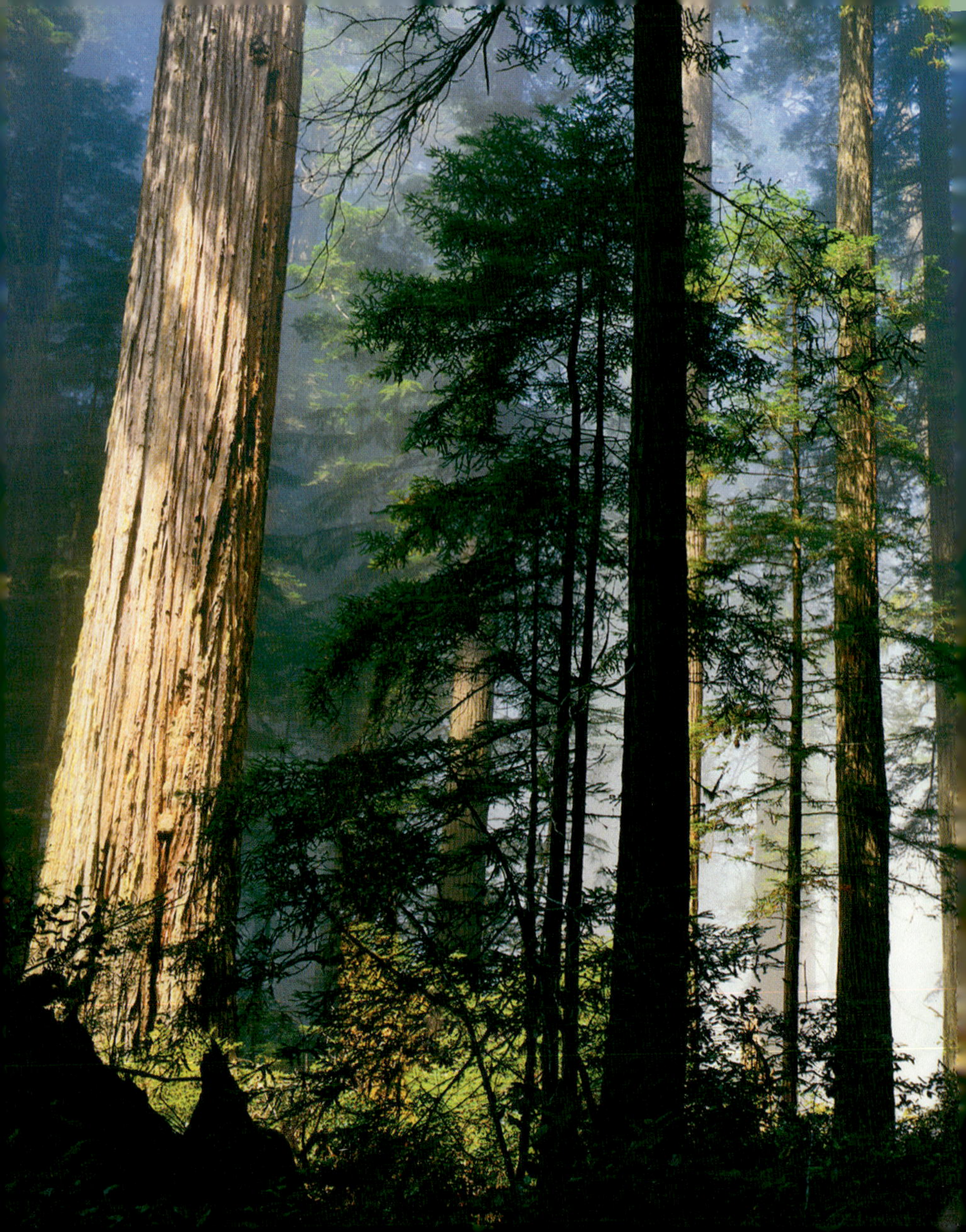

O QUE É WICCA?

Wicca – o que é e o que não é

Nos dias de hoje, o termo Wicca se refere a um conjunto de práticas, crenças e tradições, associado a pessoas que se autodenominam bruxos. Os bruxos usam esse termo (que significa "sábio" em anglo-saxão) não porque se consideram mais sábios que outras pessoas, mas porque, historicamente, essa palavra era usada para denominar aqueles que trabalhavam com a natureza e a magia. Na Wicca, a sabedoria é muito mais uma meta a alcançar que um ponto de partida, e o aprendizado é um processo que nunca tem fim. Isso requer pessoas com determinação para reconhecer e aceitar os constantes processos de mudança e desenvolvimento que ocorrem no ser humano e no mundo à nossa volta. Essa capacidade de adaptação é, aparentemente, o significado secundário da palavra Wicca, que pode ter se originado do termo celta *wick*, que significa "dobrar" e "ser flexível"!

Quanto ao significado da palavra "Wicca", há uma distinção entre a maneira como é interpretada na Grã-Bretanha e seu uso habitual na América do Norte. Por tradição, as referências à Wicca na Grã-Bretanha aludem a um sistema iniciatório específico de bruxaria, praticado em covens (grupo de bruxos), que segue a tradição alexandrina ou a gardneriana, ou uma síntese de ambas, às vezes chamada bruxaria tradicional britâ-

Uma vassoura feita pela bruxa é usada para preparar o espaço sagrado.

nica ou inglesa (para descrições de diferentes tradições da Wicca, ver pp. 92-101). Essa definição do termo exclui os praticantes solitários da Arte e grupos mais ecléticos em suas práticas.

Em outras partes do mundo, o termo Wicca é usado de modo mais abrangente, referindo-se a todos que se consideram entre os "Sábios", sejam eles praticantes solitários ou membros de covens que não se enquadrem na definição alexandrina/gardneriana. Neste livro, uso a palavra com esse último sentido em que o termo é aplicado – e fico feliz por estar constatando que as referências à Wicca na Grã-Bretanha estão avançando lentamente nessa direção.

O que é, portanto, Wicca? É tanto uma tradição espiritual (por isso é uma religião)

Templo pagão antigo, em Delfos, na Grécia.

quanto um conjunto de práticas (por isso, às vezes, é chamada de "Arte dos Bruxos"). Alguns wiccanos reverenciam um Deus e uma Deusa, enquanto outros prestam culto a uma deusa que representa os dois papéis. Levamos em conta, nos nossos trabalhos, as estações e as marés da Terra, além dos ritmos da Lua, dos planetas e das estrelas. Nós, wiccanos, vemos a divindade na natureza, dentro e ao nosso redor, pois somos parte dessa natureza, não algo fora dela. Nesse sentido, vemos o divino como algo imanente (ou seja, "inerente ao ser"); ele está na natureza e dentro de nós mesmos. Também acreditamos que todas as coisas existentes, incluindo as pedras, as árvores, os animais e os lugares, assim como os seres humanos, têm um espírito. É por isso que às vezes nos referimos a elas como "seres" – porque também reverenciamos sua existência individual, assim como a integral ou "conectada" ao Todo. Os wiccanos dão grande ênfase à "conexão", pois vemos toda a matéria e todos os seres como peças inter-relacionadas e interdependentes de um grande quebra-cabeças. O símbolo para essa ideia de interconexão é a rede – uma rede de vida, por meio da qual todos os seres estão ligados.

Esse conceito de "parentesco" entre os seres está presente em todos os nossos rituais e práticas, sejam feitiços ou rituais para marcar as estações do ano ou mudanças em nossa vida. Se somos parte dessa rede mais ampla e conectada, tudo o que fazemos afeta todas as coisas dentro dela. Os feitiços que realizamos se encaixam num padrão específico que é enviado a essa rede, para efetuar mudanças.

A Wicca é um caminho que enfatiza a responsabilidade pessoal.

Nossos rituais sinalizam que algo está acontecendo em nossa vida, e a plena compreensão disso é sentida em nossa comunidade e em nossas experiências cotidianas. Eles também afetam nossas ações e influenciam nosso senso de ética e nosso comportamento. O que fazemos interfere no Todo: causa perturbação numa parte da rede e toda a estrutura estremece, por isso precisamos ter certeza de que nossas ações não prejudicam ninguém. Como diz uma expressão em inglês muito conhecida, quem prejudica um prejudica a todos. Um princípio central que une todos os wiccanos é conhecido como "Rede Wiccana": "Faça o que quiser, desde que não prejudique ninguém" (Se não prejudicar, vá em frente). Como anseio moral, é um bom conselho, e a Wicca é uma religião que incentiva uma abordagem responsável no relacionamento com todos os seres.

A Wicca é um caminho que coloca grande responsabilidade em seus seguidores, para que reconheçam e reverenciem a divindade dentro de toda a natureza (incluindo o ser humano), ressaltem o amor e o respeito no relacionamento com todos os seres e se empenhem em não causar nenhum mal a ninguém. O que não tem nada a ver com a Wicca é o estereótipo, que felizmente já não é tão difundido, de que seus seguidores são monstros, adoradores do diabo, que lançam feitiços para amaldiçoar as pessoas ou ter controle sobre elas. Os demônios não fazem parte da nossa teologia e nos desdobramos para evitar prejudicar qualquer pessoa; isso nem faria sentido no caminho espiritual alegre, festivo e responsável que é a Wicca.

Filosofia e ética wiccanas

A palavra "filosofia" tem dois significados distintos: o primeiro se refere a um modo de abordar a vida; o segundo, ao estudo acadêmico formal sobre o significado da vida. Os wiccanos estão, certamente, preocupados com conceitos fundamentais, como a natureza da vida, a ética, o conhecimento e a verdade, mas tendem a ficar mais à vontade quando se trata da aplicação mais flexível e social do termo — nossa "visão" da vida. Enquanto os filósofos acadêmicos discutem os assuntos na teoria, a Wicca adota uma abordagem mais prática. Os wiccanos são um grupo curioso e inteligente, e não avesso a reflexões filosóficas profundas, mas preferimos debater as questões básicas, como o modo como nossas ações afetam nossa vida cotidiana. Nesse sentido, a filosofia wiccana tem perspectiva mais voltada para o "mundo real". Por exemplo, julgamos uma atitude "correta" não com base em nenhum tipo de "moralidade" inerente que ela supostamente carregue, mas pelo seu resultado e impacto.

A ética wiccana inclui responsabilidade com relação à Terra, nosso lar.

Existe um impulso muito forte na Wicca que leva em conta o conceito e a conquista do equilíbrio, o que não surpreende, dada a ênfase em nosso inter-relacionamento com todos os outros seres. De acordo com essa visão de mundo, o equilíbrio é extremamente importante, porque envolve, por exemplo, deixar uma pegada bem leve sobre a Terra para não interferir no meio ambiente, que atualmente sofre com o desequilíbrio causado pelo uso irresponsável de seus recursos.

A BUSCA DO EQUILÍBRIO

A preocupação com o equilíbrio também promove uma maneira harmoniosa de se viver – quando paramos para pensar no impacto que temos sobre os outros seres, isso nos leva a pensar no nosso equilíbrio interior e em como podemos atingi-lo. É por isso que os wiccanos se interessam pelo autodesenvolvimento; não porque somos seres individualistas e egoístas, mas porque sabemos que a necessidade de aprimorar a nós mesmos e o nosso próprio comportamento e conhecimento é tão importante quanto reivindicar nossos direitos no mundo lá fora. Somos parte integrante deste mundo e o que fazemos e quem somos também o afeta. Na Wicca tradicional britânica, os "quatro pilares" da força são: "ousar, querer, saber, calar". Esses quatro pilares indicam a necessidade dos bruxos de desenvolver a coragem, a força de vontade, a disposição para aprender e a discrição. Se nos equilibrarmos dessa maneira, com base nesses quatro pilares, poderemos ser corajosos, agir com determinação, manter a mente aberta e respeitar os outros e o espaço que eles ocupam neste mundo.

A vertente da Wicca que nos exorta a buscar o autoconhecimento, em paralelo com um relacionamento gentil e respeitoso com todos os seres, deriva do que nossos antepassados pagãos consideravam sabedoria. Nos portais do templo de Apolo, na cidade grega de Delfos, há duas inscrições: "Conhece-te a ti mesmo" e "Nada em excesso". Essas duas exortações talvez sintetizem melhor as duas abordagens que se complementam na Wicca: a ânsia pelo autoconhecimento e a conquista da harmonia e do equilíbrio.

A ética wiccana incentiva o senso de equilíbrio interior e exterior.

A Rede Wiccana

"Faça o que quiser, desde que não prejudique ninguém."

"Rede" é uma palavra do inglês arcaico, que deriva do inglês antigo e do alto alemão antigo, e significa "conselho". A Rede Wiccana é um guia para tomar decisões sobre como agir. As origens da Rede se perderam nas brumas do tempo e faziam parte do sigilo que os covens mais antigos estavam obrigados a manter; não há consenso entre os estudiosos da Wicca sobre suas raízes históricas. O significado mais amplo do termo, no entanto, é geralmente aceito: faça o que

A Rede é um guia que norteia a tomada de decisões.

quiser, mas assegure-se de que não vá prejudicar ninguém. De que os wiccanos podem discordar é sobre o que se considera "prejudicar", uma vez que esse "ninguém" é relativo, e até que ponto é possível praticar essa orientação num mundo tão complexo.

Muitos wiccanos levam suas crenças espirituais para o domínio do ativismo político, particularmente o ambientalismo, a preservação da natureza, o bem-estar animal e a justiça social. Para alguns de nós, esses sistemas, essas organizações ou corporações causam algum prejuízo ao planeta, então faz parte do nosso dever cuidar da Terra e de outros seres para fazê-los parar. Isso amplia a interpretação da Rede, que passa a incluir o dever de prevenir ou impedir danos. Parafraseando Edmund Burke: "A única coisa necessária para o triunfo do mal é que as pessoas de bem não façam nada". A falta de atitude, portanto, pode ser uma maneira de causar o mal.

SEM PREJUDICAR NINGUÉM

O que não podemos fazer, se quisermos seguir o conselho da Rede Wiccana, é causar males "menores" para evitar danos "maiores". Se não queremos "prejudicar ninguém", então "não prejudicar ninguém" significa exatamente isso; o fim não pode justificar os meios se os meios forem prejudiciais. Em suma, os meios estão sujeitos às mesmas regras que o objetivo final de uma ação.

A segunda parte da Rede, "desde que não prejudique ninguém", é enfatizada na prática wiccana por causa da importância ética. Mas a primeira parte da Rede é tão importante quanto a segunda. Sua primeira aparição pública, em 1971, foi para uma geração que se rebelava contra a autoridade e a conformidade social, e o conselho "faça o que quiser" era particularmente oportuno. No entanto, a mensagem para seguir nosso próprio juízo ainda é relevante; vivemos numa época em que os "especialistas" fazem fila para nos dizer em que acreditar e como viver. A Rede Wiccana é um lembrete para confiarmos em nossos próprios instintos e conhecimento acima da tendência contemporânea de distorcer os fatos.

Espiritualidade wiccana

A Wicca é uma religião da natureza. Vê o divino em todas as coisas, especialmente no mundo natural, e usa a maravilhosa diversidade que existe na natureza como guia, celebrando a divindade em todas as suas manifestações. Para nós, a natureza é sagrada porque o divino está presente nela e porque fazemos parte da natureza, por isso também somos expressões divinas do Deus, da Deusa ou do Grande Espírito que conecta todos os seres.

"O Chamado da Deusa", poesia que a sacerdotisa costuma recitar nos esbás, celebrações da Lua cheia nas quais a Deusa fala ao seu povo, declara:

> *Eu que sou a beleza da terra verde,*
> *E a alva Lua entre as estrelas,*
> *E o mistério das águas,*
> *Chamo pelo teu espírito para que desperte e venhas até mim,*
> *Pois sou o espírito da Natureza...*

Essas palavras resumem a importância, para os bruxos, da ideia do divino dentro da natureza e da natureza como divindade. Por causa dessa conexão, há forte tendência animista dentro da Wicca, que vê o Espírito em todas as coisas. Por isso os bruxos têm consciência dos *genii loci*, ou "espíritos do lugar", e, quando estamos fazendo magia ou lançando um círculo ao ar livre, reverenciamos o espírito do lugar em que escolhemos celebrar.

REVERÊNCIA À DEUSA

A Wicca é uma religião politeísta – não reverencia um deus ou uma deusa, mas a Deusa e o Deus, às vezes só a Deusa, na representação de ambos. Também reverenciamos vários deuses e deusas (divindades) – muitas vezes vistas como a Deusa em seus vários aspectos e nomes. Existe um ditado na Wicca segundo o qual "todos os deuses e deusas são um Deus ou Deusa", aos quais, de vez em quando,

A teia é um símbolo wiccano do Espírito e da conexão.

se adiciona o reconhecimento de que, porém, nem todos os deuses e deusas são O MESMO Deus ou Deusa". Quando falamos da "Deusa" ou do "Deus", estamos falando de um ser no qual todas as divindades estão unidas. Quando falamos de Deméter, a Deusa da Terra; de Herne, o Cornífero; de Lugh, o Deus Sol, vemos cada um deles como aspectos do "Deus ou Deusa" e como divindades individuais por direito próprio.

Nosso relacionamento com as divindades é geralmente próximo, até íntimo. Porque vemos o Divino como algo imanente (interior), vemos nossas divindades como se se manifestassem dentro de nós e no mundo ao nosso redor. Uma vez que elas não estão separadas da humanidade nem fora da natureza e do tempo, nossas divindades não são intervencionistas – não fazem julgamentos nem exigem de nós sacrifícios. Ao contrário, são nossas amigas, confidentes, guias, pais, irmãs e irmãos, os quais invocamos quando nossos pensamentos, nossos sentimentos e o seu eu instintivo sentem necessidade.

Os deuses e deusas da Wicca são reverenciados como amigos e confidentes.

A DEUSA INTERIOR

Se você está acostumado a pensar no divino como algo separado do ser humano e do mundo cotidiano, a ideia de que pode tratar o Deus ou a Deusa como amigos pode surpreendê-lo um pouco. Mas, se o Deus ou a Deusa são parte de nós, então também somos o Deus ou a Deusa. Conversar com o Divino de maneira familiar e amigável não o desonra; estamos simplesmente reconhecendo e celebrando o relacionamento benéfico que temos com ele. Claro, a relação que uma pessoa desenvolve com o Deus ou a Deusa, ou com determinada divindade, vai ser única e especial. Assim como todos lidamos com nossos relacionamentos pessoais de maneira muito diferente, na Wicca você vai encontrar uma série de atitudes diferentes em relação às divindades. Mas vale dizer que, para a maioria de nós, não há nada que nos impeça de falar com o Deus ou a Deusa como se fossem nossos amigos e acender uma vela para reverenciá-los.

A prática wiccana varia muito devido às várias maneiras pelas quais conceituamos nossas divindades. Existe uma abordagem que vê o Deus ou a Deusa como se estivessem "lá fora", presentes na natureza e em manifestos, por exemplo, como uma entidade com chifres ou uma mulher vestida de estrelas. Existe outra abordagem que vê o Deus ou a Deusa como uma entidade que habita a natureza e dentro de nós. Uma terceira abordagem percebe a divindade como representação ou símbolo. Para a maioria dos bruxos, é possível acreditar nos três conceitos ao mesmo tempo – quando perguntei a uma amiga bruxa se a divindade estava dentro do ser humano, dentro da natureza ou no mundo exterior, como entidade distinta, ela sorriu e respondeu: "Nos três".

VIVA COM MAGIA

A Wicca é uma religião que combina dois elementos importantes: a espiritualidade e a magia. Embora, na maioria das religiões do mundo, elas sejam vistas como duas coisas separadas, na Wicca estão intimamente ligadas. Num nível, vemos todos os atos de criação como inerentemente mágicos. O acontecimento mágico mais incrível foi a criação do Universo. Exemplos menores, mas não menos maravilhosos, dessa magia ocorrem ao nosso redor o tempo todo, mas, como estamos acostumados a eles, não os notamos. Redescobrir essa magia por meio do aprendizado e da experiência faz parte da jornada espiritual, daí o interesse wiccano pelo folclore do país, pelas ervas, pela astronomia e pelas rochas, pedras e cristais, que são os ossos da Terra. Estudamos os caminhos das árvores e o ciclo das estações e das estrelas e planetas para aumentar nosso conhecimento. Nossa espiritualidade é pagã – como nossos antepassados pré-cristãos, reverenciamos o espírito e a magia do mundo natural.

Em outro nível, reconhecemos a magia como um ato consciente pelo qual buscamos tanto a transformação interior quanto a exterior. Cada ato mágico nos transforma de acordo com sua natureza. Como todas as coisas que existem estão interligadas e nós também somos o Deus ou a Deusa, quando realizamos feitiços de cura enviamos cura para beneficiar outras pessoas, que também são aspectos do Todo, bem como para efetuar mudanças dentro de nós mesmos. Isso está ligado à nossa noção do que é "espiritual" – como entendemos nosso lugar e nosso relacionamento com todos os seres, com a Terra, com a divindade e com o Cosmos. Quando evocamos os elementos, o espírito da natureza, a divindade em nosso trabalho mágico, também estamos celebrando nossa espiritualidade. Para os bruxos, a magia é um ato espiritual.

O AMOR É A LEI

Na Wicca, não há doutrinas ou dogmas moralistas que não sejam o conselho oferecido pela Rede Wicca. Estamos constantemente reavaliando nossa compreensão do que significa ser um espírito encarnado. Nós, wiccanos, vemos o corpo como uma extensão do espírito e, consequentemente, como algo sagrado. "O Chamado da Deusa" diz: "Todos os meus atos de amor e prazer são rituais". A única "lei" aqui é o amor, e atos do amor são realizados com reciprocidade, permissão e sem a intenção de prejudicar, controlar ou enfraquecer. Na Wicca, o prazer físico é um ato de adoração. Como espíritos encarnados, reverenciamos e valorizamos o corpo através da conexão intensa com outro ser humano e nos conectamos com o Deus ou com a Deusa pelo êxtase. Não importa se somos homossexuais, heterossexuais, bissexuais ou transgêneros – o mundo físico é sagrado, e, ao celebrar nossa fisicalidade, nossa sexualidade e nossa natureza humana, reverenciamos a Deusa, doadora de toda a vida e alma de toda a natureza.

O mundo físico é visto como uma extensão do Espírito e é, portanto, sagrado.

Bruxaria ambiental

Já deve ser evidente que os wiccanos têm um vínculo muito especial com a natureza e o meio ambiente. Esse relacionamento é de reverência e responsabilidade; não podemos reverenciar o espírito da natureza se ignoramos o impacto muitas vezes adverso que os seres humanos exercem sobre o nosso meio ambiente. Muitos de nós vemos a teia da Terra — os fios conectados que ligam todos os seres e elementos do planeta — como um único ser integral. Às vezes, chamamos esse biossistema interconectado de "Gaia", em homenagem à Mãe Terra primordial que deu à luz as Águas, o Céu e as Montanhas. Se considerarmos Gaia como única entidade ou símbolo da interdependência de todos os seres do planeta, nós nos sentiremos responsáveis pelo bem-estar da Terra.

É importante ter responsabilidade com o meio ambiente.

No planeta Terra, somos todos "irmãos" — pessoas, árvores, rios, animais e pássaros.

Gaia, como sistema, está em risco, assim como nós também. O buraco na camada de ozônio, as rápidas mudanças em nossos sistemas climáticos e o aumento das temperaturas globais são, todos eles, sinais de perigo. Sabemos o que precisamos fazer: avançar em direção à biodegradabilidade; parar de queimar combustíveis fósseis e destruir as florestas tropicais; parar de poluir o ar, a terra e as águas; encontrar fontes seguras e sustentáveis de energia. Nossa vida depende da sobrevivência da Terra; a saúde do planeta é importante para todos. Como bruxos, aumentamos nossos poderes e abastecemos nosso eu espiritual por meio do contato com o mundo natural. Ver como estamos poluindo nosso planeta é muito angustiante. Ver a degradação do meio ambiente — árvores, campos e rios, animais e pássaros — é extremamente difícil. Todos esses seres são nossos "irmãos"; para os bruxos, eles são parceiros e amigos com quem procuramos coexistir.

OS CINCO ELEMENTOS

Além de ver o Deus ou a Deusa e a nós mesmos como parte da natureza, na Wicca usamos um sistema de cinco elementos dos quais deriva toda a existência. Esses elementos são o Ar, o Fogo, a Água, a Terra e o Espírito. A manifestação física do Ar no mundo natural é a atmosfera do planeta, o ar que respiramos e a camada de ozônio, que filtra os raios ultravioleta do Sol, nocivos a nós. O elemento Fogo é visto no calor do Sol e na temperatura necessária para manter todas as coisas em equilíbrio. O elemento Água está nas chuvas que nutrem as plantações e a vegetação, nos ribeirões, nos rios, nos mares e nos oceanos. O elemento Terra é encontrado nas pedras, nas montanhas, nos vales e nas cavernas subterrâneas. O quinto elemento, o Espírito, é aquele que conecta tudo isso para constituir o sistema equilibrado que é Gaia. No entanto, quando o equilíbrio entre os elementos se desestabiliza, a delicada teia da vida corre perigo, e, para salvar nosso lar espiritual e físico de danos maiores, somos obrigados a entrar em ação.

AÇÃO NA PRÁTICA

Por sermos pessoas práticas, essa ação significa que precisamos fazer mais que lançar círculos para realizar feitiços de cura em benefício do planeta. Por isso, a maioria dos bruxos tem grande comprometimento com a tarefa de salvar o planeta. Isso pode envolver atividades práticas e coletivas, como coletar lixo nas praias, plantar árvores em praças públicas e terrenos baldios ou participar de atos políticos, como protestos, abaixo-assinados ou outras iniciativas em favor do meio ambiente. Além de tudo isso, organizamos nossa vida doméstica para economizar água, separar o lixo reciclável e comprar apenas produtos ecológicos.

Uma atividade muito positiva que vários bruxos realizam é o plantio de árvores. Isso não só propicia um bom exercício ao ar livre como também é ins-

Assumir a responsabilidade pela Terra significa fazer isso na prática.

trutivo, pois nos ajuda a conhecer pessoas com mais conhecimento e experiência no campo ambiental. Não é difícil encontrar, numa campanha de plantio de árvores, quem combine o plantio com um ritual ou uma bênção à terra e às mudas que estão sendo plantadas. Isso nos incentiva a lembrar o vínculo que temos com todos os seres vivos e a fortalecer nossa sintonia com a Terra e com seus ciclos de crescimento.

Os bruxos veem o mundo natural como um lugar mágico. Quando tocamos tambor numa praia, cantamos na floresta ou dançamos ao redor dos monólitos com que nossos ancestrais costumavam marcar a passagem das estrelas e dos planetas, encontramos maneiras de nos harmonizar com os espíritos da natureza. No entanto, todos nós sabemos que tocar tambor, entoar cânticos e dançar não é suficiente e que, para zelar pelo meio ambiente, temos que ter responsabilidade pelo planeta e agir de acordo com isso.

É importante nos conectarmos com o ambiente natural à nossa volta.

Vida, morte e renascimento

Como a Wicca é uma religião da natureza, os bruxos têm um modo de ver os ciclos de vida e morte que reflete nossa compreensão dos processos naturais. Percebemos que, na natureza, todas as coisas nascem, se transformam e morrem para se tornar algo novo. Uma flor cresce, floresce, morre e retorna à Terra para se transformar em adubo. Uma rocha nasce do magma que flui do centro da Terra à medida que este esfria; depois, o tempo, as ondas do mar e o clima desgastam-na

A transição da vida até a morte e o renascimento está marcada nesta paisagem ancestral.

e, por fim, ela é triturada até virar pó ou areia. Conforme o Universo se expande, um bolsão de gás se torna denso e dá à luz uma estrela de impressionante luminosidade, que, por fim, vai ficando sem energia, desmorona e explode numa supernova, sem a qual não haveria carbono, oxigênio ou outros elementos essenciais à vida no Universo. Nós, seres humanos, nascemos, mudamos, morremos e nos transformamos, e na Wicca consideramos esse estágio final como renascimento.

REENCARNAÇÃO

Alguns bruxos entendem esse renascimento, literalmente, como reencarnação – a volta ao corpo –, e algumas práticas wiccanas certamente advêm dessa crença. Por exemplo, a "Lenda da Deusa", ritual conduzido por histórias contadas em alguns clãs alexandrinos, menciona que, para renascer, "... você precisa morrer e se preparar para ter um novo corpo...". Alguns bruxos afirmam reconhecer de vidas anteriores alguns membros do seu coven e se baseiam nessa crença para explicar a afinidade espiritual e mágica que sentem em relação a eles. A reencarnação é uma crença mais associada às antigas religiões do Oriente e do Extremo Oriente e vincula-se a uma visão de mundo que concebe o espírito e o corpo como entidades separadas. A princípio, as crenças na reencarnação podem parecer contraditórias numa religião que une e celebra o "espírito num corpo". No entanto, a posição da Wicca em relação à reencarnação deriva da mitologia celta e da prática ancestral a ela relacionada que ajuda a dar sentido a essa "volta ao corpo".

O REINO DA JUVENTUDE ETERNA

Alguns bruxos dizem que aqueles que morrem vão para Summerlands, ou Terras do Verão. Na mitologia celta, esse é o reino da eterna juventude, onde as águas têm poderes terapêuticos que revitalizam os idosos, os doentes e os que sofreram em vida. Nas lendas arthurianas, o rei Arthur é escoltado para as Ilhas dos Abençoados numa barca, onde viajam nove donzelas sacerdotisas que representam a Deusa Tríplice. Embora a mitologia celta não faça menção explícita à volta das Terras do Verão, é possível ver que aqueles que acreditam em reencarnação as inter-

Antigos sítios funerários na Escandinávia.

pretam como um lugar onde "a pessoa se prepara para ter um novo corpo", uma forma de reciclagem espiritual, talvez. Além disso, há evidências de cemitérios antigos construídos em forma de útero, em que os rituais funerários de nossos ancestrais pagãos sugeriam a crença na reencarnação. O enterro dos mortos enviados de volta à Terra é semelhante ao plantio de sementes que voltam a crescer na primavera da Mãe Terra.

ESPIRAL DA TRANSFORMAÇÃO

Muitos bruxos, porém, não acreditam em reencarnação, mas interpretam o "renascimento" como parte do constante processo de mudança que caracteriza todas as coisas do Universo. Segundo essa visão, vida, morte e renascimento seriam pontos numa espiral, em vez de pontos fixos num círculo, o que caracteriza a maioria das crenças na reencarnação. Em vez de ver a vida como uma única linha que avança em círculos, para sempre retornar ao mesmo ponto, a visão em "espiral" nos leva através de ciclos para um lugar e uma forma diferentes. Embora todas as coisas do Universo nasçam numa determinada forma, se transformem e depois se deteriorem ou se degradem, nada é, de fato, destruído. O que acontece é a transformação – o processo de passar de um estado ou forma para outro.

Se seguirmos essa linha de pensamento, poderemos ver que a estrela que nasce, entra em colapso e explode não é varrida do Universo, mas assume nova forma de oxigênio e carbono, que, por sua vez, torna possível outra vida. Os bruxos que acreditam em "renascimento" em vez de reencarnação afirmam que, quando nosso tempo de vida se esgota, morremos e nos decompomos numa nova forma, que continua a ser parte do todo. Isso acontece com flores, pedras, estrelas e tudo que existe na natureza, por isso seria estranho se os seres humanos não participassem desse processo. Alguns bruxos acreditam que, assim como nosso corpo físico volta para a terra, nosso eu consciente individual se dissolve na alma coletiva do Universo – a Deusa. Não deixamos de existir, mas nos tornamos outra forma de vida, entrando em outro estado de ser.

Nessa visão de mundo, o mapeamento dos planetas, que nossos ancestrais nos deixaram de herança em seus monumentos e monólitos, em padrões em espiral e e em labirintos esculpidos em cemitérios pré-históricos, faz todo sentido. Num mundo que via o ciclo da colheita de cereais, desde a semente, passando pelos brotos e frutos, até virar semente outra vez, o enterro dos ancestrais no útero da terra era natural. Arqueólogos suspeitam de que os ossos de alguns ancestrais eram removidos em momentos específicos, possivelmente para que testemunhassem as cerimônias dos vivos ou para representar a presença espiritual dos antepassados. Essa remoção ocasional dos ossos do útero da terra não está de acordo com a ideia de que eram "semeados" simbolicamente para regenerar e renascer depois. Ao contrário, indica um entendimento diferente do milagre da vida e do impulso de regeneração — os ancestrais como nossos progenitores e os vivos como ancestrais do futuro.

MAPEAMENTO DO MISTÉRIO DA VIDA E DA MORTE

De acordo com essa visão, o significado das espirais místicas que aparecem em túmulos e pedras cerimoniais sob a forma de labirintos é encontrado dentro de nós, não em nossa esperada ressurreição. Os mistérios que cercam o nascimento, a morte e o renascimento são encontrados não na expectativa de que os mortos retornem, mas no fato de que somos nós os mortos que retornamos. A centelha da criação, da gênese, que criou os que vivem atualmente vem de nossos antecessores. Houve um tempo em que nós, como seres conscientes individuais, não existíamos; é muito difícil entender isso completamente, porque temos que imaginar essa ideia a partir de um ponto da nossa própria existência. Esse é o mistério da espiral – a centelha que existe dentro do bebê no útero, que um dia também carregará um bebê em seu ventre e dará à luz um filho. A espiral, por definição, nunca chega ao fim; segue na direção do centro e se afasta dele novamente – estado de fluxo constante que descreve perfeitamente o movimento do Universo. As espirais, os labirintos e os padrões labirínticos que nossos ancestrais escolheram para decorar os locais onde os mortos eram enterrados representavam o mistério da vida – e essa percepção fundamental foi um prenúncio tanto da descoberta da dupla-hélice em espiral do DNA quanto da forma em espiral das galáxias. Os mistérios da vida e da morte jazem dentro de nós, assim como ao nosso redor.

Círculo de monólitos, em Callanish, na Escócia.

O Cosmos wiccano

Pelo fato de a Wicca ser uma religião misteriosa, bem como uma religião da natureza, nosso relacionamento com o Universo é uma revelação constante. Nós a chamamos de religião de mistérios porque sabemos que algumas coisas só podem ser entendidas por meio da experiência direta do indivíduo. O que aprendemos por meio dessas experiências é, às vezes, muito difícil colocar em palavras, para que os outros compreendam. Uma descrição de uma visão wiccana do Cosmos, portanto, acaba parecendo muito mais mundana que a experiência propriamente dita, e as informações que se seguem devem ser entendidas como um convite para você investigar por si mesmo, não como mapa definitivo.

Quando criança, eu escrevia nos meus cadernos, depois do meu nome e do meu endereço: "Inglaterra, Europa, Terra, Galáxia, Universo". Muitas vezes, acho que leva algum tempo para que os adultos reaprendam a sabedoria natural para nós na infância, e esse é apenas um exemplo. O desejo de conhecer nosso lugar no Universo é um importante elemento da jornada espiritual. Saber onde estamos também nos aproxima de quem somos e de qual é o nosso propósito, por isso é importante.

No Cosmos wiccano, nossa espiritualidade nos diz que somos da natureza; essa é uma pista vital para encontrarmos nosso "endereço" cósmico. Somos animais humanos que, assim como os outros animais, dependemos dos recursos naturais do planeta para nossa sobrevivência. Mas o que significa ser um animal que tem linguagem e capacidade de raciocínio abstratos e sabe que tem uma consciência individual e empreende a própria busca por significado espiritual?

Essas perguntas são o primeiro passo no caminho da descoberta espiritual, mas elas só podem ser respondidas pela experiência da própria jornada. Na Wicca, é

A jornada espiritual começa com perguntas sobre nosso lugar no Cosmos.

Bruxos novatos são incentivados a aprender mais sobre o ano solar.

essa jornada em si o significado. Isso está implícito na tendência natural da criança de começar tudo do início e progredir em etapas, até ir ao "Universo e além". Ver a natureza como *continuum*, não como algo que não faz parte do nosso dia a dia, é algo que temos que reaprender.

RITMOS DO MUNDO

Na Wicca, os novatos são incentivados a aprender um pouco sobre os fundamentos da física, como o lugar da Terra no Sistema Solar e a interação física do Sol e da Lua com as estações e as marés da Terra, para entender melhor os ritmos naturais com os quais trabalhamos.

MARCADORES DO CICLO SAGRADO

A inclinação da Terra é a base das estações do ano – devido à inclinação do seu eixo, às vezes estamos mais perto do Sol –, e, como a temperatura e o clima mudam de forma cíclica, o mesmo acontece com a vegetação, e a vida no planeta reage a isso. No ano wiccano, existem quatro festivais solares que marcam eventos astronômicos: os dias mais curtos e mais longos do ano, nos solstícios de inverno e de verão, e os dois dias de perfeito equilíbrio entre as horas de luz e de escuridão, nos equinócios de primavera e de outono. No hemisfério Norte, o dia mais curto do ano, o solstício de inverno, geralmente é em 21 ou 22 de dezembro; o dia mais longo do ano, o solstício de verão, em 21 ou 22 de junho; o equinócio de primavera, em 21 ou 22 de março; e o equinócio de outono, em 21 ou 22 de setembro. No hemisfério Sul, os solstícios e equinócios são invertidos. Esses eventos são vistos como os quatro raios da Roda do ano, marcadores importantes do ciclo sagrado.

CICLO LUNAR

A Lua, corpo celeste mais próximo da Terra, provoca as marés nas águas da Terra e influencia os ciclos reprodutivos de alguns animais. O ciclo completo da Lua, desde a Lua nova (ou Negra), passando pela crescente, cheia e minguante, até voltar à nova outra vez, é de 29,5 dias. Embora a palavra "mês", em inglês (*month*), derive da palavra "Lua" (*Moon*), nosso calendário não segue com exatidão os ciclos lunares, que são treze, em vez de doze ao ano.

Uma das primeiras coisas que as pessoas aprendem sobre a Arte é a importância que os ciclos lunares têm, na Bruxaria, para determinar qual a melhor ocasião para se lançar um feitiço ou realizar um ritual. Do mesmo modo, algumas atividades e feitiços são realizados de acordo com as estações do ano e a dança da Terra ao redor do Sol.

A maravilha das relações cíclicas da Terra, do Sol, da Lua e das estrelas nos inspira e aproxima do conhecimento de nós mesmos e do nosso lugar no Cosmos. Na Wicca, tentamos realizar nossas pesquisas no plano físico, fazer experimentos em nós mesmos e expressar isso de modo poético.

O ciclo lunar é particularmente importante para os bruxos.

Ciclos da vida

A noção de mudança nos eventos biológicos e sociais da nossa própria vida também é celebrada na Wicca. Os bruxos consideram uma série de aspectos do ciclo de vida humano como se fossem ocasiões sagradas e especiais. Como outras religiões, a Wicca celebra os três ritos comuns de passagem – nascimento, casamento e morte –, cerimônias da nomeação; casamento e ritos funerários. Esses são os ritos de passagem mais comuns nas sociedades ocidentais. Outros aspectos dos nossos ciclos de vida biológicos e sociais não tão celebrados, no entanto, são extremamente valorizados na Wicca.

Os bruxos celebram muitos aspectos da mudança em nossos ciclos de vida.

O nascimento é considerado uma bênção, e a infância, época em que interagimos com o mundo de modo simples e imediato, é vista como um período particularmente sagrado. Mas também valorizamos a transição da infância para a puberdade, a adolescência e a idade adulta como partes da constante mudança que marca nossa vida. Na maioria das sociedades ocidentais, as mudanças biológicas da menina para a mulher, do menino para o homem não são marcadas ou celebradas. Na verdade, toda a questão da menstruação, inclusive a menarca (primeira menstruação), é geralmente um processo mantido em segredo, em que reina o silêncio em vez da celebração. Na Wicca, celebramos o primeiro "sangue da Lua" de uma jovem mulher porque vemos isso como um acontecimento sagrado. Às vezes, celebramos quando a voz de um garoto fica mais grave, para que ele possa se juntar ao mundo dos homens de maneira positiva, não das formas negativas em que a masculinidade é tratada nas sociedades patriarcais.

Nossas cerimônias de casamento geralmente incluem votos de um ano e um dia ou enquanto durar o amor. Isso é um reconhecimento de que as pessoas continuam mudando depois que se apaixonam, e que votos de amor eterno podem não refletir isso. Também reverenciamos o envelhecimento com cerimônias de "ancianidade" para mulheres na menopausa e homens mais velhos, pois vemos a sabedoria como um dom da idade avançada e valorizamos esse aspecto da nossa vida. Na nossa espiritualidade, a morte é vista como parte de um processo de transformação, não como o fim da nossa existência. Por isso, reverenciamos nossos antepassados no Dia dos Mortos todos os anos.

Na Wicca, pedimos a bênção da Deusa aos recém-nascidos; nós a invocamos para que acompanhe os mortos até seu lugar de descanso final e pedimos a ela que nos faça renascer. Durante nossas mudanças, a única coisa sempre constante é o amor da Deusa.

Na Wicca, a beleza do envelhecimento é respeitada e reverenciada.

Paisagem sagrada

Na Wicca, nossa espiritualidade nos coloca em contato com o divino na natureza, e, consequentemente, nossos lugares sagrados ficam no mundo natural e na paisagem. Às vezes, esses são locais criados por nossos antigos ancestrais pagãos para marcar a passagem das estrelas e dos planetas, os ciclos da Terra, da Lua e do Sol e até os ritos dos nossos próprios ciclos de vida.

Embora toda a natureza seja sagrada, os bruxos consideram alguns lugares especiais. Nossa espiritualidade é inspirada pelos nossos ancestrais pré-cristãos, que deixaram pistas do que apreciavam, reverenciavam ou achavam importante destacar na paisagem. Ao redor do globo, existem centenas de lugares onde nossos ancestrais deixaram dólmens ou monumentos megalíticos, animais esculpidos em encostas, pedras colocadas em círculos, pirâmides, avenidas e *trilithons*, cenas rituais pintadas em paredes de cavernas, símbolos sagrados esculpidos em rochas, cinzas ou bosques de carvalhos e poços decorados. Deviam sentir que alguns lugares da natureza eram especiais, viam-nos como portais para "Outro Mundo" mágico, que sacerdotes, bruxos, xamãs e curandeiros podiam usar para transitar entre os mundos. Uma alternativa é que esses lugares fossem associados aos dons e às bênçãos de certas divindades.

Hoje, muitos de nós ainda sentimos o desejo ancestral e muito humano de visitar esses locais sagrados e prestar culto aos antepassados e às divindades. Sentamo-nos nos círculos de pedra ou tocamos esses locais antigos para nos aproximar desses ancestrais ou do impulso que os levou a criá-los. Alguns de nós gostam de deixar pequenas oferendas devocionais, como flores, moedas, grãos ou incensos, para reverenciar o *locus genii*, ou o espírito do lugar. Muitas vezes, deixamos esses presentes para fazer com que os espíritos ou as divindades do lugar saibam que ainda são lembrados e reverenciados.

Também existem lugares naturais, no mundo todo, esculpidos pela natureza e ainda considerados pontos focais para a presença divina. São montanhas, colinas, cachoeiras e nascentes que as pessoas visitam em diferentes épocas do ano, para fazer oferendas ou celebrar juntas. O impulso de considerar alguns locais sagrados pode ser antigo, mas continua presente entre os seres humanos.

Círculo de Pedra de Avebury, em Wiltshire, na Inglaterra.

PAISAGEM SAGRADA

OS OITO SABÁS

A Roda do Ano

Nossos ancestrais reconheciam a relação do ser humano com os ciclos sazonais da Terra marcando com celebrações pontos específicos da Roda do Ano. Reminiscências de muitos costumes populares indicam a importância que se dava à interconexão humana com a natureza, o fluxo e refluxo das marés e as estações da revolução solar da Terra. Na Wicca, resquícios desses costumes foram recuperados e se expressam nos oito festivais do ano wiccano conhecidos como sabás.

OS OITO SABÁS

Festival	Hemisfério Norte	Hemisfério Sul
Samhain	31 de outubro	1º de maio
Yule (solstício de inverno)	21/22 de dezembro	21/22 de junho
Imbolc	1º/2 de fevereiro	1º/2 de agosto
Ostara (equinócio de primavera)	21/22 de março	21/22 de setembro
Beltane	1º de maio	31 de outubro
Litha (solstício de verão)	21/22 de junho	21/22 de dezembro
Lughnasadh	1º/2 de agosto	1º/2 de fevereiro
Mabon (equinócio de outono)	21/22 de setembro	21/22 de março

Dos oito festivais que os bruxos celebram, quatro são baseados em eventos astronômicos provocados pela inclinação de 23,45° de Gaia: os solstícios de inverno e de verão e os equinócios de primavera e de outono. As datas dos oito sábados do hemisfério Norte são inversas no hemisfério Sul (ver a tabela da p. 50), tendo em vista que é inverno no hemisfério Sul, enquanto é verão no hemisfério Norte, e assim por diante.

FESTIVAIS SOLARES

Os quatro festivais solares têm nomes especiais na tradição wiccana. O solstício de inverno é conhecido como Yule, e seu nome deriva da palavra escandinava *Yul*, que significa "roda". Presumimos que nossos ancestrais nórdicos viam essa época do ano como um tempo de quietude e términos, um ponto da Roda do Ano que concluía um ciclo. O solstício de verão é conhecido como Litha, e a origem dessa palavra é mais obscura. Estranhamente, também se acredita que ela signifique "roda",

Alguns festivais são marcados pelas mudanças que ocorrem na natureza e não pelo calendário.

embora, talvez, por razões diferentes (pp. 68-9). O equinócio de primavera ou vernal, às vezes chamado "Festival das Árvores", é mais conhecido na Wicca como Ostara. O festival recebeu o nome da deusa teutônica da fertilidade (*Eostre* em anglo-saxão) e celebra o retorno à Terra do crescimento e do novo nascimento. O equinócio de outono é, às vezes, conhecido como Modron, que significa "Mãe". Modron é a Mãe de Todos, o aspecto fértil, fecundo e nutritivo da Deusa, apropriado para a estação de fecundidade. Ela é a mãe de Mabon, nome pelo qual esse equinócio é mais conhecido.

Se imaginarmos o ano como uma roda, com Yule ao norte e Litha ao sul (no hemisfério Sul é o inverso), os outros dois festivais solares ficariam na perpendicular. Transversalmente a eles e cruzando cada um dos festivais solares estão os quatro sabás conhecidos como festivais do fogo celtas. Embora estejam ligadas às datas do calendário, essas festividades são um pouco mais móveis, e alguns bruxos preferem celebrá-las na época em que uma vegetação específica começa a despontar na paisagem ou na ocasião da primeira lunação depois disso, geralmente a primeira Lua cheia.

FESTIVAIS DO FOGO CELTAS

O primeiro desses festivais, quando se considera a Roda do leste para o oeste, a partir do solstício de inverno, é Imbolc (pronunciado *im-molk*), que significa "leite de ovelha". Por tradição, esse é o festival celebrado quando os primeiros botões de galanto aparecem ou na ocasião da primeira Lua Cheia depois disso (ver as datas dos dois hemisférios na tabela da p. 50). Ele tem fortes associações com a deusa do fogo celta, Brighid (pronuncia-se *breed*), também chamada de Bride ou Bridie (ou Brígida, em português), e costuma ser chamado de

OS OITO SABÁS

O solstício de inverno marca tanto o silêncio quanto a mudança.

Os festivais pagãos marcam os ritmos da natureza.

OS OITO SABÁS

Festa de Brighid. Imbolc marca a aceleração do ritmo da Terra, o primeiro degelo após o inverno, o nascimento dos cordeiros e os primeiros sinais de que a primavera está chegando. Continuando ao redor da Roda, entre Ostara e Litha, está Beltane (pronuncia-se *beltaine* ou *bile-tin*), que significa "fogo brilhante". Beltane é comemorado quando as primeiras flores de maio florescem ou na ocasião da primeira Lua cheia depois disso (ver as datas dos dois hemisférios na tabela da p. 50). Beltane celebra a ocasião em que a Terra volta a ser verdejante e todos os aspectos da fertilidade (na vegetação, nas aves e nos animais), e está associado ao Senhor da Colheita (ou Green Man), espírito ou deus da natureza.

Entre Litha e Mabon está Lughnasadh (pronuncia-se *lu-na-sá*) ou Lammas, que celebra a época em que o primeiro feixe de espigas de milho é cortado ou a ocasião da primeira Lua Cheia depois disso (ver as datas dos dois hemisférios na tabela da p. 50). Lughnasadh celebra a colheita de cereais e a coleta de bênçãos, e reverencia o espírito da abundância que leva o milho à maturação. Por fim, entre Mabon e Yule está o sabá conhecido como Samhain (pronuncia-se *sou-ain*), que significa "primeira geada". Como o próprio nome sugere, ele, às vezes, é celebrado na ocasião das primeiras geadas ou depois da primeira Lua cheia (ver as datas dos dois hemisférios na tabela da p. 50). Essa é a Festa dos Antepassados, o Dia dos Mortos, e também o antigo Ano Novo Celta, quando deixamos os dias mais quentes para trás e nos embrenhamos na escuridão que nos levará de volta a Yule.

É uma tradição antiga, pelo menos nos festivais do fogo celtas, que o festival comece ao pôr do sol do dia anterior e termine no pôr do sol do dia seguinte. Isso significa que, se você celebrar Beltane em 1º de maio, a festividade começará, na realidade, ao pôr do sol do dia 30 de abril.

Esses são os oito grandes sabás wiccanos, os raios da Roda do Ano. Conhecer os costumes e os significados dos vários festivais o ajudará a entender mais sobre a espiritualidade pagã. Experimentar por si mesmo o modo como os bruxos trabalham com as marés e as estações de Gaia também o ajudará a entrar em sintonia com o espírito da natureza e a entender melhor as mudanças e reviravoltas que ocorrem em sua própria vida.

OS OITO SABÁS

Você descobrirá, enquanto estuda os festivais com mais profundidade, que cada sabá é também um momento em que criamos uma roda que representa um estado constante de fluxo. Litha celebra o dia mais longo do ano, mas traz consigo a mensagem de que as horas iluminadas do dia passarão a diminuir. O equinócio da primavera traz um equilíbrio perfeito entre luz e trevas, mas depois seguimos na direção da estação de maior luz. O mesmo se aplica a todos os festivais solares e, num nível mais sutil, aos festivais do fogo celtas. Cada um marca eventos no ciclo sazonal da Terra e carrega as sementes da sua própria morte. Você aprenderá por si mesmo as lições espirituais mais profundas que os sabás nos ensinam à medida que o ciclo prossegue.

O ciclo de vida, morte e renovação pode ser visto em todos os lugares, ao nosso redor.

Samhain – Festival dos Mortos

Celebrado no último dia de outubro, no hemisfério Norte, e no primeiro dia de maio, no hemisfério Sul, Samhain fica a meio caminho entre o equinócio de outono Mabon e Yule. Às vezes, é visto como o início do inverno, mas também é o Festival dos Mortos, quando nos lembramos dos antepassados e os reverenciamos. É um momento mágico em que o véu entre os mundos dos mortos e dos vivos é mais tênue, e na Wicca celebramos a morte como parte da vida e vemos de modo positivo a ideia de ir para a escuridão.

Nossos ancestrais celtas viam Samhain como ponto crucial da Roda do Ano, uma chance de recomeço. Bede, monge erudito do século VIII, observou o costume de chamar o mês de novembro de "mês do sangue" e o atribuiu ao abate de animais em preparação para as provisões do inverno. Com o excedente do verão queimado na *balefire*, ou fogueira ritualística, as pazes feitas com os mortos e os preparativos para o inverno, nossos ancestrais podem muito bem ter visto essa época como uma passagem do ciclo antigo para o novo. É por isso que os pagãos hoje se referem a esse festival como o Ano Novo Celta. Embora Samhain signifique literalmente "primeira geada" e seja, portanto, o primeiro dos festivais de inverno, também marca a preparação para a mudança.

As abóboras são frequentemente usadas como lanternas para as festividades de Samhain.

Essa é a estação da Deusa Hag, associada às criaturas noturnas.

CELEBRAÇÃO DA DEUSA ANCIÃ

Essa estação está associada a fantasmas, espíritos e mortos-vivos. É a estação de *Hag* ou *Calliach* (palavra gaélica escocesa que significa "anciã"), aspecto ancião da Deusa, que nos acompanha, com grande compaixão, da vida até a morte. Ela é Rhiannon, deusa da transição; Ceridwen, deusa do caldeirão de transformação; e Hécate, tecelã da sabedoria e guardiã das encruzilhadas. A Deusa Anciã é celebrada nas máscaras de plástico e fantasias usadas pelas crianças no Halloween.

Atualmente, os bruxos celebram a Deusa Anciã realizando um ritual no qual os mortos são citados, reverenciados e relembrados nas conversas. Primeiro, são reverenciados aqueles que morreram no ano anterior, depois os parentes e amigos e, por fim, todos os antepassados. Depois, apesar da tristeza, evoca-se a alegria, e os recém-nascidos do ano anterior são nomeados, e se agradecem os novos amigos e as novas oportunidades. Samhain serve como lembrete de que a morte faz parte da vida, assim como o mistério do renascimento e a continuidade do ciclo que nunca para de avançar.

Yule – solstício de inverno

Às vezes chamado de meio do inverno, Yule marca o dia mais curto do ano e, como os piores dias de inverno costumam vir em seguida, no hemisfério Norte é mais exato chamá-lo de "meio do ano". John Donne, poeta do século XVI, chamou essa época de "a meia-noite do ano", quando "toda a seiva do mundo afundou na terra". No entanto, Yule traz consigo um paradoxo – assim como o solstício de inverno celebra o desaparecimento anual dos poderes do Sol, também testemunha seu renascimento. É por isso que Yule é igualmente conhecido como o "retorno do Sol".

Yule é o momento em que a Deusa gera o Filho das Estrelas, e, de fato, nossos antepassados do norte da Europa chamavam Yule de "Mãe da Noite". Para os bruxos que celebram o Deus e a Deusa, esse é o Deus Solar que, na época de Ostara, se torna

O solstício de inverno é um tempo de repouso e renascimento.

OS OITO SABÁS

o jovem que engravida o aspecto jovem e fértil da Deusa, e o outro Filho das Estrelas, que vai sucedê-lo no Yule seguinte.

RENASCIMENTO DO SOL

O azevinho é a planta sagrada da proteção.

Seja como for que vejamos esse renascimento do Sol, seu simbolismo se reflete em nossas celebrações. No momento mais sombrio, quando a Terra parece nua e desolada, trazemos sempre-vivas para nossa casa – azevinho para proteção, hera para promessa confiável de que a vida resiste, visco para fertilidade. Nos primeiros dias do inverno, isso nos lembra de que a Terra será verdejante novamente. Festejamos para deixar o coração mais leve e compartilhar a fraternidade, para nos aquecermos quando tudo parece desolador. No Yule, a importância que a companhia humana tem para nós é evidente no grande número de pessoas que viajam para locais sagrados para testemunharem juntas o nascer ou o pôr do sol. Os membros do meu próprio grupo organizam um *ceilidh* comunitário – encontro social com música folclórica e dança – para celebrar Yule e trazer algumas das suas mensagens para nossa comunidade local.

Embora a superfície da Terra esteja desprovida da sua vegetação mais luxuriante na estação sombria, abaixo da superfície as sementes dormem, preparando-se para a época de germinar. Os bruxos se inspiram nisso para usar esses tempos mais sombrios para sondar os recônditos da mente e do espírito, para meditar e trazer de volta novas ideias, projetos e avanços à nossa vida. Em nossos rituais para marcar Yule, procuramos o Sol invisível; a centelha interior de vida que, reenergizada, manterá nosso espírito e nossa energia física intactas ao longo do inverno. As velas que acendemos para reacender o fogo do Sol também simbolizam nosso desejo de reacender nosso sol interior. "Como acima, assim embaixo", como dizem os Sábios.

Imbolc – festival de Brighid

No Imbolc, os dias são visivelmente mais longos e sinalizam que o inverno já está prestes a ficar mais ameno. Os primeiros brotos estão nascendo, e os galantos, chamados "Donzelas de Fevereiro", estão enfeitando jardins e bosques. Imbolc marca o nascimento dos primeiros cordeiros e a época em que as ovelhas começam a amamentar; daí a associação do festival com a ordenha. Numa música antiga, "Ailse Ban", uma leiteira acalma a vaca que está ordenhando, assegurando a ela que "Santa Brígida" está, ela mesma, ordenhando "as *kye* (nuvens) brancas no céu".

A "Santa Brígida" em questão é uma das versões cristianizadas de Brighid, a deusa irlandesa do fogo, cuja imensa popularidade o cristianismo não conseguiu erradicar. Mesmo entre os pagãos de hoje, Brighid é uma deusa muito amada,

Imbolc marca o surgimento dos primeiros brotos de galanto.

e Imbolc é visto como seu festival. O papel de Brighid como protetora feroz das mulheres, das crianças e dos animais recém-nascidos se reflete na mitologia cristã, em que Santa Brígida é a parteira de Maria. Na Wicca, é a parteira da primavera, a mulher divina que sopra seu alento ígneo sobre a terra para despertá-la. Seu papel se estende à viabilização de novos projetos – muitos de nós plantamos sementes e bulbos nessa época para representar áreas da nossa vida que queremos nutrir e promover.

RITOS SECRETOS

Imbolc é, em grande parte, um festival de mulheres e, por tradição, na primeira parte da celebração, as mulheres praticam os próprios ritos, dos quais nunca se fala fora do círculo ou na presença de homens. Os homens, é claro, têm os próprios mistérios para praticar enquanto esperam o convite para entrar no círculo como convidados de honra. Trazem oferendas para Brighid, que são depositadas aos pés de uma *bridiog* – efígie da deusa, vestida e decorada pelas mulheres e colocada numa cesta. Durante o ritual, os celebrantes podem se aproximar da *bridiog* e sussurrar para ela seus segredos e desejos.

Brighid é deusa da cura, inspiração dos poetas e protetora dos ferreiros e metalúrgicos. É o fogo da inspiração no coração dos poetas e o fogo no âmago daqueles que concretizam suas ideias – deusa da inspiração e da ação. Como protetora dos metalúrgicos, é a chave para transformar matérias-primas em objetos belos e úteis – deusa da transformação. No Imbolc, tempo de renovação, celebramos a mudança à nossa volta e dentro de nós, a renovação do nosso compromisso de fazer deste mundo um lugar melhor. Honramos a centelha da criatividade divina dentro de nós e geramos energia de cura.

Poço Chalice Well no Chalice Well Garden, em Glastonbury, na Inglaterra.

Ostara – equinócio vernal

Ostara marca o equinócio vernal (que significa "relativo à primavera"), época de equilíbrio entre a luz do dia e a escuridão, em que o dia e a noite têm a mesma duração. No hemisfério Norte, acontece na época cristã da Quaresma (ver as datas do hemisfério Sul na tabela da p. 50), período de quarenta dias entre a Quarta-feira de Cinzas e a Páscoa.

Ostara é também uma celebração de crescimento e recebeu esse nome em homenagem a uma deusa alemã cujo animal totêmico era a lebre. A expressão inglesa "louco como uma lebre de março" vem de observações do comportamento de acasalamento desse animal nessa época do ano. Na verdade, as lebres não são mais loucas em março que em qualquer outra época do ano, mas a vegetação é mais rasteira, o que deixa as estripulias desses bichinhos mais visíveis! A lebre é vista como um animal muito fértil, e várias deusas da Lua, ligadas aos ciclos reprodutivos das mulheres, têm como animal totêmico a lebre, devido à sua sexualidade e fecundida-

A lebre é sagrada para a deusa da Lua.

de. O coelhinho da Páscoa de hoje é um descendente menor desse antigo símbolo pagão da fertilidade, mas ainda assim é encarado com carinho pelos bruxos, que o reconhecem como remanescente moderno de uma tradição antiga.

SÍMBOLO DE FERTILIDADE E RENOVAÇÃO

Há muito tempo, os ovos são associados a essa época do ano. Esse símbolo pré-cristão duradouro de fertilidade, renovação e força vital inspira pagãos até hoje a comemorar essa data decorando ovos para as celebrações de Ostara. Às vezes, esses ovos vazios e pintados à mão são pendurados num galho, que é colocado no centro dos espaços sagrados. Esse deve ser um ramo arrancado pelas ventanias de inverno ou do início da primavera e nunca cortado de uma árvore viva. Como os ovos representam "vida em potencial", nós os imbuímos, por meio da magia, com os desejos que esperamos que se manifestem no verão seguinte.

Ostara é uma boa época para sair ao ar livre e testemunhar por nós mesmos os efeitos da seiva se espalhando pelas árvores, dos brotos nascendo e do comportamento agitado de nidificação dos pássaros. É hora de ver os narcisos – a flor desse festival – em meio à natureza e descobrir por que são chamados de mensageiros da primavera. É também o momento ideal para buscar o equilíbrio na nossa própria vida. Em nossas celebrações, às vezes andamos entre uma vela preta e uma branca e fazemos uma pausa antes de passarmos por portal rumo ao verão, com o intuito de perguntar ao Deus ou à Deusa o que podemos fazer para restaurar o equilíbrio em nossa vida e que nos permitirá crescer.

Os ovos representam fertilidade e potencial.

OSTARA – O EQUINÓCIO VERNAL

Beltane – a hora do Senhor da Colheita

A festa de Beltane celebra a chegada do verão. É o momento em que honramos o Senhor da Colheita, consorte da Deusa e espírito antigo das florestas. Conhecido também como Green Man, Jack-in-the-Green ou Robin Hood, ele se une a Marian, sua Rainha de Maio.

> *Hal um reboque, com seu ronco alegre, oh!*
> *Estamos de pé muito antes do dia, oh!*
> *Para dar as boas-vindas ao verão,*
> *Para dar as boas-vindas a maio, oh!*
> *O verão está chegando, oh!*
> *E o inverno se retirando, oh!*
>
> "HAL-AN-TOW": CANÇÃO DE MAIO

Os Mastros de Maio são símbolos antigos de fertilidade.

Essa é a estação de Herne, protetor das florestas e símbolo da fertilidade, do crescimento e da mudança. Assim como os cervos perdem seus chifres em maio, após o acasalamento, com a Deusa grávida do Filho das Estrelas, Herne declara sua disposição para abandonar as divagações e tomar seu lugar ao lado dela. Na véspera de Beltane, algumas bruxas vão para a floresta buscar a flor de maio ao amanhecer. Para nossos ancestrais, essa era uma época de liberdade sexual; portanto, possivelmente "ir buscar a flor de maio" era um eufemismo para uma atividade mais tradicional de Beltane... Não surpreende que muitos casamentos pagãos acontecessem nesse festival.

MAIS PERTO DO MUNDO DAS FADAS

Na Roda do Ano, Beltane fica do lado oposto a Samhain. Assim como Samhain é a época em que o véu entre os mundos dos vivos e dos mortos é mais tênue, em Beltane os mundos dos mortais e das fadas estão muito mais próximos. O mundo das fadas era bem conhecido por nossos antepassados, que nos deixaram histórias de videntes e poetas cujos dons foram conquistados depois de adormecerem sob um espinheiro, uma árvore-de-maio (espinheiro-branco) ou um monte das fadas.

Nossos ancestrais celtas faziam o gado passar entre dois fogos sagrados no dia 1º de maio, para protegê-los antes de enviá-los para a pastagem; esses eram o *bel-tine*, fogueira "brilhante" ou "da sorte". O festival também pode ter esse nome como homenagem ao deus ou deusa do norte da Europa, cujo nome era Bel/Belenos/Belissama. O prefixo celta *bel* significa "brilhante", indicando que esse deus ou deusa tinha associações solares.

Quaisquer que sejam as origens do festival, o fogo sagrado é uma constante nas celebrações wiccanas. Se estivermos celebrando ao ar livre, fazemos uma pequena fogueira sobre a qual podemos saltar alegremente para obter uma bênção de Beltane. Às vezes, uma vassoura é usada para simbolizar a conjunção sagrada do macho (cabo) e da fêmea (piaçaba) e para marcar o limiar entre a primavera e o verão. Ao atravessá-lo, fazemos promessas para cumprir no ano seguinte.

Fogueiras são acesas em Beltane para trazer sorte e bênçãos.

Litha – solstício de verão

Embora o melhor do verão normalmente ainda esteja por vir, o solstício de verão marca o apogeu do Sol no dia mais longo do ano. É hora de reunir as forças do Sol antes que as horas de luz do dia comecem a diminuir, nos seis meses seguintes. Como Yule, o festival de Litha carrega em si um paradoxo; o momento em que celebramos o poder máximo do Sol é justamente quando esse poder começa a enfraquecer. Isso nos lembra uma verdade física e espiritual básica: nossos festivais são breves instantes de calmaria na roda da mudança e eles próprios símbolos do fluxo constante, natural, de toda a existência.

A palavra Litha supostamente significa "roda", embora as origens sejam obscuras. Pode haver uma ligação, no entanto, com um costume registrado pela primeira vez há dois mil anos, de fazer uma roda descer um declive, a qual, segundo se presume, representa a queda do Sol depois de ficar no auge do poder. Também podia haver um elemento de magia simpática nesse caso, pois simbolicamente se mandava o Sol "para baixo", para aquecer os campos, e, assim, estimular o crescimento das culturas na estação seguinte. Por certo existe forte associação com o fogo no meio do verão – que, como Yule, é denominado com mais precisão "meio do ano", com o melhor do clima ainda por vir. Nessa época, fogueiras eram acesas, e tochas, carregadas pelas encostas. Isso foi feito pelo menos nos últimos sete séculos; suspeita-se até que muito antes, quando não havia ainda registros escritos dessa prática.

Litha é geralmente celebrado ao ar livre, se o tempo permitir. E, em geral, os bruxos se reúnem nos antigos locais sagrados – monólitos, círculos e encostas – para observar em grupo o nascer do sol do solstício. Muitos de nós partimos na noite de 20

de junho (20 de dezembro, no hemisfério Sul) para fazer uma vigília até o nascer do sol no dia seguinte. Isso significa que ficamos acordados durante a noite mais curta, mantendo-nos entretidos com histórias e músicas, depois de contemplar o Sol baixando no horizonte, ao som de tambores. Ao amanhecer, começamos a tocar tambores novamente, dessa vez para incentivar os esforços do velho Sol para se levantar de manhã cedo, se erguer bem alto no céu e brilhar por muito tempo, no dia mais longo do ano. O restante do dia é geralmente passado ao ar livre, compartilhando rituais e refeições, recuperando o sono perdido – e voltando para casa.

Hele Stone, em Stonehenge, na Inglaterra, marca o ponto do nascer do sol no solstício de verão.

LITHA – O SOLSTÍCIO DE VERÃO

Lughnasadh – festival da colheita

Lughnasadh fica entre o solstício de verão, quando a força do Sol é maior, e o equinócio de outono, quando os dias e as noites têm a mesma duração. Presume-se que o nome alternativo desse festival que celebra a colheita de cereais, Lammas, tenha origem na palavra anglo-saxã *Hlaef-mass*, que significa "massa de pão". O título "Lughnasadh", no entanto, deriva do nome do deus irlandês Lugh, a quem os pagãos contemporâneos reverenciam como divindade solar, pois esse festival da colheita marca o armazenamento dos grãos amadurecidos por seus raios.

As bonecas de milho representam o espírito do milho.

Para nossos ancestrais, o ciclo das culturas de cereais representava algo misterioso; o crescimento, a queda e o renascimento do grão refletiam o ciclo de nascimento, morte e renascimento do ser humano. Esculturas representando o milho podem ser encontradas em cemitérios antigos, o que indica seu significado espiritual e material. O espírito do milho tinha que ser aplacado e atraído de volta aos campos, e sabe-se, graças a costumes documentados de séculos mais recentes, que alguns casais faziam amor nos campos despojados de milho, a fim de promover a regeneração das colheitas. O misterioso, mas potente, espírito do milho era atraído e capturado por bonecas de milho confeccionadas para esse festival, também conhecidas como "gaiolas de espíritos".

Essa é a época de John Barleycorn, aspecto amoroso e paternal do Deus, era o consorte da Deusa grávida em maio e cuja vida é ceifada nesse festival, como a dos vegetais na colheita, para alimentar as pessoas. Alguns bruxos veem a colheita como um presente da Deusa Mãe, que compartilha seu corpo para nutrir seus filhos. Mais uma vez, vemos uma das contradições inatas dos festivais; o tempo da abundância e da celebração é também o momento de cortar e sacrificar. Feiras de Lammas ainda existem em partes da Inglaterra, remanescentes de uma época em que a colheita de cereais era recebida com grande alegria.

É difícil para os habitantes das cidades, que têm o privilégio de ter alimentos nutritivos na mesa durante o ano todo, entender a importância da colheita para pessoas cujo estoque de comida do ano anterior podia acabar várias semanas antes do necessário. Em Lammas, a época de armazenar as dádivas das colheitas, somos lembrados também da importância de distribuir o que a terra dá. Por isso, alguns bruxos combinam a alegria das festividades e a celebração desse momento de fartura com o compromisso de retribuir essas dádivas com dinheiro ou serviços em prol da comunidade, para garantir uma colheita justa para todos.

As bênçãos da colheita são celebradas em Lughnasadh.

Mabon – equinócio de outono

No oeste da Roda do Ano está Mabon, que, como Ostara, é uma data em que o dia e a noite têm a mesma duração. Ao contrário de Ostara, no entanto, que traz a promessa de dias mais longos, o equinócio de outono é um prenúncio dos dias mais sombrios que virão. Mabon é a colheita dos frutos da Mãe Terra, que em seu aspecto de Deusa eterna entra no terceiro trimestre de gravidez.

Para os bruxos que cultuam o Deus e a Deusa, esse é o momento em que o Deus Sol moribundo inicia sua jornada pelo oceano ocidental para peregrinar com o aspecto ancião da Deusa, na terra dos mortos, em Samhain. Os bruxos podem ver nas lendas arthurianas ecos do deus moribundo no rei Arthur caído e carregado para o oeste, em direção à Terra do Verão ou Avalon, o Outro Mundo celta, acompanhado por três, às vezes nove, donzelas, símbolos da Deusa Tríplice. A renovação do Deus é vista no nascimento do Filho das Estrelas, no solstício de inverno, e no rápido crescimento, até adquirir seu aspecto jovem, heroico e protetor, no ciclo do ano seguinte.

Acredita-se que as macieiras marquem as fronteiras entre os mundos.

O MISTÉRIO INTERIOR

A ligação entre Avalon (a "Ilha das Macieiras") e Mabon continua a ser lembrada em algumas celebrações desse festival realizadas ainda hoje. Em nossos rituais, cortamos maçãs ao meio para revelar o mistério interior – uma estrela de cinco pontas que simboliza todos os elementos da vida combinados.

Mabon é o pôr do sol do ano.

Comemos esse fruto para nos lembrar de que, como bruxos, temos acesso a dois mundos: o da realidade consensual e o Outro Mundo mágico. Nesse festival, ficamos entre os pilares da luz e da escuridão, prontos para descer, com todas aquelas deusas cujos mitos estão associados ao Mundo Subterrâneo, até a mais longa noite do ano. Comemos os frutos da liminaridade e, como Inana, Perséfone, Freia e Ishtar, nos preparamos para a descida à profunda e criativa escuridão dos seis meses seguintes. Assim como as sementes germinam na escuridão da terra fértil, continuamos a crescer, nos preparando para a quietude das sombras, alcançando os lugares profundos da regeneração interior e trazendo de volta os tesouros da criatividade e do conhecimento espiritual.

Se Yule é a meia-noite do ano, Mabon é o pôr do sol, e, nesse crepúsculo, carregamos conosco em Litha o que podemos da força do meio-dia solar para a escuridão. Depois de Mabon, continuamos rumo a Samhain, tendo percorrido toda a sagrada Roda do Ano, perpetuando o ciclo.

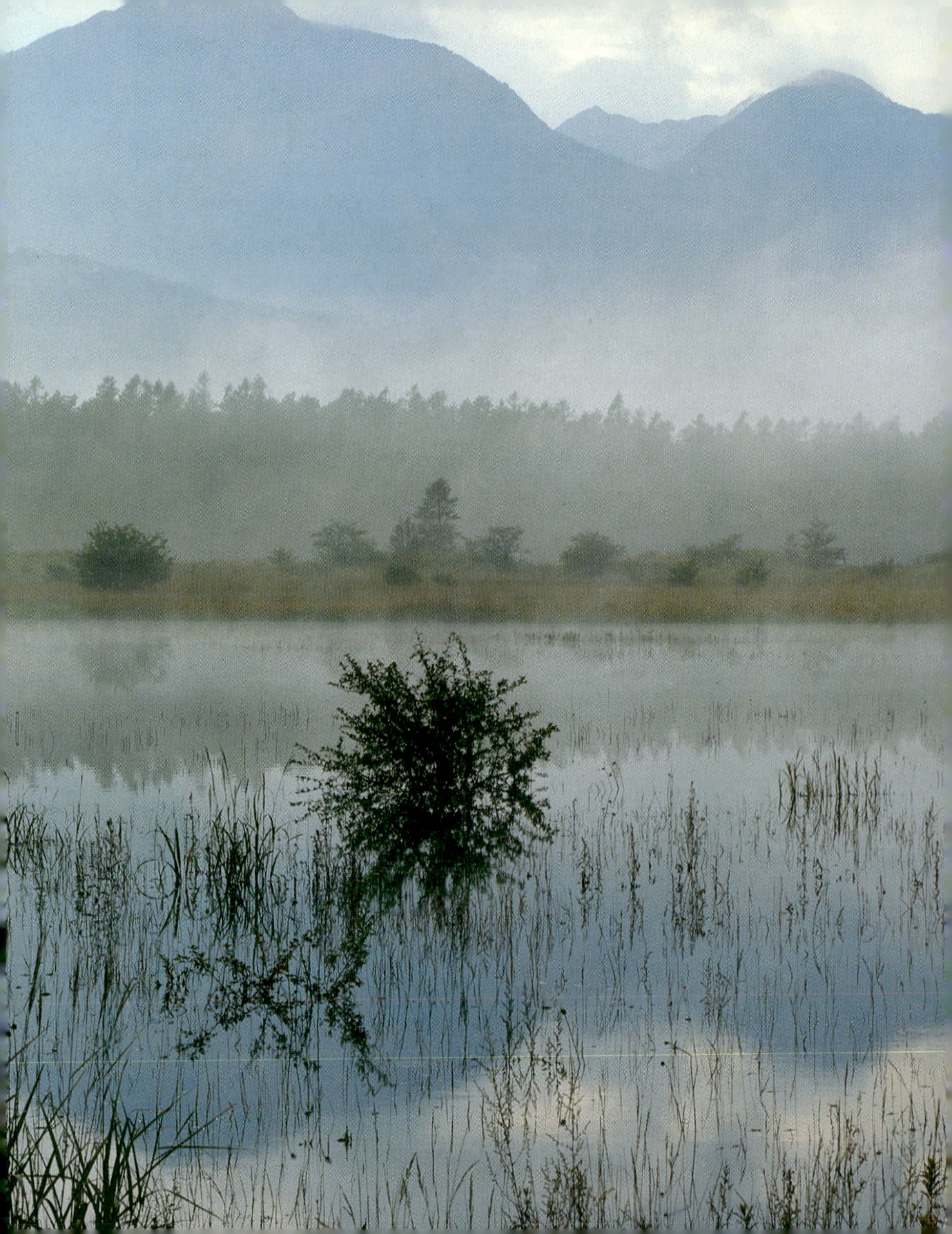

OS CINCO ELEMENTOS SAGRADOS

Os elementos

Na Grécia clássica, onde os campos da filosofia, da física e da religião eram indivisíveis, nossos antepassados pagãos acreditavam que toda a existência material no Universo era composta de cinco elementos: Ar, Fogo, Água, Terra. O quinto tinha vários nomes: "Amor", "Éter" ou "Quintessência". De acordo com a cultura e a época, esses elementos da vida eram considerados de maneiras diferentes. Os celtas europeus, por exemplo, reverenciavam três elementos – Terra,

Os cinco elementos sagrados – Ar, Fogo, Água, Terra e Espírito – são a base de toda a existência.

Fogo e Água –, representados pelos trísceles, símbolo de três braços esculpido em locais antigos, enquanto algumas classificações de antigas tradições do sul da Ásia incluíam o Ar a esses três.

Hoje, os bruxos reverenciam os cinco elementos sagrados dos quais o Universo é composto: Ar, Fogo, Água, Terra e Espírito. Embora possam ser vistos na forma bruta – o Ar como o oxigênio que respiramos, o Fogo como a chama, a Água como o H_2O, a Terra como a rocha –, esses quatro primeiros elementos também são componentes de formas complexas. A árvore, por exemplo, é composta de Terra (solo, matéria vegetal), Água (seiva e umidade), Fogo (fotossíntese e o calor que inicia o crescimento e a regeneração) e Ar (produz oxigênio a partir do dióxido de carbono).

O quinto elemento, o Espírito – aquele que conecta todas as coisas – faz com que os primeiros quatro se reúnam em determinadas proporções e formas para produzir a vida e o Universo como o vivenciamos. O Espírito é o tecelão sagrado dos elementos e por ser "a conexão", é, com os outros quatro, igualmente causa e parte do Universo. É também a grande teia da vida que une todos os seres.

ACESSO AO DIVINO INTERIOR

Embora a vida ao nosso redor exemplifique a combinação dos elementos, nós os separamos nos rituais e na magia para simbolizar e reverenciar a força vital sagrada que forma toda a existência. O simbolismo é um princípio-chave da espiritualidade e tradição mágica wiccanas. Numa cultura em que a racionalidade impera, às vezes precisamos superar nosso eu consciente, sensível e racional e apelar para nosso eu instintivo, a fim de explorar profundamente nosso eu interior espiritual. Esse nível "profundo" é o divino dentro de nós, o cordão umbilical pelo qual nos unimos à Deusa. O eu instintivo responde aos símbolos, e estes são a porta de entrada para o mundo da "semiótica" ou "espaço da Deusa", o espaço-tempo primordial do espírito e da magia. Assim, quando os bruxos realizam rituais e feitiços no espaço sagrado, utlizamos símbolos dos aspectos elementares do Universo material para usá-los no trabalho de transformação que estamos realizando. Para

SIMBOLISMO DOS ELEMENTOS

Elemento	Direção	Cor	Traço humano associado
Ar	Leste	Amarelo	Pensamento racional
Fogo	Sul	Vermelho	Força de vontade, coragem
Água	Oeste	Azul	Emoções
Terra	Norte	Verde	Fisicalidade
Espírito	Centro	Roxo ou branco	

os bruxos, o simbolismo dos cinco elementos, o material fundamental da própria vida, tem importância crucial.

Sempre que os bruxos trabalham no espaço sagrado (pp. 184-217), invocamos os elementos pedindo-lhes que nos concedam suas dádivas e energias para fortalecer nossa magia. Colocamos símbolos do Ar, Fogo, Água e Terra nas quatro direções sagradas, os pontos cardeais da bússola – leste, sul, oeste e norte respectivamente –, com o Espírito no centro do círculo.

É importante lembrar que os elementos são uma realidade física, bem como parte de um sistema mágico e espiritual de símbolos. Sua manifestação física é a própria base do trabalho espiritual e mágico. Respiramos o Ar, e seu movimento carrega esporos de plantas e ajuda na polinização, assim como os pássaros que voam através dele. O Fogo são o calor e a luz do Sol, sem os quais não haveria vida neste planeta. A Água cobre mais de três quintos da superfície da Terra e nossos ancestrais saíram dela, rastejando até a terra firme. A Terra é rocha, pedra, solo, o adubo da vegetação que a sustenta. O Espírito são as conexões doadoras de vida que vemos ao nosso redor, da mesma maneira que percebemos os efeitos do amor, mas nunca sua essência física separada. Ele é o mais misterioso e maravilhoso dos elementos.

Para os bruxos, os cinco elementos são a base de toda a existência. Expressamos sua natureza sagrada no símbolo do pentáculo, a estrela de cinco pontas dentro de um círculo, com uma ponta voltada para cima. Nesse símbolo, os elementos Ar, Fogo, Água, Terra e Espírito estão unidos por uma única linha ininterrupta, cingida pelo círculo sagrado da vida, que não tem começo nem fim. O fato de tantos bruxos usarem o pentáculo como símbolo da espiritualidade pagã demonstra a importância que os elementos têm na Arte.

A água cobre a maior parte da superfície do nosso planeta.

Ar
COMUNICAÇÃO, RAZÃO E MEMÓRIA

No espaço sagrado, o lado oeste, onde fica o elemento Ar, é normalmente decorado em amarelo, com sinos de vento; penas, esculturas de pássaros; sementes de parreira; ervas aromáticas, como lavanda ou hortelã; e varinhas. Podem-se incluir símbolos ou representações das divindades associadas ao Ar: Atena, deusa da sabedoria; ou Hermes (Mercúrio), deus da velocidade e da comunicação. Queimamos incenso nesse quadrante do círculo sagrado, pois o Ar é o elemento da fragrância. Quando invocamos o Ar, não estamos apenas invo-

EXERCÍCIO COM O ELEMENTO AR

1 Fique algum tempo sozinho, concentrado na sua respiração. Relaxe e diminua o ritmo da respiração. Encha os pulmões, inspirando pelas narinas, segure o ar enquanto for confortável e expire pela boca. Repita três vezes.

2 Imagine que sua próxima inspiração seja a primeira da sua vida; segure o ar e, quando expirar, imagine que seja a última vez que respira. Como se sente? Tente se lembrar de uma época em que ficou com falta de ar, talvez por causa de uma gripe. Como foi?

3 Respire fundo e solte um gemido quando expirar; altere o som mudando o formato dos lábios, contraindo a garganta, posicionando a língua. Agora tente formar sons de palavras sem expulsar o ar. O que acontece quando você faz isso?

4 Dê um passeio num dia de ventania. Como a velocidade e a potência do ar afetam a paisagem ao seu redor? O que você ouve, aspira e sente?

cando um elemento externo a nós mesmos, mas algo que reside dentro de nós. É importante, portanto, trabalhar para construir um relacionamento com o Ar tanto em nível físico quanto simbólico.

As funções simbólicas do Ar estão relacionadas à razão, à aprendizagem, ao conhecimento intelectual, à comunicação, às leis, ao movimento, à expedição e à linguagem. As dádivas físicas do Ar são a respiração, o vento, o som, o aroma e a memória. Colete símbolos que condensem o elemento Ar e trabalhe com o Ar por meio de exercícios de respiração, meditando sobre os símbolos escolhidos e sobre o contato consciente com o Ar no mundo natural.

RITUAL DE BOAS-VINDAS AO AR

[Oficiante para o Ar]: *A leste, o elemento Ar, da comunicação, da razão e da memória, do nosso primeiro e último alento. Você é reverenciado neste círculo. Esteja presente em nossos rituais e traga para este círculo seus dons da clareza mental, do ensino, da aprendizagem e da compreensão.*

[Oficiante acende uma vela amarela no leste]: *Salve e seja bem-vindo!*

[Todos]: *Salve e seja bem-vindo!*

Cajados e varinhas ritualísticos simbolizam o elemento Ar.

Fogo

INSPIRAÇÃO, PAIXÃO E CORAGEM

No espaço sagrado, o quadrante do Fogo é normalmente decorado em vermelho, com velas e lamparinas; esculturas de dragões ou salamandras; flores e ervas; especiarias e resinas, como olíbano, canela, cacto ou coentro; e athames (facas dos bruxos) ou espadas. Símbolos ou imagens de divindades associadas ao Fogo podem ser incluídos: Brighid, deusa celta do fogo, ou Belenos, deus do Sol. Acendemos incensos e velas ao sul do círculo sagrado, como represen-

As velas representam a luz, como uma dádiva do Fogo.

EXERCÍCIO COM O ELEMENTO FOGO

1 Caminhe por um parque ou pela cidade num dia ensolarado. Sinta o calor do Sol no rosto e a luz que penetra pelas suas pálpebras fechadas.

2 Como estão as pessoas, os animais ou as plantas ao seu redor, sob a luz e o calor do Sol?

3 Outra forma de Fogo é a eletricidade. Num dia de clima ameno, se você estiver em casa sozinho, desligue tudo por uma noite, mantendo apenas as fontes essenciais de eletricidade. Passe a noite à luz de velas, sem TV ou música. Se puder, acenda uma fogueira ao ar livre.

4 Como a falta de eletricidade afeta suas atividades? Quais as diferentes formas de fogo que você está usando para criar luz e calor?

RITUAL DE BOAS-VINDAS AO FOGO

[Oficiante para o Fogo]: *Ao sul, o elemento Fogo, da inspiração, da paixão e da coragem, centelha que deu origem à nossa existência. Você é reverenciado neste círculo. Esteja presente em nossos rituais e traga para este círculo as dádivas da força de vontade, da ousadia e da criatividade.*

[Oficiante acende uma vela vermelha no sul]: *Salve e seja bem-vindo!*

[Todos]: *Salve e seja bem-vindo!*

As lamparinas simbolizam a luz como presente do Fogo.

tações físicas do Fogo. Para convocar nosso fogo interior, precisamos nos conectar com esse elemento e entender a função dele no universo físico, bem como dentro do simbolismo wiccano. É necessário um pouco de tempo para considerar o elemento em todos os aspectos e vivenciar sua função material em nossa própria vida.

As funções simbólicas do Fogo são inspiração, força de vontade, coragem, atividade, energia e empoderamento. Os dons físicos são a chama, a combustão, a eletricidade, o calor e a luz, o calor corporal e os raios do Sol. Providencie alguns símbolos que representem o Fogo e continue trabalhando com esse elemento pelo contato consciente com suas várias formas, na vida cotidiana, e meditando sobre seus símbolos.

Água
INTUIÇÃO, SONHOS E EMOÇÕES

Em nossos rituais, o quadrante do elemento Água é normalmente decorado em azul, com contas de vidro; representações de criaturas do mar; ervas e flores "aquosas", como rosas, jacintos, murta e ligústica; e um cálice. Podemos adicionar símbolos ou imagens associadas a divindades da Água, como Rhiannon, deusa galesa do renascimento, ou Iemanjá, deusa do mar na Umbanda. O trabalho com o elemento Água requer o conhecimento direto do propósito vital desse elemento no nosso ambiente físico, bem como a compreensão da sua natureza e significado simbólicos. Para se "conectar" com a Água, reserve um tempo para descobrir mais

EXERCÍCIO COM O ELEMENTO ÁGUA

1 Vá a uma praia ou a qualquer local à beira do mar, de um rio ou lago e caminhe pela margem, na maré baixa, com os olhos voltados para o chão.

2 O que você vê? Como a água afetou a paisagem? Observe os seres humanos ao redor. O que estão fazendo? Para onde estão olhando? O que atrai os seres humanos para as margens dos rios e lagos ou à beira-mar?

3 Pesquise sobre os corpos d'água da sua região na biblioteca ou na internet.

4 Reserve um tempo para meditar. Feche os olhos e coloque o dedo indicador da mão esquerda no punho direito e sinta pulsação. Como é a sensação de saber que você carrega rios, ribeirões e afluentes dentro de você? Qual a função dos rios e ribeirões para o nosso planeta?

e experimentar por si mesmo o impacto físico desse elemento em sua vida diária.

O significado espiritual da Água é equilíbrio, cura, amor e emoções, mistério, nascimento, ciclos femininos e conhecimento arcano. As dádivas físicas da Água são purificar, hidratar, resfriar, apagar o fogo, e o sangue e fluidos do nosso corpo. Para continuar seu trabalho com a Água, reúna símbolos que representem esse elemento, medite sobre eles e tenha mais consciência das funções físicas da Água no seu dia a dia.

Rios e ribeirões são as artérias do planeta.

No círculo, o cálice é o símbolo do elemento Água.

RITUAL DE BOAS-VINDAS À ÁGUA

[Oficiante para a Água]: *A oeste, o elemento Água, da intuição, dos sonhos e das emoções, dos mares, da chuva, dos rios e das águas primordiais do nascimento. Você é reverenciado neste círculo. Esteja presente em nossos rituais e traga para este círculo as dádivas do amor, do equilíbrio e da cura.*

[Oficiante acende uma vela azul no oeste]: *Salve e seja bem-vindo!*

[Todos]: *Salve e seja bem-vindo!*

Terra
FERTILIDADE, ESTABILIDADE E PRATICIDADE

Na Wicca, o quadrante do elemento Terra é normalmente decorado em verde e contém plantas naturais; madeira; cristais e pedras; galhos encontrados no chão e imagens de criaturas das florestas; ervas rasteiras; resinas e óleos, como patchouli, cipreste, teixo ou mandrágora; e um pentáculo. Podemos incluir imagens de divindades apropriadas, como Deméter, a deusa da colheita, ou o Senhor da Colheita.

O elemento Terra – a matéria – é a base do universo físico. O trabalho com a Terra requer compreensão da sua natureza física e a experiência da importância da

EXERCÍCIO COM O ELEMENTO TERRA

1 Reserve um tempo para passear em meio a uma paisagem natural. O que forma essa paisagem e quais espécies de plantas e animais você encontra nesse lugar? Enquanto caminha, repare nas diferentes texturas da superfície do solo.

2 Medite sobre tudo que tem relação com o elemento Terra. Feche os olhos e sente-se no chão ou fique de pé e imagine-se afundando na terra e se fundindo com as camadas profundas do solo, com as rochas, as raízes e os ossos que estão abaixo de você.

3 Agora levante-se e mentalize a imagem da sua forma terrena. Você é uma montanha desmoronando. Como se sente?

4 Deslize a mão por todo o corpo, uma cordilheira fisicamente separada, mas ligada à Terra. Você já pensou em sua conexão com a Terra dessa maneira?

As montanhas são os ossos do nosso planeta.

"matéria" em nosso planeta, no Universo e em nossa vida. Sua presença é mais óbvia para nós na forma mais espetacular da natureza, como cordilheiras e desfiladeiros, terremotos ou erupções vulcânicas. Mas também é evidente de maneiras menos dramáticas, em nossa experiência cotidiana. O elemento Terra forma a matéria e os ossos do nosso corpo e o chão em que caminhamos, e alimenta a vegetação que mantém nosso planeta verde e pulsante.

As propriedades espirituais da Terra são a manifestação, a fruição, a fertilidade, a corporificação e a solidez. Suas dádivas físicas são a sensação, a fisicalidade, os alimentos, o abrigo e o escudo de proteção. Fortaleça sua conexão com o elemento Terra continuando a experimentar suas propriedades físicas, meditando sobre elas e reunindo símbolos que representem as dádivas físicas e espirituais desse elemento.

RITUAL DE BOAS-VINDAS À TERRA

[Oficiante para a Terra]: *Ao norte, o elemento Terra, da fertilidade, da estabilidade e da praticidade, das rochas, dos cristais, do solo, dos ossos e do corpo. Você é reverenciado neste círculo. Esteja presente em nossos rituais e traga para este círculo as dádivas da proteção e da manifestação.*

[Oficiante acende uma vela verde no norte]: *Salve e seja bem-vindo!*

[Todos]: *Salve e seja bem-vindo!*

Espírito
CONEXÃO, MAGIA E TRANSFORMAÇÃO

Chamado "Éter" em algumas tradições wiccanas, o elemento Espírito fica no centro do espaço sagrado, decorado em roxo ou branco. Utilizamos símbolos e imagens de aranhas e teias, que representam protetores divinos "mágicos", como Hécate ou a Mulher Mutante, dos índios navajos; e decoramos esse local com cristais de quartzo, fios e rendas. O trabalho com o elemento Espírito requer compreensão de como ele atua em nossa vida cotidiana, o que exige imaginação e disposição para deixar de lado ideias preconcebidas.

No círculo, o elemento Espírito é, às vezes, representado por cristais.

O Espírito – conexão – é a alma da formação e da interdependência. Como tece mudanças irrevogáveis, é, muitas vezes, expressado como "transformação". Como no caso do amor ou da coragem, reconhecemos seus efeitos, não sua presença física. O Espírito supervisiona e participa do nascimento e da morte das estrelas. Está presente na nossa vida cotidiana, unindo a terra e o céu, a teia

EXERCÍCIO SOBRE O ELEMENTO ESPÍRITO

1 Pense nas conexões que existem em sua própria vida. Calcule com quantas pessoas você mantém contato pessoal durante a semana. Agora avalie o número de pessoas com as quais elas entram em contato.

2 Continue estendendo esses contatos para abranger mais pessoas. O que isso lhe diz sobre o impacto as quais que temos na vida uns dos outros?

3 Pense de maneira parecida no ar que respiramos; também no calor que criamos, no ciclo da água, no material genético que os seres humanos compartilham.

RITUAL DE BOAS-VINDAS AO ESPÍRITO

[Oficiante para o Espírito]: *No centro, o elemento Espírito, da conexão e da magia, do tecelão e da teia. Você é reverenciado neste círculo. Esteja presente em nossos rituais e traga para este círculo as dádivas da transformação.*

[Oficiante acende uma vela roxa ou branca no centro]: *Salve e seja bem-vindo!*

[Todos]: *Salve e seja bem-vindo!*

Espírito é o elemento de transformação.

de aranha à árvore e as pessoas umas às outras. Quando olhamos uma teia, vemos o fio e o padrão da tecelagem, mas que parte dela, no âmbito físico, é a conexão? O que vemos como conexões são, na verdade, fios entrelaçados. A conexão em si não tem presença física separada do entrelaçamento da teia. O mesmo acontece com o Espírito.

O elemento Espírito representa a transformação. Quando você se sentir pronto para trilhar o caminho espiritual da Wicca, peça ao Espírito que revele um professor, uma verdade, um caminho a seguir. Seja paciente e sua resposta virá. Selecione seus próprios símbolos espirituais e cuide do seu próprio espírito, meditando sobre ele com frequência.

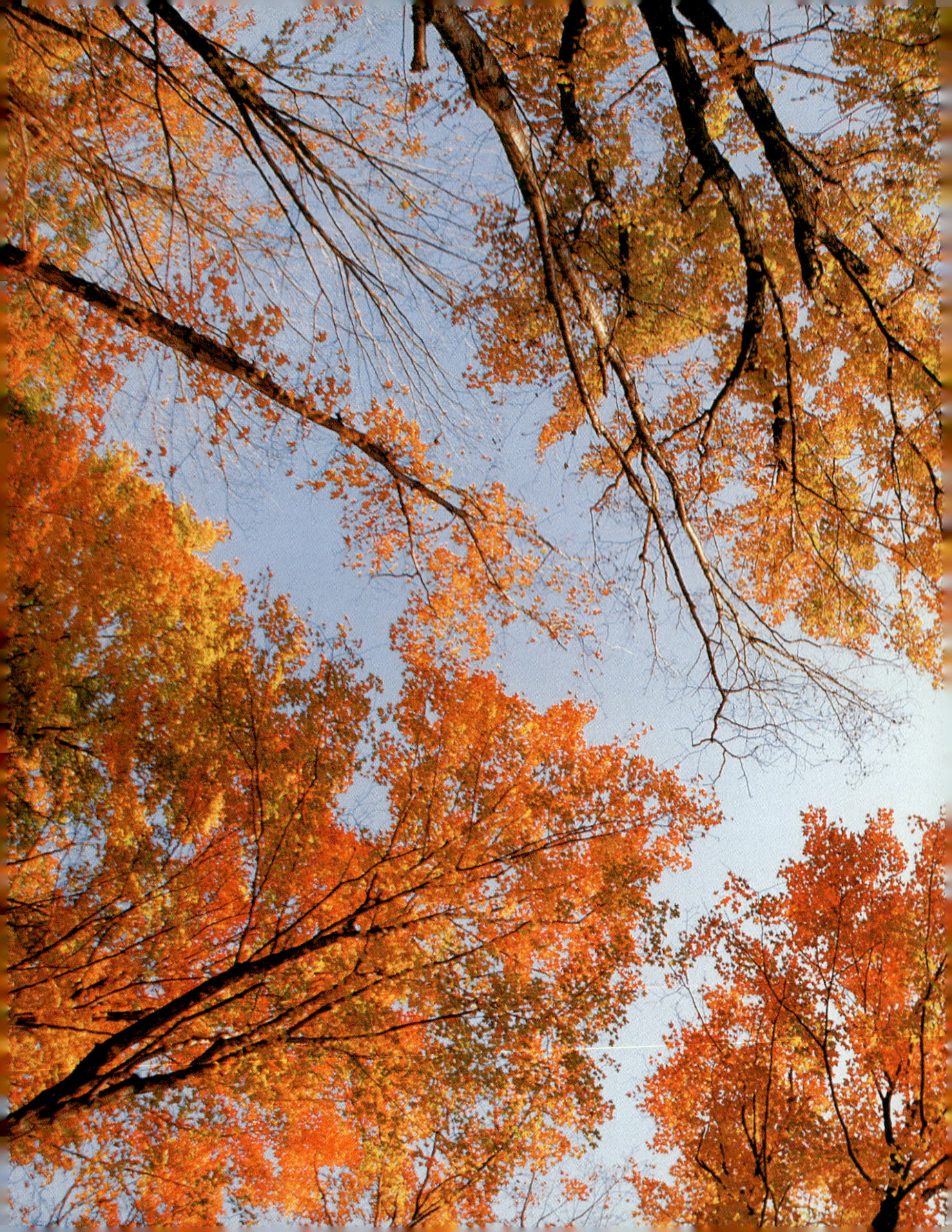

CAMINHOS E TRADIÇÕES

As várias tradições

Assim como a Wicca está inserida no tema mais amplo do paganismo, a própria Wicca é um termo genérico que abriga uma série de vertentes diferentes de bruxaria. Trata-se de um verdadeiro arco-íris de tradições, cada uma com sua própria história, termos de referência e modos de organização. Para algumas, o diferencial pode ser o fato de seguirem um sistema iniciático particular ou determinada abordagem ou metodologia em seus ritos. Para outras tradições, a principal diferença em comparação a outros grupos pode ser o interesse por questões mais políticas, como as de gênero e sexualidade.

A diversidade encontrada na Wicca é considerada uma característica positiva por aqueles sensatos o suficiente para entender por que essas diferenças existem. Parte do motivo pelo qual a Arte dá espaço a tantas divergências políticas e estilísticas em suas tradições é o fato de que essas diferenças invariavelmente reforçam as semelhanças entre elas. Nós todos seguimos uma religião orgânica, baseada na natureza, que antecede os registros históricos, mesmo que só tenhamos organizado a maneira como a praticamos em tempos mais recentes. Também praticamos magia, e muitas tradições aprendem umas com as outras e fazem um intercâmbio de costumes, métodos, ingredientes e feitiços.

DIVERSIDADE

Às vezes, acontece de encontrarmos na Wicca alguns "puristas" que insistem em afirmar que o círculo tem que ser lançado de determinada maneira ou que os seguidores precisam ser iniciados por um sumo sacerdote ou uma sacerdotisa do sexo oposto (geralmente porque sua tradição pratica a polaridade de gênero), e até por pessoas que depreciam muito as práticas dos outros; toda religião tem esse tipo de seguidor. No entanto, para cada wiccano professo, que demonstra intolerância, existem milhares de outros de mais mente aberta e que demonstram respeito pelas escolhas alheias e reconhecem, por serem de fato sábias, a importância da diversidade.

As descrições a seguir dos diferentes caminhos e das várias afinidades entre grupos e praticantes solitários são apenas indicações, não informações definitivas. Se você quiser aprender mais sobre uma tradição específica, há uma infinidade de recursos em bibliotecas, livrarias e na internet para explorar mais a fundo. Incluí uma breve referência a grupos não wiccanos, sobretudo porque os bruxos sempre acabam esbarrando neles em algum momento. Se você acha que suas próprias práticas pertencem a outras tradições, não se preocupe; a maioria dos bruxos se considera um agrupamento "eclético"!

A bruxaria é um caminho com muitas vertentes e tradições.

AS VÁRIAS TRADIÇÕES

Diferentes caminhos

As raízes da Wicca moderna são encontradas em toda a Europa e no Oriente Próximo, nas tradições espirituais dos nossos antepassados e nas vertentes do paganismo que resistiram ao golpe do tempo, disfarçando-se de folclore e sabedoria popular. A história do despertar da Wicca moderna, no entanto, é muito mais recente e começa na Inglaterra, em 1951, com a revogação da Lei da Bruxaria de 1736, posteriormente substituída pela Lei dos Médiuns Fraudulentos. O impul-

As raízes da Wicca são tanto recentes quanto antigas.

so para a revogação dessa lei foi seu emprego, em 1944, para embasar a acusação de uma médium espírita, Helen Duncan, que atraiu a atenção das autoridades navais ao revelar a notícia do naufrágio de vários navios, cujos detalhes ainda não haviam sido divulgados publicamente. O fato de a lei ainda estar em vigor irritou inúmeras figuras públicas, preocupadas com a existência de ofensa à reputação da corte britânica e, consequentemente, foi revogada.

A revogação da lei legalizou a bruxaria na Inglaterra de forma efetiva e permitiu a publicação de obras sobre as práticas dos covens.

FUNDADOR DA WICCA MODERNA

Gerald Gardner, reconhecido como o fundador da Wicca moderna, já havia publicado em 1949 uma obra fictícia intitulada *High Magic's Aid*. No entanto, com a revogação da Lei da Bruxaria e a morte da alta sacerdotisa, Old Dorothy Clutterbuck naquele mesmo ano, ele se viu livre para escrever um relato não ficcional sobre a Wicca – *Witchcraft Today* –, publicado em 1954. Embora grande parte do trabalho de Gardner se baseasse nas práticas dos covens ativos no início do século XX e em documentação esotérica antiga, ele também foi influenciado pelo trabalho de alguns dos seus contemporâneos, além de fazer aperfeiçoamentos por conta própria.

Debates sobre o *Livro das Sombras* gardneriano – as litanias, os costumes e os feitiços registrados e os rituais – continuam. A maioria das pessoas agora atribui à alta sacerdotisa, Doreen Valiente, o crédito pela ênfase na Deusa. Ela também é a autora de *O Chamado da Deusa*, as palavras da Deusa a seu povo, com as quais muitos grupos wiccanos ainda iniciam suas celebrações de esbá, ou Lua Cheia. No entanto, a contribuição de Gardner foi fundamental para o desenvolvimento da Wicca moderna, e, desde sua fundação, ela cresceu e passou a abranger toda uma gama de abordagens e tradições.

A seguir, apresento exemplos de algumas das principais expressões dos muitos estilos e sabores da Wicca, mas advirto que um parágrafo não pode conter todo o significado de uma tradição, com suas próprias influências, história e costumes. Se você quiser saber mais, precisará fazer algumas pesquisas ou, melhor ainda, conversar com um membro praticante dessa tradição, para aprender mais sobre ela.

WICCA GARDNERIANA

Fundada por Gerald Gardner, essa tradição envolve elementos de tradições antigas e, devido às origens, o folclore e os costumes do paganismo inglês. Usa o padrão básico do círculo sagrado e os quadrantes dos elementos Ar, Fogo, Terra e Água, embora o simbolismo das cores seja diferente daquele adotado pela maioria das tradições wiccanas, em que a cor do Ar é azul, a da Terra é marrom ou preta e a da Água é verde. Os gardnerianos tendem a não enfatizar o elemento Espírito.

A Wicca gardneriana cultua o Deus Cornífero de Greenwood e a Deusa da Natureza. Em geral, os seguidores realizam seus rituais "vestidos de céu", ou seja, nus. O sumo sacerdote e a alta sacerdotisa lideram o coven, com ênfase na liderança da alta sacerdotisa. O sistema gardneriano marca o progresso espiritual por meio de uma série de ritos iniciáticos e baseia-se na bipolaridade de gênero, o que significa que todas as coisas são divididas em opostos masculino/feminino.

Todos os caminhos da Wicca são voltados para a natureza.

WICCA ALEXANDRINA

Essa forma de Wicca, desenvolvida a partir do sistema gardneriano na década de 1960, foi criada por Alex Sanders, que, com sua parceira, Maxine, desenvolveu uma tradição que incorpora elementos de fontes judaico-cristãs, bem como aspectos dos mistérios gregos e egípcios e tradições celtas.

Os alexandrinos reverenciam a Deusa Tríplice em todos os aspectos (donzela, mãe e anciã) e o Deus dual (sombrio e iluminado), embora alguns praticantes também sejam ecléticos na abordagem das divindades. A Wicca alexandrina usa a estrutura básica estabelecida pela Wicca gardneriana, mas reverencia cinco elementos sagrados e usa o agora amplamente conhecido simbolismo das cores apresentado na p. 78.

WICCA SAXÔNICA

A Seax-Wica foi formulada por Raymond Buckland, no início dos anos 1970. Foi ele também que introduziu a Wicca nos Estados Unidos. A Seax-Wica é baseada na estrutura gardneriana, mas se baseia em aspectos da tradição anglo-saxônica e da picta escocesa.

BRUXOS DE ALDEIA E BRUXOS SOLITÁRIOS

As tradições descritas anteriormente costumam ser praticadas em grupos, mas na Wicca existem muitos bruxos que praticam sozinhos. O título exato desse grupo é "bruxos solitários" e eles podem praticar qualquer tradição da Wicca; o que os diferencia é que trabalham por conta própria. Muitos bruxos solitários são o que antigamente se chamava de bruxo ou bruxa de aldeia, pessoas que serviam à comunidade e conheciam a natureza, a magia das ervas e a cura tradicional. Tanto os bruxos de aldeia quanto os bruxos da cidade podem ser bruxos solitários.

BRUXARIA HEREDITÁRIA

Na Wicca, hereditário é um bruxo que herdou o conhecimento da Arte da própria família ou foi iniciado por um grupo hereditário. Como as práticas desses grupos dependem do que lhes foi transmitido, é quase impossível descrever o que um hereditário pratica.

RADICAL FAERY TRADITION/WICCA DIÂNICA/RECLAIMING TRADITION

Na teoria, não há razão para a Wicca não ser socialmente inclusiva, mas, infelizmente, alguns indivíduos ou grupos usam, por exemplo, a bipolaridade de gênero para justificar a própria homofobia ou sexismo. Consequentemente, alguns bruxos têm se empenhado em criar um espaço espiritual que inclua mulheres, bissexuais e homossexuais. A Radical Faery Tradition foi criada por homens gays e para eles; em alguns grupos, há ênfase no deus Dionísio. A maioria dos grupos diânicos é composta exclusivamente de lésbicas ou mulheres, e, como o nome sugere, a deusa Diana é a principal protetora. A Reclaiming Tradition, influenciada pelo trabalho de Starhawk e Macha M. Nightmare, é inclusivo, politicamente ativo e atuante em questões relacionadas a todas as formas de discriminação social. Essa tradição opera numa base não hierárquica, organiza rituais públicos e acampamentos e utiliza métodos de transe e xamânicos em suas práticas.

ECLETICISMO

Todos os bruxos são, em certa medida, ecléticos, mas os ecléticos propriamente ditos são aqueles que não seguem nenhuma tradição em particular; em vez disso, selecionam, emprestam e redefinem elementos de outras tradições, de acordo com seu propósito. Tudo com respeito, é claro!

PAGANISMO

A Wicca é uma religião pagã, mas nem todos os pagãos são bruxos. Às vezes descritos como "não alinhados", alguns veneram um Deus ou uma Deusa, enquanto outros cultuam a divindade dentro da natureza (panteísmo), sem fazer referência a uma divindade. Além disso, os costumes e as práticas variam muito. A maioria segue os oito festivais do ano solar e marca o ciclo da Lua.

Todas as tradições da Wicca são ramos de uma religião natural ligada à Terra.

DRUIDISMO

Os druidas são os "primos" pagãos celtas dos bruxos. Reverenciam a natureza como divindade, geralmente celebram os quatro principais festivais solares e cultuam um Deus ou uma Deusa. Às vezes se organizam em linhas iniciáticas e hierárquicas, mas nem sempre. Como os bruxos, os druidas são homens ou mulheres.

ASATRÚ E A TRADIÇÃO NÓRDICA

O Asatrú, que significa "lealdade aos Aesir" (deuses nórdicos), é uma religião do paganismo nórdico baseada nos registros históricos que restaram das religiões pagãs nórdicas. Está próximo da religião original do povo nórdico e, na Escandinávia, é chamado de Forn Sidr, ou "Caminho Antigo". As origens do Asatrú são bem antigas e, na Islândia, ele tem o reconhecimento do Estado. Desde a década de 1970, expandiu-se rapidamente na Escandinávia, no norte da Europa e na América do Norte. Seus seguidores geralmente não se descrevem como wiccanos ou bruxos, mas essa tradição de bruxaria "nórdica" baseia-se em muitas das mesmas divindades e tradições às quais os seguidores do Asatrú se mantêm fiéis.

Afinidades diferentes

A Wicca não só deriva de uma variedade de tradições como também cultua e celebra diferentes divindades. Em alguns casos, a tradição escolhida está fortemente associada a um panteão em particular. Grupos estabelecidos, muitas vezes, tem uma divindade "patrona" e um grupo de deuses e deusas ao qual se dedicam, ou deuses "favoritos" com quem trabalham. Alguns grupos são abertamente ecléticos e abraçam, de bom grado, o deus e a deusa que os recém-chegados cultuam; outros trabalham exclusivamente com um grupo de divindades. O mesmo vale para os praticantes solitários – alguns bruxos trabalham com apenas um panteão em particular, enquanto outros adotam vários panteões ao mesmo tempo.

Os panteões de origem única mais populares parecem ser o celta, o nórdico, o greco-romano e o egípcio. O celticismo, no entanto, é muito popular na Europa, e os bruxos celebram Brighid, Belenos, Cerne/Herne, Rhiannon e Arhianrhod. A tradição nórdica reverencia divindades do norte da Europa, em particular as escandinavas, e às vezes divindades anglo-saxônicas – Odin/Woden, Thor, Freia, Loki e Frigga. As divindades greco-romanas são populares na Europa, talvez porque as mitologias desses povos sejam muito familiares para nós. Do mesmo modo, as descobertas arqueológicas dos séculos XIX e XX no Egito fascinaram os europeus. Isis, a Grande Mãe, é agora uma das deusas mais amadas e reconhecidas da Wicca contemporânea. Muitos de nós desejam revisitar e rever os papéis dos deuses e deusas dos panteões mais antigos e explorar sua relevância para os herdeiros das tradições mais antigas.

Muitos bruxos se referem aos ancestrais da terra.

QUESTÕES RELACIONADAS AOS PANTEÕES

Às vezes, os bruxos da atualidade se perguntam se é recomendável "misturar" panteões, e alguns puristas insistem em dizer que isso nunca deveria ser feito. Grupos que acreditam que estão cultuando divindades de um panteão de origem única estão, na verdade, reverenciando deuses e deusas de várias origens diferentes, mas "registrados" por escritores e folcloristas num determinado ponto do desenvolvimento desse panteão. Isso vale, por exemplo, para o panteão grego. A criação do panteão greco-romano surgiu durante o período helenístico, e muitas divindades eram deuses locais cultuados em diferentes regiões da Grécia e da Itália. O termo "celta", na realidade, descreve as ligações entre várias tribos que se espalharam por ampla área geográfica ao longo de um enorme período de tempo. Um bruxo ou um coven que cultue um panteão em particular provavelmente incorporará uma série de divindades nunca reverenciadas por seus seguidores originais ou vistas como "grupo".

Contanto que você se dirija às divindades com respeito, instrua-se sobre os povos que lhes deram origem e não tenha a pretensão de ser quem não é, digamos, um xamã nativo americano, quando, na verdade, é um branco americano ou europeu, realmente não importa. Respeito é o mais importante.

Para aprender com diferentes tradições é preciso que se tenha respeito por elas.

DIFERENTES CAMINHOS

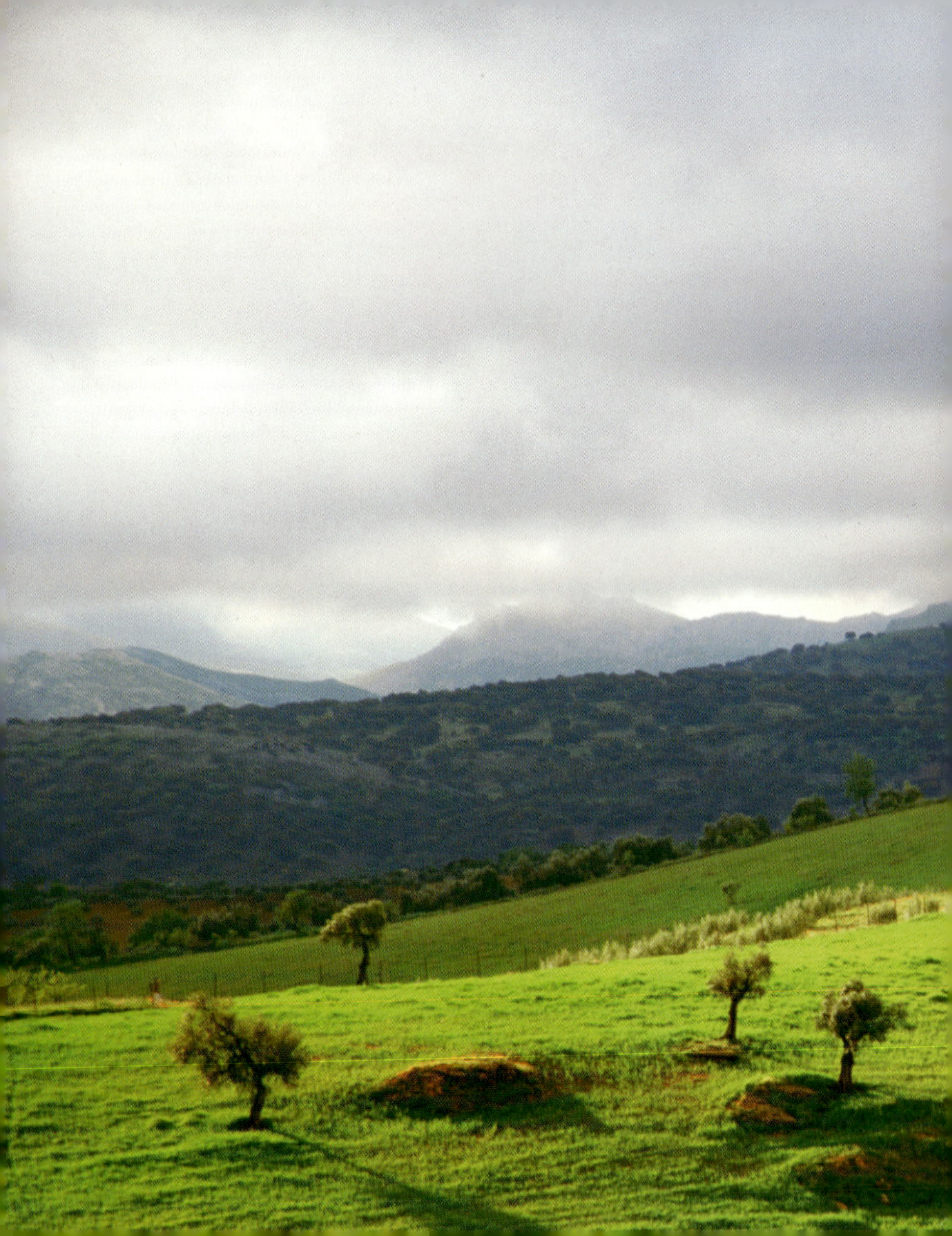

DEUSES E DEUSAS

Deuses e deusas da Wicca

Um dos aspectos da Wicca que fascina novatos, acadêmicos e teólogos é o relacionamento especial que a Wicca tem com seus deuses e deusas. A Wicca é politeísta, ou seja, tem mais de um deus ou deusa. Os bruxos veem a divindade como algo imanente – está dentro de nós – e são panteístas, ou seja, veem o divino na natureza. Além disso, falamos de uma Deusa e um Deus, mas não vemos nenhuma contradição em reverenciar vários deuses, cada qual como ser distinto e separado e, às vezes, como aspectos da "Deusa" ou do "Deus". Para alguém acostumado a pensar na divindade como entidade masculina e autoritária, que está "fora" ou "acima" de nós, o relacionamento da Wicca com seus deuses e deusas pode parecer um pouco intrigante. Como muitos de nós crescemos numa cultura que se acostumou com um conceito diferente de "Deus", é preciso grande mudança em nossa visão de mundo para compreender o que é realmente uma abordagem muito simples da natureza do divino.

Os bruxos entendem que nós, seres humanos, personificamos o Deus ou a Deusa e, portanto, somos todos sagrados. A natureza também incorpora a divindade. Por causa dessa maneira muito íntima de se conectar com o Deus ou a Deusa, não vemos a divindade como um ser que está "acima" ou tem autoridade sobre nós. Antes, vemos o Deus ou a Deusa como amigos, confidentes, irmã, irmão, amante, pai, mãe, parte de nós mesmos mais sábia e gentil conosco do que costumamos ser, além de conselheiro corajoso que não hesita em nos lembrar sobre que é certo, mesmo quando o "certo" é difícil para nós.

Também vemos o Deus e a Deusa como o Grande Espírito, o curador, o tecelão da teia da vida, a alma de toda a natureza. Por causa de nossa ênfase na interconectividade de todas as coisas, ver o divino como conselheiro e amigo, assim como criador das estrelas e dos planetas, não representa um problema. O que os bruxos tendem a não fazer é ver a divindade como um ser que intervém nos assuntos humanos. Guerras, fome, crueldade e injustiça são invenções humanas – não exigimos que o divino acabe com isso da noite para o dia, pois não vemos o Deus ou a Deusa como divindade de "solução rápida", que pode intervir na história humana e levar o crédito ou a culpa pelo que há de errado neste mundo. No entanto, podemos, e de fato, os invocamos para nos dar coragem e energia para fazer essas mudanças por nós mesmos.

Os bruxos geralmente recorrem à energia e à proteção do Deus ou da Deusa no trabalho espiritual e na magia. Se, por exemplo, estamos sofrendo assédio no local de trabalho, depois de tomar providências práticas, como avisar nossos superiores e/ou o sindicato, podemos optar por realizar um ritual para nós mesmos. Ele poderá ser para nos ajudar a encontrar coragem para continuar combatendo o *bullying* ou para alcançar um equilíbrio que vai nos ajudar até que o problema esteja resolvido. Se estamos precisando de coragem, podemos invocar Iansã, divindade da Umbanda conhecida por ser muito feroz e boa aliada em situações difíceis. Poderíamos pedir que ela nos emprestasse um pouco de sua coragem impetuosa para enfrentamos nosso inimigo e reivindicar nossos direitos. Se

Estátua de Osíris, deus egípcio da regeneração, retirada do túmulo de Psamtik III.

Diana, deusa romana da Lua, de autoria de Correggio.

estamos procurando senso de equilíbrio, podemos chamar Rhiannon, protetora de pessoas prejudicadas por aqueles que abusam do poder, e pedir a ela que nos dê uma perspectiva, mantenha nosso equilíbrio e permita que a justiça prevaleça.

Ao recorrer a diferentes aspectos da divindade, invocamos recursos que já estão dentro de nós. Como os deuses e deusas personificam, assim como simbolizam, os poderes com os quais os associamos, estamos acessando nossa própria força espiritual e a deles quando os invocamos. O mesmo vale para o nosso trabalho mágico, quando pedimos que determinadas divindades testemunhem e emprestem seu poder para os feitiços que estamos realizando. Se estamos pedindo amor em nossa vida, podemos acender uma vela em homenagem a Afrodite, deusa do amor, ou a Angus, deus celta do amor, e invocá-los para que testemunhem e qualifiquem nossa magia. Se estamos trabalhando para banir hábitos ou comportamentos nocivos ou para prender um transgressor, podemos acender uma vela para Saturno, deus da maturidade e da disciplina, ou Hécate, deusa negra da magia, e invocar a ajuda deles em nossa tarefa. Para os bruxos, invocar deuses e deusas no trabalho mágico é sinal de respeito e devoção – faz parte da Arte e da nossa religião cultuar as divindades dessa maneira.

Às vezes, graças ao trabalho de meditação, o contato frequente com uma divindade ou uma afinidade natural que pode ter surgido, alguns bruxos desenvolvem relacionamento próximo com uma divindade em particular. Pode ser que decidam se dedicar a essa divindade e cultuar esse deus ou deusa em seu trabalho. Para alguns, esse será um relacionamento gratificante e duradouro. No entanto, isso não impede o reconhecimento de outras divindades, impede que alguém se refira "ao Deus e à Deusa". Às vezes, os bruxos trabalham em estreita colaboração com uma divindade em particular numa fase da vida e descobrem que desenvolveram afinidade com outra divindade quando entraram num novo estágio do seu ciclo vital. Algumas mulheres, por exemplo, quando estão grávidas, amamentando ou cuidando de crianças, sentem afinidade natural com Deméter, a Mãe Terra, mas descobrem que, à medida que esse papel diminui em sua vida, se relacionam mais de perto com uma deusa da independência – por exemplo, Ártemis.

Em algumas ocasiões a divindade parece mais oportuna no momento e oferece o que precisamos, em vez do que achamos que precisamos ou pedimos. É comum um deus ou deusa se fazer presente repetidamente na meditação ou nos sonhos, ou nos deparamos várias vezes com seus símbolos e totens em nossa vida cotidiana, até chamar nossa atenção. Os bruxos nunca ignoram sinais tão claros; sabemos que temos algo a aprender com a divindade que está "acenando" para nós, mesmo que – e especialmente se – não conseguirmos imaginar por que precisamos trabalhar com ela no momento! Ao pisar pela primeira vez no caminho espiritual da Wicca, é bom pedir orientação às divindades e convidar um deus ou deusa protetor para nos levar sob suas asas. Orientações sobre uma visualização para ajudá-lo a encontrar sua divindade protetora estão nas pp. 140-43.

Glossário dos deuses e deusas

Nas páginas seguintes, você encontrará um breve glossário (organizado por origem) dos deuses e deusas que a maioria dos bruxos conhece. Vai descobrir que existem mais deusas que deuses, porque geralmente se sabe mais sobre as deusas pagãs e suas funções. Serão apresentadas referências às origens da divindade, seus principais símbolos e associações relevantes. As informações a seguir pretendem ser um ponto de partida, não descrições detalhadas, pois qualquer glossário completo teria que ter quilômetros de extensão! Se você trabalha com alguma dessas divindades, pesquisas adicionais e sua própria experiência pessoal poderão lhe dar uma visão mais abrangente.

DIVINDADES GRECO-ROMANAS

Apolo Filho do deus grego Zeus, Apolo é deus do Sol, da poesia, da música e das artes. Divindade da luz e da lucidez mental, representa o pensamento racional, a verdade e a cura. Um de seus templos mais famosos foi o Oráculo de Delfos, onde as sacerdotisas respiravam a fumaça das folhas de louro em chamas, entravam em transe, depois faziam previsões e ofereciam conselhos aos que visitavam o santuário. As flechas de Apolo – os raios do Sol – oferecem inspiração e compreensão. Seus raios de cura também oferecem consolo aos doentes ou aos que perderam o ânimo de viver.
Origem: Grécia.
Símbolos e associações: Raios de sol, folhas de louro, flechas.

Ártemis/Diana Deusa donzela da floresta e do céu noturno, seu arco tem o formato de lua crescente. Como "donzela", ela é independente, espirituosa e está

associada a espaços exclusivo para mulheres. Considerada um dia deusa do parto, devido às associações com a Lua, hoje é mais vista como deusa da independência, da integridade e da ação, além de antídoto para o patriarcado. Patrona da tradição "diânica" e de outros círculos e clãs apenas para mulheres.
Origens: *Grécia/Itália.*
Símbolos e associações: *Lua crescente, arco, ursas.*

Atena/Minerva Deusa da sabedoria, da comunicação, das ciências, da matemática e das artes e do intelecto. Atena é protetora dos escritores e conhecida por conceder o "dom da coruja" – capacidade de escrever e se comunicar claramente – àqueles que a reverenciam. Como Apolo, é uma divindade da racionalidade, da clareza de propósito e do planejamento. No entanto, sua história é muito mais antiga, e ela também é uma deusa do artesanato, como a tecelagem, e da criatividade natural. Atena é, portanto, um canal para transformar pensamento em ação e um catalisador para unir o intelecto à intuição. É uma deusa protetora e também defensora contra as forças de destruição bruta e irracional.

Atena, deusa da sabedoria e do aprendizado.

Origens: *Creta/Grécia e Micenas/Itália.*
Símbolos e associações: *Triângulo equilátero, cobras, espirais, coruja, tecedura.*

Afrodite/Vênus Deusa do amor e da beleza, da sexualidade e da sensualidade. Muitas vezes retratada subindo do mar numa concha, Afrodite é o epítome da beleza e da sexualidade femininas. Nosso planeta irmão, Vênus, às vezes nossa estrela da manhã/noite, recebeu esse nome em homenagem à sua contraparte romana, por refletir a beleza brilhante associada a essa deusa. Afrodite rege as emoções, uma extensão do seu vínculo com as águas. Na Cabala mística, a esfera de Netzarch é regida por Vênus, e esse é o domínio do amante, da espiritualidade erótica, da criatividade e da arte. Na Wicca, Afrodite é, muitas vezes, invocada em rituais de amor.

Origens: Ásia, Chipre, Grécia/Itália.
Símbolos e associações: Rosa, murta, concha de vieira, água, Vênus (planeta), orvalho da manhã.

Áries/Marte Deus da ação, da defesa e da proteção. Nos tempos antigos, era visto como o mensageiro da guerra e da discórdia. Atualmente, é considerado pelos bruxos catalisador de mudanças. Havia algumas diferenças entre as divindades gregas e romanas, mas os dois panteões são celebrados hoje de maneiras semelhantes. Com a contraparte romana dando seu nome ao planeta vermelho do nosso Sistema Solar, é claro que Áries é visto como um deus temperamental e de humor oscilante. Na Roma antiga, porém, Marte era visto como deus da agricultura e da primavera, além de entidade guerreira, que convida os wiccanos contemporâneos a rever a maneira como ele se tornou a figura de um homem de ação!

Origens: Grécia/Itália.
Símbolos e associações: Marte (planeta), a cor vermelha.

Deméter/Ceres Deusa do milho e do crescimento sazonal, Deméter é um aspecto da Deusa Mãe, às vezes também chamada de "Habundia", alegoria romana da "abundância". Como mãe de Perséfone, lamenta o desaparecimento da filha, que foi embora com Hades para o mundo dos mortos. Enquanto lamenta, a vegetação da Terra morre e só se renova quando Perséfone retorna. Como Perséfone está condenada a descer ao Hades a cada seis meses, o ciclo sazonal é repetido a cada ano. Deméter é mãe amorosa, e seu relacionamento com Perséfone é um símbolo encorajador num mundo onde o patriarcado costuma azedar os relacionamentos entre as mulheres. Wiccanos contemporâneos veem nela uma fonte de inspiração para o ambientalismo, em sua renovação da Terra.

Origens: Grécia/Itália.
Símbolos e associações: Cornucópia (chifre da abundância).

Dionísio Deus do vinho e do êxtase. Visto por muitos wiccanos como o arquétipo gêmeo de Apolo, Dionísio é o deus da "loucura" divina e do êxtase do espírito e do corpo. Seus seguidores eram conhecidos por entrar em frenesi durante o culto e vivenciar um estado de transe e êxtases violentos. Assim como Apolo rege o aspecto racional do eu, Dionísio representa nosso lado animal, intuitivo, extático e indisciplinado. Como Dionísio é cortado em pedaços e ressuscitado, também é associado com o renascimento, à renovação e ao Mundo Subterrâneo. Na lenda, é um viajante exilado finalmente aceito como um dos doze principais deuses olímpicos. Essa história o liga aos difíceis caminhos da mudança e da transformação, que derivam da iniciação no caminho do conhecimento espiritual e arcano.
Origem: Grécia.
Símbolos e associações: Uvas, folhas de videira, máscaras, dança.

Flora Deusa da primavera, das flores e das plantas que dão flores, Flora é uma antiga divindade romana ligada ao renascimento sazonal da vegetação na Terra. É geralmente retratada com coroas de flores no cabelo. Deusa favorita das cortesãs, Flora era vista como deusa do prazer.
Origem: Itália.
Símbolos e associações: Grinaldas e coroas de flores.

Gaia Deusa mãe primordial e nome dado à Terra como ser vivo. Gaia deu à luz partenogenicamente a toda a existência e é vista como deusa generosa e doadora de vida, mas que precisa da nossa proteção para manter seu frágil equilíbrio.
Origem: Grécia.
Símbolos e associações: Pedras e cristais da Terra, solo e vegetação verdejante, árvores.

Hécate Deusa anciã dos bruxos, da magia e da noite, e regente das encruzilhadas, fronteiras e limiares. Como Freia (p. 126), Hécate cruza os céus numa carruagem puxada por gatos, embora também seja associada a outras criaturas noturnas. Essa

Áries, deus da ação, e Afrodite, deusa do amor, num afresco de Pompeia, Itália.

deusa zela pelos viajantes e por aqueles que estão tomando decisões importantes na vida. É tecelã da sabedoria e a parteira que nos guia pela vida, do nascimento até a morte. Dotada de conhecimento arcano, mágico e herbário, é associada aos caldeirões e às vassouras – dois utensílios relacionados à bruxaria. Hécate é muito popular entre os bruxos contemporâneos.

Origens: *Grécia e sul da Europa.*

Símbolos e associações: *Gatos, encruzilhadas, caldeirões, vassouras, morcegos, mariposas, corvos e gralhas, corujas, ossos, conhecimentos de ervas, aranhas e teias.*

Hefesto/Vulcano/Wayland/Govennon Deus ferreiro/metalúrgico. A capacidade de trabalhar com a Terra, o Ar, o Fogo e a Água nas formas primárias, para criar objetos de grande beleza e valor, era considerada sagrada no mundo antigo, e os deuses ferreiros eram reverenciados como sábios "alquimistas" e magos. No mundo celta, Wayland ou Govennon tinha funções semelhantes à dos ferreiros, que transformavam elementos básicos em armaduras, ferraduras ou joias. É possível que todos os deuses ferreiros sejam remanescentes de deuses muito mais antigos e primitivos, da criação e do conhecimento secreto. Todos são dotados da capacidade de transformar e redefinir a matéria básica e representam a iniciação nos mistérios e a busca pela espiritualidade enquanto estamos encarnados.
Origens: Grécia/Itália/Irlanda/norte da Europa.
Símbolos e associações: Bigornas, martelos, ferraduras, ferro, metalurgia, alquimia.

Hera/Juno Deusa do casamento, das parcerias, do lar. Vista às vezes como a consorte do Zeus olimpiano, Hera é uma deusa poderosa por si só, defensora do fogo doméstico e dos lares, das parcerias e dos filhos. É uma deusa da família no sentido mais verdadeiro da palavra e protetora da integridade das famílias e de todos os seus membros. É patrona da paternidade e da maternidade, e sábia conselheira e protetora dos jovens; por esse motivo, talvez, costume ser invocada para proteger recém-nascidos.
Origens: Grécia/Itália.
Símbolos e associações: Penas de pavão, pedras turquesas, taças concedidas como troféu em competições.

Hermes/Mercúrio Deus mensageiro da velocidade e da comunicação, Hermes é visto como a própria alma da agilidade e muitas vezes retratado com sandálias aladas, carregando um caduceu (cajado com duas cobras entrelaçadas), o que indica que as mensagens que leva são dos deuses. O caduceu também é símbolo de cura e saúde, com o qual Hermes é secundariamente relacionado. Seu simbolismo primário, no entanto, é o da comunicação e da velocidade, e o planeta mais próximo do Sol em nosso sistema é aquele cujo nome homenageia sua contraparte romana, refletindo sua ligação com a velocidade. Hermes é associado à capacidade de falar

com argúcia e inteligência. Na lenda grega, é o embusteiro e o ladrão, o mensageiro dos sonhos, o protetor dos viajantes e o guia das almas no caminho para o Mundo Subterrâneo.
Origens: Grécia/Itália
Símbolos e associações: *Caduceus, sandálias/capacetes alados, planeta Mercúrio, cor amarela, penas.*

Hesta/Héstia/Vesta Deusa do fogo, Hesta é protetora do fogo doméstico, das tarefas domésticas e do artesanato. Na Roma antiga, um séquito de meninas e mulheres solteiras eram incumbidas de manter sua chama acesa. É deusa da integridade e da proteção, e guarda o coração, ou seja, o fogo, de qualquer lar onde é cultuada. Está associada à culinária, ao calor e ao aquecimento, aos limites da casa e ao artesanato, como cerâmica e artefatos feitos a mão.
Origens: Grécia/Itália.
Símbolos e associações: *Lareira, chamas.*

Pan Deus dos rebanhos, da fertilidade e da sexualidade masculina. Metade homem, metade bode, Pan representa nossos instintos mais básicos. É a personificação da nossa natureza animalesca e muito "terreno". Um de nossos instintos mais básicos de preservação é o impulso de "lutar ou fugir", provocado pela adrenalina, que nos mantém vivos em momentos de crise, Pan empresta seu nome ao medo primordial básico que mantém vivo esse impulso em nós – o pânico. Popular entre os covens de homens homossexuais, é carinhosamente conhecido como "o Velho Tarado" – epíteto que ele compartilha com Cernunnos (pp. 123-24).
Origens: Grécia/Itália.
Símbolos e associações: *Peles de cabra, chifres.*

Perséfone/Koré Deusa donzela da primavera e do Mundo Subterrâneo. Perséfone é o aspecto filha do mito Deméter/Perséfone (ver p. da deusa Deméter, 110) e também a rainha dos mortos e a deusa da primavera. Essa combinação faz dela uma extraordinária figura da autonomia feminina. Seu aspecto carinhoso é visto na

insistência em retornar todos os anos para Hades, a terra dos mortos. É celebrada na primavera e no outono.
Origem: Grécia.
Símbolos e associações: Romã, flores da primavera.

Plutão/Hades Deus do Mundo Subterrâneo, rei dos mortos. Às vezes divindade sombria, também é visto como espécie de mago. O planeta mais distante do nosso Sol no Sistema Solar tem o nome dele, pois fica na escuridão constante.
Origem: Grécia.
Símbolos e associações: O número oito, varinhas.

Selene Deusa lunar, Senhora da Lua cheia, Selene é descrita como bela mulher que usa a Lua como coroa. Rege as marés, os ciclos das mulheres, a reprodução, a gravidez e o nascimento, e protege contra delírios causados pelo desequilíbrio dos seres humanos em relação aos ciclos naturais.
Origem: Grécia.
Símbolos e associações: Lua cheia.

Urano Deus dos céus. Deus da chuva primordial, que nasceu de Gaia partenogenicamente. A chuva que proporciona fecundou Gaia e esta produziu com ele os Titãs, entre os quais Cronos, que derrubou Urano apenas para ser derrubado por Zeus (ver a seguir). Divindade da fertilidade masculina primordial.
Origem: Grécia.
Símbolos e associações: Foice, pingos de chuva.

Zeus/Júpiter/Jove Pai e deus do trovão. Às vezes descrito como o regente do panteão helenístico, Zeus é um aspecto paternal da divindade. Conhecido como Acumulador de Nuvens ou Criador de Trovões, é homenageado como um deus que sabe como fazer com que as coisas sejam feitas quando toda paciência se esgota!

É protetor da liberdade, patrono da humanidade e defensor dos injustiçados. É a alma da hospitalidade e da generosidade e mensageiro da alegria – daí o termo "jovialidade". Ele nos ensina a compartilhar nossa sorte – deus da caridade e da doação.
Origens: Grécia/Itália.
Símbolos e associações: Planeta Júpiter, cor roxa, para-raios, águias.

DIVINDADES EGÍPCIAS

Anúbis Deus com cabeça de chacal associado ao Mundo Subterrâneo, Anúbis é responsável por pesar as almas dos mortos quando estes entram na vida após a morte. É um deus da profecia e da divinação e conhece o destino de todos os mortais. É uma divindade associada às artes mágicas e amado pelos wiccanos de todos os lugares.
Origem: Egito.
Símbolos e associações: Escamas, chacais, divinação e magia.

Bast/Bastet Deusa com cabeça de gato. Associada à música e à dança, Bast é também uma deusa da alegria, e seus devotos do antigo delta do Egito supostamente a reverenciavam com celebrações licenciosas! Todos os gatos são sagrados para Bast e vistos como aspectos da fêmea divina, então essa deusa é popular entre os pagãos e bruxos contemporâneos que adoram gatos.
Origem: Egito.
Símbolos e associações: Gatos.

Hathor Deusa do Sol e provedora das chuvas. Associada à inundação do Nilo no reino desértico do Egito, Hathor é vista como deusa da fertilidade e divindade solar. Representa as conexões terra-céu que engendram e mantêm a vida, e é deusa da luz. Às vezes retratada usando o disco solar entre os chifres de vaca, é vista como divindade que nos leva da confusão à compreensão.
Origem: Egito.
Símbolos e associações: Disco solar entre chifres de vaca, pedras turquesas.

Hórus Deus com cabeça de falcão, Hórus tem muitos aspectos, incluindo o de deus dos céus; ele é um deus do horizonte, do dia e da noite, do anoitecer e do amanhecer. O olho de Hórus protege contra o mal e é símbolo hoje usado nos trabalhos de magia. Filho de Ísis, a Grande Mãe e deusa da magia e da transformação, Hórus tem o poder da magia protetora. Como bebê, é visto sendo amamentado pela mãe divina, imagem espalhada por todo o norte da África e na Europa pelo Império Romano e vista por alguns como modelo de representações posteriores da Madonna e seu filho, da religião cristã.
Origem: Egito.
Símbolos e associações: Falcões, o olho de Hórus, o Sol e a Lua.

Ísis Deusa Mãe de Todos. Amante/irmã de Osíris, Ísis lhe devolve a vida depois que ele é cortado em pedaços pelo ciumento Set e concebe dele o deus Hórus. Sua associação com o dom de ressuscitar os mortos faz de Ísis poderosa maga e curandeira. Ela representa a fertilidade, e suas imagens amamentando o bebê Hórus mostra-a como mãe nutriz. É atribuída a Ísis a criação da linguagem escrita, indi-

Mural de Anúbis, deus egípcio do Mundo Subterrâneo, no túmulo de Horemheb.

GLOSSÁRIO DOS DEUSES E DEUSAS

Ísis, a Grande Mãe, detalhe de um túmulo.

cando que no mundo antigo as deusas não estavam ligadas apenas à fertilidade e à reprodução. Ísis é a deusa da Via Láctea, criada do seu leite materno.
Origens: *Egito, norte da África.*
Símbolos e associações: *Lápis-lazúli, ágata azul, trono, Lua cheia entre duas crescentes, asas de falcão, estrelas.*

Néftis Deusa da magia e do conhecimento secreto, Néftis é irmã amada de Ísis. Bruxos contemporâneos a invocam para dotá-los de conhecimento e habilidades com as quais podem ativar poderes mágicos inatos. Ela é deusa da irmandade, da

escuridão, do parto e da amamentação, assim como do sigilo. Por ser versada em magia, é particularmente popular entre os bruxos.
Origem: Egito.
Símbolos e associações: Papagaio (pássaro).

Nut Deusa do céu noturno, Nut é uma divindade primordial, cujo corpo inteiro forma a abóbada celeste. Às vezes é retratada arqueada sobre a Terra, sendo seu corpo o azul do céu e o brilho das estrelas. Divindade básica da criação.
Origem: Egito.
Símbolos e associações: Astronomia, céu noturno, estrelas.

Osíris Deus da regeneração, Osíris supostamente levou todas as questões da civilização para o Egito, além de ser uma divindade do milho e do vinho, do artesanato e da religião. Como o filho Hórus, é um deus do nascer e do pôr do sol e associado à regeneração, porque foi cortado em pedaços por Set antes de ser reconstituído por sua irmã/amante Ísis, com quem concebeu o filho com cabeça de falcão (ver Ísis e Hórus). Atualmente, Osíris mantém muitos de seus aspectos originais como deus da vida, da morte e da regeneração.
Origem: Egito.
Símbolos e associações: Milho, folhas de videira.

Sehkmet Deusa com cabeça de leão, Sehkmet elimina doenças e tudo que não é desejado. É uma divindade solar, intimamente associada a Bast. Por ser independente e ardente, é invocada quando há trabalho de magia pesado a ser feito!
Origem: Egito.
Símbolos e associações: Cabeças de leão, discos solares.

Set Deus da Lua minguante, dos trovões e das tempestades. É força vital impaciente e incontrolável que, nos tempos antigos, representava ameaça e destruição. Atualmente, sua função é semelhante à de Sekhmet, deus que corta tudo que excede e só mantém o necessário.

Origem: Egito.
Símbolos e associações: Lua minguante, raios.

Thoth Deus da magia, da sabedoria, da medicina, da astronomia e da escrita, mas sobretudo da música, Thoth leva toda magia e sabedoria ao poder do som. É o deus favorito dos praticantes de magia contemporâneos que usam feitiços, tambores e música para invocá-lo. Deus de grande conhecimento.
Origem: Egito.
Símbolos e associações: Lua crescente, o Olho de Rá (o Sol).

DIVINDADES EUROPEIAS CELTAS E NÓRDICAS

Angus/Oengus Deus celta do amor e da juventude. Às vezes representação masculina do amor e da beleza. Sua música atrai para ele amantes da música e da beleza. Dizia-se que os beijos desse deus se transformavam em pássaros canoros.
Origens: Irlanda/Escócia.
Símbolos e associações: Harpa, pássaros canoros.

Arhianrhod Deusa da "Roda de Prata", da Lua e das estrelas. Na mitologia galesa, a constelação *Corona Borealis* é conhecida como "Caer Arhianrhod", torre ou castelo de Arhianrhod. Ligada à fiação e à tecelagem, é a deusa das conexões, particularmente entre o nascimento, a morte e a regeneração. É figura de sabedoria que tem o conhecimento do passado, do presente e do futuro em sua torre de cristal. Representa o conhecimento profundo da alma, a intuição e os mistérios do ciclo da vida.
Origem: País de Gales.
Símbolos e associações: Roda de fiar, teias, Lua cheia, estrelas.

Bel/Beli/Sol Aspecto feminino de Bel/Belenos (ver a seguir), Bel ou Beli é celebrada como deusa na Wicca feminista, e possui muitos aspectos atribuídos ao homólogo masculino. No entanto, Bel também é vista como o Sol interior, assim

como o exterior, físico, e elo entre a cura, o poder regenerativo do Sol e o poder nutritivo e restaurador da alma.
Origens: Norte da Europa, Grã-Bretanha.
Símbolos e associações: Rios influenciados pelas marés oceânicas, a roda, raios solares, cabelos de serpentes, Primeiro de Maio, orvalho da manhã.

Belenos/Bel Deus solar celta apelidado de "Apolo Britânico" pelos romanos. Divindade da luz, da saúde e da cura, Belenos era, em algumas partes do norte da Europa, o deus que dirigia uma carruagem carregando o disco solar. No aspecto de cura, está associado à cura das águas, dos poços e das nascentes. O prefixo "Bel" significa "brilhar" e estava, muitas vezes, ligado a divindades solares e aquáticas, como a deusa romano-britânica Belisama (a que brilha), por isso não surpreende que a imagem desse deus tenha sido esculpida num templo do século I a.C. em Aqua Sulis, spa natural em Bath, Inglaterra. Seu nome é dado ao festival de maio, Beltane, que significa, literalmente, "o fogo do Deus Bel", e à parte do festival sazonal que celebra a ascensão do Sol. Sua vitória sobre as horas de escuridão é celebrada em Litha, o solstício de verão, e sua queda iminente é marcada pelo envio de rodas de fogo pelas encostas nessa época do ano.
Origens: Norte da Europa, Grã-Bretanha.
Símbolos e associações: Roda, raio solar, cabeça com auréola ou halo.

Brighid/Bridie/Brigit/Brígida Deusa celta do fogo associada à cura, à poesia e à metalurgia. A deusa tríplice Brighid tem conexões fortes com o Sol, e seu aspecto ígneo é visto como o hálito quente que aquece a Terra para levar embora o inverno e trazer o degelo e os primeiros galantos. Brighid é quem traz a primavera e protetora das mulheres, das crianças e dos animais recém-nascidos, particularmente as ovelhas e o gado. Muitos santuários, poços e fontes de cura na Inglaterra e na Irlanda receberam o nome dela. É associada a serpentes – antigo símbolo dos poderes de cura da Deusa da Terra –, e seu festival é celebrado no Imbolc (ou Oimelc), época associada ao nascimento dos cordeiros. Hoje Brighid é deusa da independência, da integridade e da energia, muitas vezes retratadas em seu aspecto triplo, com cabelos ruivos ardentes.

Origens: Irlanda, Escócia, Ilha de Man, Inglaterra.
Símbolos e associações: Fogo, poços, caldeirão de cura, serpentes, bigorna e martelo, dente-de-leão, galantos, ametistas, velas brancas.

Bloddueuth Deusa donzela da primavera e das flores. "Green Woman" do final da primavera, Bloddueuth, nas lendas galesas, é feita de flores por um mago que quer uma esposa para o herói divino Llew Llaw Gyffes, filho de Arhianrhod. Nessa lenda, Bloddueuth é retratada como jovem ardilosa, transformada em coruja como punição. Os pagãos atuais interpretam essa história de maneira um pouco diferente, vendo a natureza dupla de Bloddueuth como o espírito do Sol e da Lua, como aspecto da deusa envolvida na iniciação do herói. Além disso, pagãos que cultuam a deusa concentram-se em sua função de promover a vegetação e o crescimento e a celebram em Beltane e nos primeiros meses do verão.
Origem: País de Gales.
Símbolos e associações: Coroa de flores, corujas.

Ceridwen Divindade ctônica, deusa da sabedoria da Terra. Às vezes vista como aspecto antigo da Deusa, também é mãe e dá à luz Taliesin [Testa Brilhante], grande

Herne liderando a Caça Selvagem em Richmond Park, Inglaterra.

poeta e bardo. Ela o inicia por meio da famosa perseguição, em que vão mudando de forma até que finalmente ela o engole na forma de grão de milho, transformando-se numa galinha e lhe dando à luz nove meses depois. Ceridwen é a deusa do caldeirão da Terra e da regeneração. Como metamorfa, salvadora de vidas, iniciadora e amante da magia, é uma das deusas favoritas dos wiccanos modernos.
Origem: *País de Gales.*
Símbolos e associações: *Caldeirão, porcas, galinhas, magia e mudanças de forma.*

Cerne/Cernunnos/Herne Deus celta com galhadas e espírito de Greenwood. Consorte da Deusa Mãe e símbolo arquetípico da fertilidade e da regeneração. Às vezes descrito como o Senhor da Colheita, Green Man, Jack-in-the-Green ou Robin Hood, é o favorito dos wiccanos contemporâneos, que o veem como modelo masculino; "green man" que cuida do meio ambiente, é capaz de mudanças cíclicas e protetor em contato com as próprias emoções! Embora as origens de Cerne sejam verdadeiramente antigas, ele é visto como jovem deus viril e também como sábio experiente, conhecedor do aspecto masculino do divino. Às vezes conhecido como "Herne, o Caçador", sua divindade é confundida, em muitos momentos, com uma identidade mortal, pois parece haver muitos "últimos lugares de descanso" de Herne por toda a Inglaterra; um eco, talvez, dos ritos gravados em canções folclóricas muito antigas, onde os seres humanos podiam assumir o papel de deus da fertilidade pelo "uso de chifres" ou galhadas em Beltane. Esse deus é muito popular e particularmente amado no movimento wiccano contemporâneo.
Origem: *Inglaterra.*
Símbolos e associações: *Máscaras do Green Man, serpente com cabeça de carneiro, chifres, carvalho, bolotas e folhas de carvalho.*

Dagda Deus irlandês conhecido também como "o" Dagda, ou o "Deus Bondoso". É visto como deus pai primitivo, associado à Terra e suas estações, além de ter a função de conceder vida e lidar com a morte. Sua "clava" fortemente simbólica poderia matar e devolver os guerreiros à vida, indicando um aspecto antigo de

vida, morte e regeneração. Dizem que ele se acasala com Morrigan, deusa irlandesa da morte, dos corvos e do campo de batalha (ver Morrigan, p. 127), uma vez por ano em Samhain, enquanto ela atravessa um rio. De intelecto não muito forte, o Dagda é a personificação dos ciclos e impulsos naturais da vida e dos misteriosos ciclos da vida e da morte. É visto como figura humorística, indicando que nossos ancestrais pagãos apreciavam algumas das absurdidades da sexualidade e de nossas funções e apetites naturais.
Origem: Irlanda.
Símbolos e associações: "Clava" gigante.

Danu/Anu/ Aine Deusa Mãe irlandesa, mãe dos Tuatha de Danann, misteriosa raça semidivina conhecida como "Filhos da Deusa". Antiga deusa da terra, das plantações e da vegetação natural, seus seguidores carregavam tochas pelos campos e ao redor das encostas, depois de escurecer, às quais ela estava associada, para trazer as bênçãos de Danu para a Terra. É deusa fértil da agricultura, assim como protetora contra pesadelos e medos. É muito associada a Anu/Aine, deusa com atributos semelhantes que também é associada às fases da Lua e à criação. Algumas colinas da Irlanda são chamadas de "Paps de Danu". Isso está relacionado ao aspecto fértil e nutriz de Danu e a seu título de antiga Deusa Mãe.
Origem: Irlanda.
Símbolos e associações: Tocha flamejante, encostas.

Dis/Dispáter Antigo deus pai primal dos gauleses. Originalmente, deus do Mundo Subterrâneo, depois se fundiu a aspectos de Cernunnos (p. 123) para se tornar deus da fertilidade, de quem os gauleses acreditavam que todos eles descendiam. Dis manteve sua função de regente dos mortos e do Mundo Subterrâneo, o que o marcou como deus da fertilidade e do renascimento, regente dos mistérios do útero e da sepultura.
Origem: Gália Antiga (França).
Símbolos e associações: Roda de três braços em prata ou tríscele.

A deusa nórdica Freia, em sua carruagem puxada por gatos.

Eostre/Ostara Deusa da fertilidade associada ao equinócio de primavera. Eostre é divindade teutônica/germânica associada à concepção e ao nascimento. Está ligada à fertilidade dos seres humanos, dos animais e dos campos cultivados, assim como da vegetação da Terra. Seu animal totêmico é a lebre, símbolo arquetípico da fertilidade, da fecundidade e do ovo, que é a vida em potencial. É deusa da Terra e da Lua, ligada a ciclos reprodutivos e à riqueza da terra. O nome dela foi dado ao festival da Páscoa, que no calendário cristão celebra o renascimento do Deus em forma de homem, assim como ao festival pagão Eostre ou Ostara, que marca o equinócio vernal.
Origem: Norte da Europa.
Símbolos e associações: Lebres, ovos, flores da primavera e botões de flores.

Epona/Rhiannon Deusa equina, às vezes retratada como égua, ou montada numa égua, Epona é deusa das viagens e do movimento e representa nossos próprios vínculos com o reino animal. É também divindade da velocidade e da mudança. Originalmente adorada pelos gauleses, Epona encontrou devotos entre os legionários romanos que, na época da invasão da Gália, ficaram impressionados com a equitação celta e o respeito com que os cavalos eram tratados. Epona está frequentemente relacionada à deusa galesa Rhiannon, que também tem associação com cavalos, mas que, além disso, é associada ao mar e deusa da justiça e da retribuição naturais.
Origens: Norte da Europa/País de Gales.
Símbolos e associações: Cavalos, primavera, mar, viagens.

Freia Deusa do amor e da sexualidade. Também patrona do *seidr* ou da "vidência", prática dos Sábios. É transportada numa carruagem puxada por gatos e usa um colar considerado símbolo yônico, representando a fonte de toda a vida. É a deusa da sexualidade femininaa, além de divindade terrena da fertilidade e do crescimento. Libações são derramadas na lareira e sobre a terra para reverenciá-la.
Origem: Norte da Europa.
Símbolos e associações: Colares, gatos.

Estatueta de bronze do deus do trovão nórdico, Thor, encontrada na Islândia.

Lugh Deus do Sol, Lugh é mestre das artes e dos ofícios, deus da saúde e da cura. Seu aspecto radiante faz dele um deus da verdade e da lucidez. Lugh era um deus

DEUSES E DEUSAS

muito amado no mundo celta e hoje é celebrado como patrono da juventude, da virilidade e da saúde.
Origens: Irlanda, norte da Europa.
Símbolos e associações: Raios solares, cabeça com halo.

Macha Deusa associada aos cavalos e à velocidade, tem espírito independente, é rápida em se vingar de malfeitores e, às vezes, mensageira de sonhos (égua noturna). Associada a raios, trovões e chuva, Macha é uma deusa para você ter ao seu lado se foi enganado. É uma feroz protetora das mulheres na gravidez e no parto.
Origem: Irlanda.
Símbolos e associações: Raios, cavalos.

Maeve/Mebh Deusa da sexualidade feminina, da soberania e da autodeterminação, Maeve é vibrante deusa irlandesa que tem a reputação de dormir com trinta homens todos os dias para se satisfazer; representação positiva, embora um tanto atrevida, da autonomia das mulheres.
Origem: Irlanda.
Símbolos e associações: Flor de maio.

Morrigan Deusa dos corvos. Vista como aspecto altamente sexualizado da Mãe Negra, Morrigan é a deusa da época sombria do ano e acasala com o Dagda, em Samhain. Atualmente, é invocada para trazer a sabedoria básica do caos primordial e da escuridão – vista como potencial positivo –, lugar da criatividade.
Origem: Irlanda.
Símbolos e associações: Corvos, gralhas, ossos.

Nuada Deus solar. Nuada do Braço de Prata é uma divindade solar cuja lenda o retrata como grande rei e herói. É deus de proteção e defesa, dotado de muitas das qualidades típicas de uma divindade solar – cura, luz, regeneração.

Origem: Irlanda.
Símbolos e associações: Raios solares prateados.

Odin/Woden Grande Pai nórdico/saxão. Odin é deus de grande conhecimento. Possui os segredos das runas – sistema de símbolos mágicos –, o que conseguiu com grande sofrimento. Diz a lenda que teve que ficar de cabeça para baixo numa árvore por nove dias e nove noites, a fim de aprender os segredos das runas sagradas, e a ele foi atribuída a tarefa de trazer esse conhecimento para a humanidade, oferecendo orientação para uma vida correta e para o crescimento espiritual. Odin rege a vida e recebe após a morte aqueles que viveram com honra. É deus da magia e supervisiona as conexões entre a terra e o céu.

O deus nórdico Odin, mostrado com seus corvos Hugin (pensamento) e Munin (memória), em imagem de um manuscrito da Biblioteca Real, na Dinamarca.

Origem: Escandinávia.
Símbolos e associações: Carvalhos.

Thor Deus do trovão, poderoso defensor da humanidade, chamado quando grande força é necessária por uma causa justa. Thor é visto como deus bem-humorado, embora possa ser temperamental quando há injustiça.
Origem: Escandinávia.
Símbolos e associações: Trovão, martelos prateados.

DIVINDADES ASIÁTICAS, AFRICANAS E DO ORIENTE MÉDIO

Astarte/Ishtar Deusa do amor e da sexualidade, da sedução feminina e criadora primal. Associada às estrelas, à Lua e ao Sol, assim como à Terra, é também antigo arquétipo de deusa mãe que liga sexualidade e reprodução, sensualidade e espiritualidade. Deusa da dança e da beleza, como Afrodite, é associada ao planeta Vênus.
Origem: Ásia.
Símbolos e associações: Serpentes, estrelas, Via Láctea.

GLOSSÁRIO DOS DEUSES E DEUSAS

Iansã Deusa das tempestades, da ação e da defesa positiva e protetora. Iansã é deusa feroz, mas é bom tê-la ao nosso lado se estamos sendo ameaçados ou intimidados. Representa o instinto básico de autoproteção e não é avessa à ideia de enviar de volta aos transgressores os resultados das próprias ações.
Origem: África.
Símbolos e associações: Escudo de cobre, cor vermelha.

Innanna Deusa dos céus e do Mundo Subterrâneo, Innanna é figura independente e espirituosa. É deusa da Lua e divindade da Terra. Suas aventuras no Mundo Subterrâneo são semelhantes às de muitos deuses e deusas, que fazem sacrifícios para obter sabedoria e conhecimento (ver Odin, p. 128). Também tem vínculos com deusas que se aventuram no Mundo Subterrâneo, como Perséfone (pp. 114-15) e Freia (p. 126), provocando a morte da vegetação na Terra e restaurando-a em seu retorno, no mito do ciclo das estações. É celebrada como amante da vida e da morte, sábia mulher e embusteira.
Origens: Antiga Suméria, Ásia.
Símbolos e associações: Sete estrelas num círculo, a Lua.

Kali Deusa da dança e da energia feminina, Kali faz parte da força vital primeva. Dança a dança de "destruição" – ou seja, o caos do qual se origina a vida – e elimina aquilo que não é estritamente necessário. Na Wicca, é vista como um aspecto necessário da criação, uma maneira positiva de

Kali representa parte da força vital primeva.

canalizar a raiva "justificada" e usar essa energia de forma boa. É feroz protetora e símbolo da ação direta em boas causas.
Origem: Índia.
Símbolos e associações: Fogo e dança, a roda da criação.

Lilith Deusa com pés de coruja, protetora dos partos, da integridade e da resistência contra a tirania. Lilith é o lado escuro da Lua e representa aspectos da feminilidade muitas vezes recriminados no patriarcado. É divindade lunar que supervisiona mensalmente os ciclos das mulheres, a gravidez e o parto, além de proteger os recém-nascidos.
Origem: Norte da África.
Símbolos e associações: Corujas, disco de meia-lua.

Mitra Deus da luz e da ressurreição. Embora o culto de Mitra tenha se originado na Pérsia, ele se tornou particularmente popular entre os soldados romanos. Hoje, seus ritos são vistos como celebração da força vital redentora e regenerativa, e ele como deus solar e da vegetação. Mitra liga razão à intuição e representa iluminação interior e exterior. Celebrado sobretudo nos festivais solares, seu principal festival é no solstício de inverno, quando renasce.
Origens: Pérsia, Ásia, Europa.
Símbolos e associações: Raios solares.

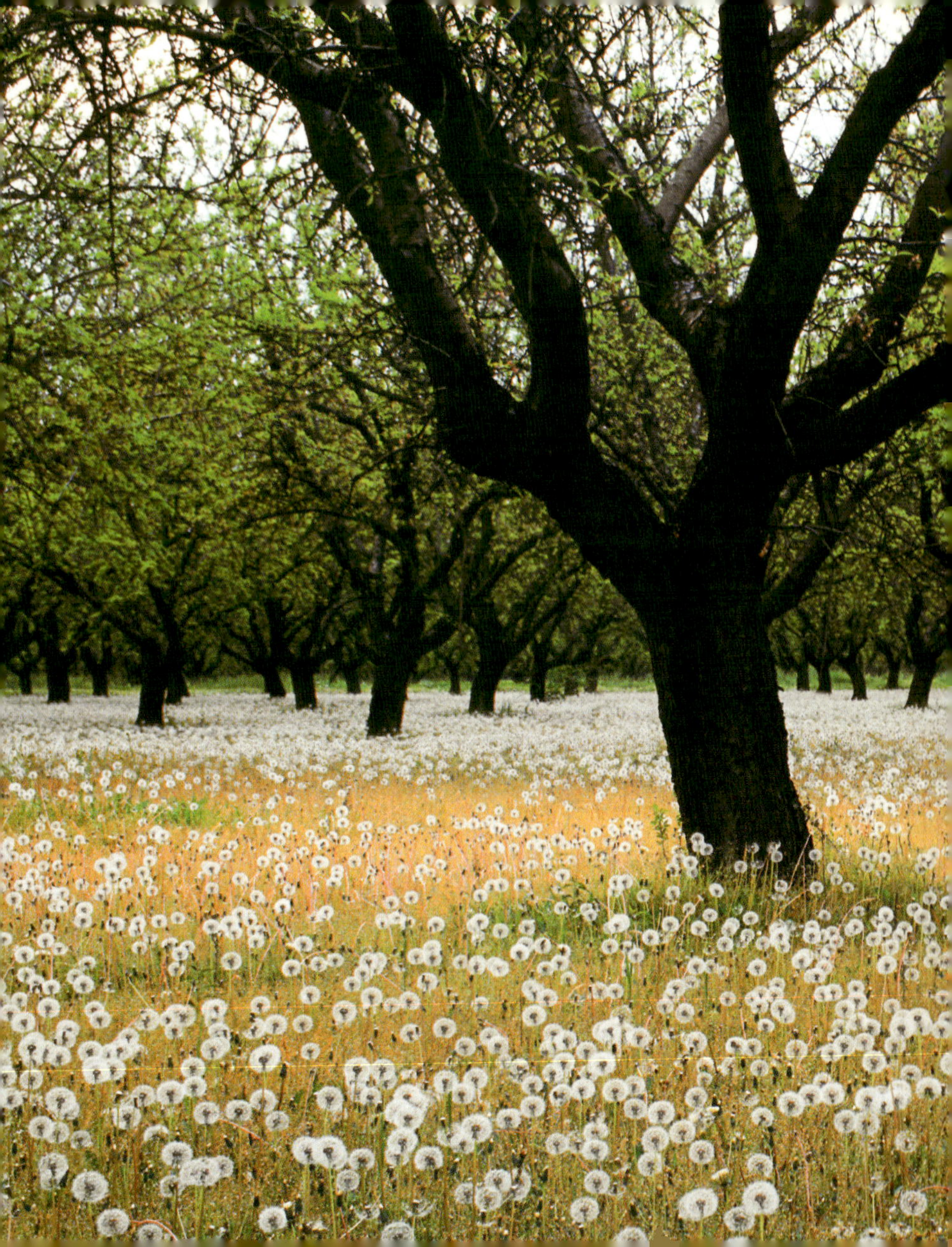

VISUALIZAÇÃO

A importância da visualização

A visualização é parte crucial do arsenal de instrumentos espirituais e mágicos dos bruxos. A habilidade de mentalizar aspectos da nossa paisagem espiritual interior ou de imaginar o resultado que queremos de um feitiço é parte importante do autodesenvolvimento, dos feitiços e dos rituais.

A visualização normalmente é usada para condensar a intenção das ações que vamos empreender e direcionar a energia que estamos projetando em nosso objetivo. No trabalho espiritual e de magia, a clareza de intenções é fundamental para o sucesso do nosso trabalho, e a visualização faz parte da disciplina da Arte.

Essa técnica também aumenta nosso potencial para receber do nosso eu interior intuitivo dicas sobre maneiras de crescermos e nos aprimorarmos espiritualmente. Empreender jornadas orientadas para descobrir nossas paisagens interiores, espirituais e emocionais é particularmente importante para o nosso desenvolvimento como seres espirituais. Por isso a visualização é tão utilizada na Wicca como instrumento de

A exploração da paisagem interior faz parte da visualização.

desenvolvimento e meio de comunicação com as divindades. Ela intensifica nossa capacidade de "imaginar" nossos trabalhos rotineiros de lançamento do círculo e a realização de feitiços, assim como nos ajuda a descobrir nosso poder interior.

O desenvolvimento da capacidade de visualização não é tão difícil quanto a maioria das pessoas pensa. Se, na infância, você tinha o hábito de "sonhar acordado", será muito fácil praticar a "visualização orientada", como às vezes é chamada. Aqueles de nós que gostam de se refugiar em seu "mundo particular" são, naturalmente, bons contadores de histórias; temos o hábito de contar, para nós mesmos, histórias que engendramos em nossa imaginação. Mas todo mundo tem a capacidade básica de imaginar. A visualização requer simplesmente esforço consciente para recuperarmos essas faculdades imaginativas – sobretudo se tivermos sido repreendidos, na escola ou em casa, por "sonhar acordados" –, e isso só conseguimos com a prática.

Alguns de nós são mais "visuais" que outros e conseguem produzir

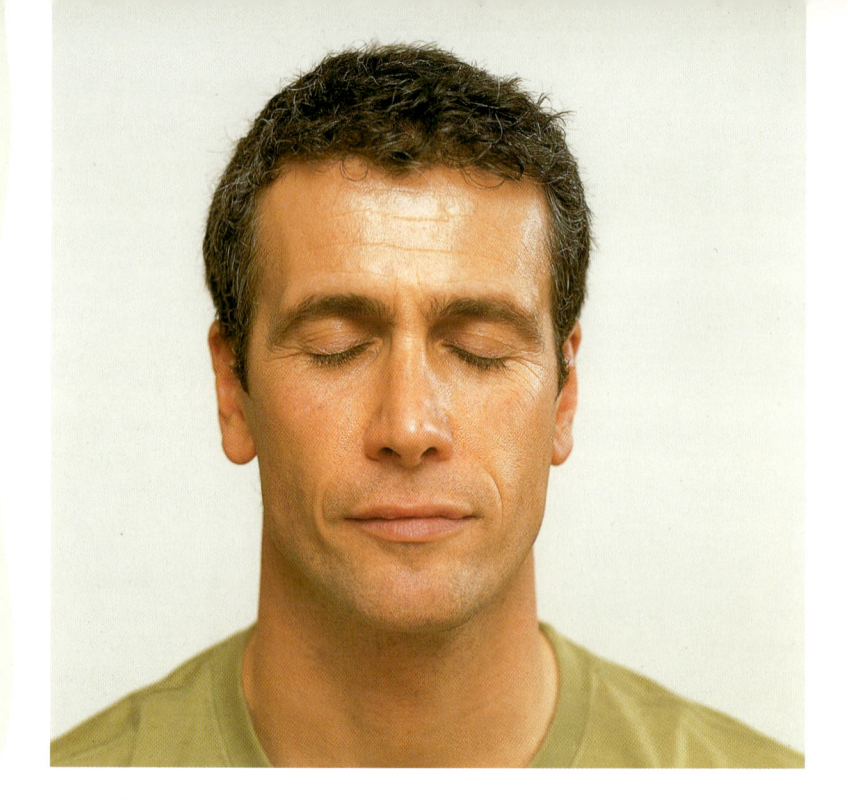

Por meio da visualização orientada, podemos receber importantes mensagens do nosso eu interior.

imagens vívidas na memória. Por outro lado, existem aqueles que acham mais fácil se concentrar num padrão narrativo – uma história com causas e consequências, ações e resultados. Na verdade, não importa que tipo de imaginação você use; o mais importante é que aprenda a focá-la em jornadas interiores orientadas e desenvolva a capacidade de "receber" e reconhecer imagens e impressões, às vezes inesperadas, que podem surgir durante o processo.

A visualização é uma forma de meditação que desvia os pensamentos tumultuados do dia a dia, proporcionando o "mapa" mental de uma jornada interior.

Enquanto o lado esquerdo do cérebro está ocupado com as coordenadas da "história" ou do "mapa", o lado direito – associado à criatividade aleatória, às capacidades psíquicas e à magia – está livre para se tornar transmissor e receptor. Mensagens importantes do eu interior profundo, conectado com o Todo, com o Espírito, com o Deus ou com a Deusa, podem emergir durante as jornadas interiores.

Algumas pessoas gravam o roteiro da jornada e o reproduzem em arquivos de áudio para que possam se concentrar na própria visualização. Outras pedem a um amigo que o leia em voz alta ou, se estiverem em grupo, nomeiam alguém para conduzir todos os demais na visualização. É preciso salientar que as gravações nem sempre são a melhor opção, porque podem não se ajustar ao ritmo da pessoa que realiza a jornada. Ler a jornada em voz alta é uma opção melhor, mas requer conhecimentos específicos sobre a parte do "leitor" ou guia, que precisa saber qual o ritmo mais adequado e a duração das pausas. Saber conduzir visualizações com sensibilidade é uma habilidade que se adquire com a prática!

Nas páginas a seguir, você encontrará orientações para realizar visualizações com vários propósitos diferentes. Se esta é a primeira vez que você tenta visualizar, por favor, leia as informações preparatórias nas pp. 138-39. A melhor maneira de começar, se estiver sozinho, é ler a visualização pelo menos três vezes, memorizando aspectos-chave da jornada, e, em seguida, realizar a visualização de memória. Você não precisa se lembrar dela palavra por palavra, apenas dos pontos principais. Mantenha um bloco de notas e uma caneta por perto para poder registrar, tão logo acabe a jornada interior, qualquer coisa que lhe pareça importante. Assim como, muitas vezes, nos esquecemos rapidamente dos sonhos ao acordar, as imagens, os símbolos e as palavras que nos ocorrem durante as visualizações, a menos que nos lembremos de anotá-las, logo caem no esquecimento à luz do dia.

Preparação

Ao realizar os exercícios de visualização a seguir, é preciso que você tenha várias coisas em mente, sobretudo se for iniciante. Primeiro, tenha paciência consigo mesmo; são poucas as pessoas que alcançam resultados espetaculares na primeira vez que empreendem uma jornada interior orientada, e a maioria de nós costuma divagar ou perder a concentração enquanto não adquire mais experiência. Tudo o que é necessário é prática, paciência e mais prática!

Você vai precisar de um local tranquilo, onde não seja incomodado enquanto durar a jornada – ou seja, no máximo trinta minutos. Também precisará relaxar, concentrando-se na tarefa de cadenciar a respiração, relaxar os músculos e encontrar uma posição em que se sinta confortável. A posição relaxada é pré-requisito para qualquer tipo de trabalho mágico, espiritual ou dentro do círculo, por isso é uma boa ideia praticar isso.

A visualização pode ser feita dentro de casa ou ao ar livre.

COMO SE PREPARAR PARA A VISUALIZAÇÃO

1 Feche os olhos. Respire fundo três vezes, inspirando com calma e expirando, com o ar, todo estresse, preocupação ou pensamentos aleatórios.

2 Nas sete respirações seguintes, puxe a energia do solo abaixo de você e da Terra, por meio de uma coluna imaginária que passa pelo centro do seu corpo.

3 A primeira respiração ativa o ponto de energia, ou chakra, da base da coluna, que você pode visualizar como flor ou luz vermelha. A segundo ativa o chakra do Sacro (abaixo do umbigo), laranja. A terceira respiração ativa o chakra do Plexo Solar, amarelo; a quarta, o chakra do Coração, verde; a quinta, o chakra da Garganta, azul; e a sexta, o chakra do Terceiro Olho (testa), violeta.

4 A sétima respiração abre o chakra da Coroa (topo da cabeça), da mais pura luz branca. Deixe que essa luz se derrame sobre você e o ligue à energia da Terra, que você está puxando.

5 Visualize uma esfera de luz branca ao seu redor. Isso cria um espaço sagrado entre o mundo cotidiano e seu mundo interior, onde ocorrerá a jornada.

6 Quando a visualização terminar e você já tiver feito suas anotações, feche o círculo e os centros de energia que foram ativados, deixando o chakra da Base e o da Coroa um pouco abertos. Se não "fechar" os demais chakras, você pode se sentir muito sensível e vulnerável às energias das outras pessoas.

7 Coma e beba algo para se "aterrar" – isso é importante!

Encontre sua divindade protetora

Este exercício foi criado para aqueles que desejam encontrar uma divindade protetora. Procure não "escolher" nenhuma divindade protetora; deixe que o deus ou a deusa certa escolha por você. Você poderá repetir essa jornada interior para visitar seu protetor sempre que necessário, fazer perguntas, receber orientação ou passar algum tempo na companhia dele. Aspectos dessa visualização foram deixados em aberto para permitir que você preencha as lacunas com sua experiência individual. Lembre-se: os detalhes mais significativos da sua missão estão dentro de você.

Os detalhes dos encontros que ocorrem em suas jornadas interiores são pistas para orientá-lo no caminho espiritual.

VISUALIZAÇÃO

Consulte os preparativos apresentados nas pp. 138-39.

1 Feche os olhos e permaneça assim. Deixe a atenção mergulhar cada vez mais dentro de si mesmo e, quando tudo estiver escuro e sereno, abra os olhos interiores e se veja diante de uma passagem num muro de pedra, atrás do qual há uma paisagem ensolarada, com árvores, canto de pássaros e aroma de terra e flores. Passe pelo muro e veja caminhos para a direita e para a esquerda que se perdem a distância. Escolha um e comece a trilhá-lo.

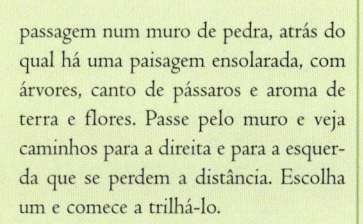

2 Observe a textura do solo abaixo dos seus pés, o calor do Sol e o que vê ao redor. Você pode ver pássaros, animais, árvores ou plantas. Que tipo de paisagem você encontra? Continue jornada, observando os detalhes ao seu redor.

3 O caminho se divide em dois ou mais. Escolha um para explorar e continuar avançando. Isso vai levá-lo a um terreno em particular. Ele o leva a uma floresta, uma caverna ou uma colina em campo aberto? A um rio ou a um edifício? Você vai alcançar seu destino quando vir um objeto no caminho, sobre uma colina, num altar ou pendurado nos galhos de uma árvore. Pegue esse objeto – é um presente do seu protetor.

Se pegá-lo, isso significará que aceita esse protetor. Que objeto é esse? Ele tem algum significado particular do qual você precise se lembrar para meditar sobre isso mais tarde?

4 Perceba alguém se aproximando de você. Esse é seu deus ou deusa protetora. Observe a aparência desse protetor: as cores e as expressão que ostenta; é jovem ou idoso? Está com alguma criatura ou sozinho? Carrega algo que simbolize a identidade dele? Observe qualquer detalhe que lhe pareça importante.

5 Faça seu protetor alguma pergunta pertinente ao seu desenvolvimento espiritual — sobre o caminho que escolheu, conselhos que ele queira oferecer ou mesmo a identidade dele. Sua divindade pode lhe dar a tarefa de encontrar essas respostas por si mesmo. Quando terminar de falar, agradeça à divindade por escolher você, antes de voltar à passagem no muro de pedra.

6 Passe pelo muro e penetre na escuridão, depois feche os olhos interiores. Por último, abra os olhos lentamente e volte ao ambiente em que está.

7 Faça anotações sobre sua jornada antes que se esqueça dos detalhes e siga as instruções de encerramento na p. 139.

Símbolos que surgem durante – e após – sua jornada interior o guiam em direção à sua divindade protetora.

Ao longo do mês seguinte, você poderá encontrar recursos de sua jornada na vida cotidiana, como coincidências ou situações repetidas. Você pode ter a atenção voltada a símbolos, imagens ou palavras. Tente não associar muitos significados a esses incidentes, nem deixe de reconhecê-los pelo que são, dizendo a si mesmo que são apenas coisas da sua cabeça; em vez disso, anote esses sinais, para que possa chegar a uma conclusão à medida que reconhece alguns padrões.

Quando descobrir a identidade do seu protetor, faça uma pesquisa para descobrir mais sobre ele. Considere por que ele escolheu você – que característica dele condiz com sua personalidade ou sua vida no momento? Que forças, habilidades ou conhecimentos você acha que ele pode lhe oferecer? Encontre um símbolo ou representação do seu protetor ou crie um símbolo ou representação dele para fortalecer sua conexão e meditar sobre ele.

Lembre-se de anotar tudo que vê em sua jornada interior antes que se esqueça dos detalhes.

Encontre seu animal espiritual

Este exercício é destinado àqueles que desejam se conectar com seu animal espiritual ou totêmico. Há milhares de anos, usamos animais como símbolos do desenvolvimento espiritual e expressões da identidade humana; consequentemente, muitos pagãos e bruxos recorrem ao simbolismo dos animais para se reconectar com sua própria natureza animal. Esta visualização usa o simbolismo como ponto de partida, mas cabe a você reverenciar seu animal totêmico, comprometendo-se a tomar cuidado com suas relações neste planeta.

VISUALIZAÇÃO

Consulte os preparativos apresentados nas pp. 138-39.

1 Feche os olhos e permaneça assim. Imagine seu corpo afundando no chão, passando pelas fundações do lugar em que está e mergulhando abaixo das raízes das árvores e das plantas. Afunde mais na terra e passe pelos ossos de antepassados, por conchas e restos de criaturas marinhas que nadavam em oceanos pré-históricos. Imagine que está submergindo até o núcleo metálico e incandescente do planeta. Sente-se no centro da Terra, raiz e início de todas as coisas.

2 Quando estiver pronto, imagine-se subindo por todas as camadas, para surgir entre as raízes de uma grande árvore. Fique em pé em meio a esse exuberante ambiente verdejante. Observe os tipos de árvore que há por perto, seja dia ou noite, à luz do Sol ou da Lua, num clima ameno ou tempestuoso. Siga qualquer caminho que o atraia e explore qualquer coisa que chame sua atenção. Trilhe esse caminho até uma clareira cercada de árvores antigas. Fique em pé no centro, de braços abertos, e convide mentalmente seu animal espiritual a se aproximar.

3 Um espírito antigo dos bosques aparecerá na clareira. Observe a aparência dele; você o reconhece? Ele responderá ao seu chamado batendo uma clava gigantesca contra o tronco da maior árvore do local, três vezes antes de partir. (Se ele não fizer isso, é sinal de que você ainda não está pronto para este exercício. Siga as diretrizes da p. 139 para retornar ao estado consciente e não tente novamente antes que se passe um ciclo lunar após a primeira tentativa.)

4 Espere pacientemente seu animal espiritual aparecer. Seja o que for, você deve aceitá-lo como seu animal totêmico e fundir-se com ele imediatamente. Assuma a forma do animal e deixe que ele o leve aonde quiser. Confie nele e o deixe conduzi-lo, observando cuidadosamente o que você faz quando está na forma desse animal, para onde está indo e o que ele lhe mostra. O animal vai avisá-lo quando for a hora de partir.

Nesse ponto, ele se separa de você, para que recupere sua forma humana. Observe o animal, a aparência e as características dele. Lembre-se de agradecer ao seu animal espiritual quando ele se for.

5 Feche os olhos e mergulhe mais uma vez na escuridão. Não refaça o caminho de volta; você tem que seguir em frente e não pode retornar ao lugar onde estava antes de começar. Quando estiver pronto, volte lentamente para o estado consciente, no cômodo onde está sentado. Anote detalhes da sua jornada e o encontro com seu animal totêmico e siga as instruções apresentadas na p. 139 para encerrar o exercício.

Imagine-se numa clareira, cercada de árvores antigas.

Nos dias que se seguirem a essa visualização, você poderá se lembrar do seu animal espiritual, sobretudo porque sua consciência terá sido ampliada pelo encontro entre vocês. Observe qualquer coincidência relevante que ocorrer até um ciclo de Lua cheia após a visualização e pesquise para saber mais sobre seu animal totêmico. Quais são os hábitos e as características dele na natureza? O que ele simboliza que possa ter relevância para sua personalidade, seu desenvolvimento espiritual ou o caminho que escolheu? Assim como no exercício para encontrar sua divindade protetora, é uma boa ideia adquirir ou criar um símbolo ou representação do seu animal totêmico, para se concentrar nele ao meditar e intensificar a conexão entre vocês.

Descubra seu nome mágico

Costuma ser uma grande alegria, para o bruxo iniciante, escolher um nome mágico para si mesmo. Esse é o nome pelo qual ele será conhecido no espaço sagrado e que o identificará aos olhos das divindades e dos elementos, os guardiões do círculo. Diversas tradições wiccanas são associadas à escolha de um nome (consulte os exercícios das pp. 216-17), e você poderá combiná-las com o exercício a seguir. Esta visualização vai orientá-lo na escolha de seu primeiro nome mágico, mas não desanime se não conseguir os resultados que esperava logo da primeira vez.

Não há consenso, na comunidade wiccana, sobre como, quando e para quem seu nome mágico deve ser revelado. Alguns bruxos parecem gostar da ideia de usar o nome mágico no dia a dia, embora possam ter outro, mais secreto, para usar enquanto estão no círculo. Outros preferem não compartilhar seu nome mágico e reservá-lo apenas para ocasiões em que estão no círculo. Seja o que for que você, seu coven ou o protocolo de seu grupo determinar, você nunca deve revelar o nome mágico de outro bruxo sem o consentimento dele. Os nomes têm poder e devem ser tratados com respeito.

Preste atenção a todas as imagens que você encontrar em sua busca.

VISUALIZAÇÃO

Consulte os preparativos apresentados nas pp. 138-39.

1 Feche os olhos, relaxe e permaneça assim. Mergulhe em sua escuridão interior e sinta-se caindo nos níveis da sua consciência. Imagine-se num elevador que desce muitos andares, até parar e abrir as portas. Saia para um corredor iluminado por tochas. Prossiga ao longo da passagem, observando a textura do piso com os pés descalços, o material de que são feitas as paredes e os adereços presentes. Observe se a passagem é reta ou sinuosa.

2 Você chega a uma porta que leva a uma câmara. A passagem que leva a essa câmara está coberta por uma cortina, uma porta, uma tela ou está aberta? Passe por ela e entre num cômodo, prestando atenção aos detalhes. No centro da câmara, há um pedestal alto ao qual você chega subindo alguns degraus. Aproxime-se do que estiver sobre ele. O objeto contém uma pista para a sua identidade mágica. Pegue o objeto e inspecione-o, use-o ou experimente-o — dependendo do objeto que encontrou. Quando estiver pronto, desça do pedestal.

3 Perceba que há outra porta na câmara. Atravesse-a e entre em outro corredor. Você pode sentir uma corrente de

ar fresco passando pelo corredor, que o leva a um campo aberto. Em que ambiente você se encontra? É dia ou noite? Que animais ou plantas, se houver, você vê? Existe predominância de qualquer um dos elementos nesse ambiente? Muita água ou a presença de fogo e calor? Passe algum tempo ali, enquanto tenta encontrar mais pistas sobre seu nome mágico. Quando estiver pronto, escolha um local para se sentar e absorver a beleza desse ambiente enquanto aguarda alguma orientação.

4 Você pode ser abordado por uma figura ou animal, ou sentir que sua atenção é desviada para uma árvore, planta ou algum outro aspecto desse ambiente. Isso oferece mais pistas sobre seu nome mágico. Você pode até receber mais dicas se uma figura falar com você. Seja o que for que aconteça, lembre-se de agradecer à figura, à criatura, à árvore, à planta ou ao elemento a orientação.

5 Quando os arredores tiverem transmitido tudo o que estiverem preparados para lhe oferecer em relação ao seu nome mágico, feche os olhos e volte-se para a escuridão. Mentalmente, entre no "elevador" e o sinta subindo para o nível diário de sua consciência. Lentamente, retorne aos arredores, abra os olhos e anote por escrito os aspectos significativos de sua jornada interior. Siga as instruções da p. 139 para encerrar a visualização.

Encontrar um nome mágico pode exigir um pouco de tempo e paciência. Você pode combinar esse exercício com as orientações oferecidas nas pp. 216-17 ou continuar meditando sobre ele e tomar nota dos aspectos que aparecem no dia a dia. Muitas vezes, essas coincidências são o resultado de sua atenção intensificada e devem ser registradas por escrito.

Pistas para seu nome mágico podem ser encontradas ao seu redor, no dia a dia.

O Templo da Lua

Na Cabala mística (pp. 302-07), a esfera da Lua é chamada "Yesod" e está associada à mente inconsciente, aos ciclos da vida e a habilidades psíquicas e mágicas. Essas associações têm relação com o simbolismo e as experiências que os bruxos relacionam à Lua e é um bom ponto de partida para quem quer descobrir mais sobre seu caminho espiritual. O exercício a seguir é um dos favoritos dos covens mais tradicionais, onde os recém-chegados são "treinados" por um sumo sacerdote ou uma alta sacerdotisa.

Essa jornada interior ajuda os novos wiccanos a transcender o reino do racional e entrar no que chamo de "espaço da Deusa". Esse é o caótico lugar-tempo repleto de possibilidades e potencial, base de toda criação e magia, que aqueles que desejam uma vida mágica devem vivenciar. Precisamos ficar em contato com a energia da Lua para crescer espiritualmente e ampliar nossos poderes mágicos. Essa é uma visualização poderosa, por isso é aconselhável deixar que se passem pelo menos três ciclos lunares antes de repeti-la.

A Lua é a regente dos sonhos.

VISUALIZAÇÃO

Consulte os preparativos apresentados nas pp. 138-39.

1 Feche os olhos e concentre-se em inspirar pelo nariz e expirar pela boca, pensando apenas na respiração. Quando estiver totalmente relaxado, deixe que a atenção mergulhe mais profundamente dentro de si mesmo, passando da cabeça para o chakra da Garganta, depois para o chakra do Coração e, a seguir, mais para baixo, até o chakra do Plexo Solar. Deixe a atenção mergulhar mais fundo, até chegar ao próprio centro e ali descansar.

2 Imagine-se numa praia à noite, com apenas a luz das estrelas iluminando os detalhes dos arredores. Caminhe em direção às ondas que quebram na areia e entre no mar. Como está a água? Fria e refrescante ou morna e convidativa?

3 Caminhe até águas mais profundas, até senti-las cobrindo-lhe a cabeça, e veja-se caminhando no fundo do oceano. Você pode respirar e se locomover facilmente nesse ambiente. Caminhe até que o fundo do mar comece a se elevar e você se veja em outra costa. Siga até a praia. A Lua está alta no céu; observe em que fase ela está. Caminhe pela praia até chegar a uma trilha em meio à vegetação que circunda a praia. Que tipo de árvores e plantas você encontra ali?

4 Siga a trilha que leva a um edifício de mármore branco. Observe o formato dele. Ande em direção à porta, reparando nas características do edifício, e abra essa porta. Ao entrar, a porta se fecha atrás de você. Vá até o centro do espaço, onde a luz da Lua se reflete. O edifício tem teto ou é aberto? Nas paredes em volta, há muitas cortinas, escondendo portas. Escolha uma para cruzar. Abra a cortina observando a cor e os símbolos em sua superfície e abra a porta. Ela pode levar a um espaço aberto ou a outro edifício. Passe pela porta e entre no reino que você escolheu.

5 Uma figura espera por você ou se aproxima. Deixe que ela fale primeiro – ela tem um presente do Templo da Lua

para você. Aceite-o com um agradecimento. Passe algum tempo examinando o objeto. Segure-o próximo ao peito e deixe que ele se funda com seu corpo espiritual, através do plexo solar. Deixe que sua essência e atenção, se elevem do chakra do Plexo Solar para o do Coração, dali para o da Garganta e desse centro para o chakra do Terceiro Olho.

6 Quando estiver pronto, volte lentamente para a consciência cotidiana e tome nota de tudo que se passou durante a jornada. Termine a visualização de acordo com as orientações da p. 139.

A carta da Lua do tarô representa as capacidades psíquicas.

O objeto que você ganhou pode aparecer em seus sonhos, que devem ficar mais vívidos após essa visualização. Medite sobre a carta da Lua do tarô — o que a Lua tem a ensinar àqueles que estão no caminho wiccano? Passe algum tempo se conectando com o ciclo lunar, observando sua influência sobre seus sonhos e capacidades psíquicas e as mudanças nos níveis de energia durante todo o mês. E, mais importante ainda, veja se consegue descobrir o que seu "presente" representa em termos habilidades mágicas.

Equilíbrio dos elementos

Uma das principais preocupações dos wiccanos é restaurar o equilíbrio na vida e no relacionamento com a Terra, por isso não surpreende que queiramos encontrar esse equilíbrio em nós mesmos. Uma maneira de fazer isso ocorre por meio do nosso relacionamento com os elementos Ar, Fogo, Água e Terra. Podemos trabalhar mais com um elemento que com os outros; por exemplo, quando estou escrevendo, sinto-me mais conectada com o Ar. Esse é um reflexo natural do nosso trabalho com os elementos sagrados. No entanto, podemos nos sentir superdependentes de um elemento ou ter problemas relacionados a um elemento em particular, sem motivo aparente. A melhor maneira de resolver isso é equilibrar os elementos dentro de nós mesmos.

Esta visualização é adequada para todos que estão em busca de equilíbrio. Você pode usá-la quantas vezes quiser, e a maioria dos covens tem uma versão utilizada para se "aterrar", antes do trabalho de magia ou como parte do treinamento.

Você pode ver os elementos em ação na natureza: no sol, no vento e na chuva.

EQUILÍBRIO DOS ELEMENTOS

VISUALIZAÇÃO

Antes de consultar as preparações detalhadas nas pp. 138-39, dê uma boa "sacudida" no corpo, para soltar as articulações e os músculos e "afastar" fisicamente as ansiedades e preocupações do dia a dia.

1 Quando o ritmo da sua respiração diminuir, deite-se no chão e encontre uma posição confortável. Feche os olhos e deixe que sua atenção mergulhe pelo corpo.

2 Imagine-se afundando no seu corpo, pelo chão e na direção do centro da Terra. Atravesse as camadas de terra, húmus, rochas e cavernas subterrâneas. Mergulhe ainda mais fundo, sentindo o peso de todas as camadas de raízes, plantas, sementes, fungos, húmus, pedras e ossos acima de você. Afunde ainda mais, até se ver em uma caverna. O que você vê nesse lugar? Sente algum cheiro? Alguma sensação? Deixe que seu corpo se funda com o ambiente ao redor, até que não haja distinção entre seu corpo e o corpo da Terra. Fique nesse estado o quanto puder.

3 Quando estiver pronto, observe certa umidade ao redor. Uma água morna lava a superfície do seu corpo, fazendo você tomar consciência da separação entre você e a Terra. A corrente de água aumenta até que você esteja totalmente cercado, flutuando num lago de águas cristalinas. Você consegue respirar sem problema enquanto flutua dentro dele. Sinta o fluxo ao redor e dentro de você. Sinta o sangue correndo pelas veias, a água dos tecidos do seu corpo. Funde-se com a água e deixe-a carregar você para fora do ventre terrestre, até o mar, pulsando com correntes e fluxos de temperaturas diferentes.

4 Torne-se uma coisa só com o fluxo, as correntes e as ondas que quebram na costa. Passe tanto tempo quanto puder nessa fusão com o elemento Água.

5 Quando estiver pronto, deixe a corrente levá-lo para a terra, até uma praia aquecida pelo Sol, onde os raios vão secar sua pele. Deixe o ar entrar nos pulmões e depois expire completamente. Respire três vezes e prolongue a expiração tanto quanto puder. Na respiração seguinte, sinta o corpo subindo acima da areia e, na próxima, subindo ainda mais alto, até ficar suspenso acima da praia. Deixe que cada respiração o leve mais alto, até que seu corpo flutue ao sabor das correntes do elemento Ar. Imagine a brisa soprando seu corpo espiritual. Experimente voar e mergulhar no céu. Sinta o oxigênio pulsando no sangue, transmitindo energia vital para seu corpo. Suba mais alto e fique pairando no céu pelo tempo que desejar.

6 Quando estiver pronto, suba em direção ao calor e à luz do Sol. Absorva sua energia e sinta o calor do próprio corpo. Eleve-se no ar até ser absorvido pelo fogo solar e torne-se completamente radiante e cheio de luz e calor. Mescle seu corpo espiritual ao corpo do Sol, iluminando o Sistema Solar com sua própria força. Que sensação isso lhe dá? Permaneça nesse estado pelo tempo que desejar ou conseguir.

7 Quando estiver pronto, volte lentamente ao seu ambiente, trazendo consigo a energia e as dádivas dos elementos com os quais se fundiu. Leve essa consciência com você durante os rituais e feitiços que fizer, ou quando desejar restaurar o equilíbrio em sua vida. Termine a visualização de acordo com as orientações da p. 139.

Jornada de Samhain

Esta é a primeira de uma série de visualizações criadas para auxiliá-lo na celebração de festivais específicos. Você pode empreender essas viagens individualmente ou nomear um membro do seu coven para conduzir o grupo através desses caminhos. Você vai notar que não há jornadas de Yule e Ostara, pois o cristianismo e a sociedade secular se apropriaram, até certo ponto, desses festivais. Seu desafio agora é criar as próprias jornadas interiores para eles, de modo que possa encontrar seu autêntico "Yule" e "Eostre". Leia e experimente algumas das visualizações apresentadas aqui como sugestões.

Samhain é o dia dos antepassados, a hora de reverenciar nossos mortos. Podemos falar com eles, mas não nos juntar a eles, na Ilha dos Mortos. Não há "proibições" neste livro, mas leve em conta este aviso: se você tentar fazer essa travessia, poderá ter sonhos perturbadores ou prejudicar seu desenvolvimento psíquico.

A jornada de Samhain nos leva à Ilha dos Mortos.

VISUALIZAÇÃO

Antes de consultar os preparativos detalhados nas pp. 138-39, verifique se você está devidamente "aterrado" e tem um objeto familiar próximo à mão, que possa segurar fisicamente quando voltar da sua jornada interior. Isso o ajudará a se "ancorar" na realidade consensual, quando a visualização terminar.

1 Feche os olhos e tome consciência de quaisquer pensamentos intrusivos. "Rebata-os" enquanto se prepara para entrar nos mundos interiores.

2 Ao entrar em seu espaço interior, tome consciência do barulho de ondas a distância. Deixe que esse som fique cada vez mais alto, à medida que você se aproxima de sua fonte. Abra seus sentidos interiores – sinta a brisa na pele, o cheiro de maresia, a sensação da areia seca sob os pés. Abra sua visão interior para ver como é a praia em que você está. Repare nos arredores. Qual é a cor da areia, do céu? Caminhe até a beira-mar, até encontrar uma embarcação. Entre no barco e observe sua cor, seus detalhes. Tem mais alguém no barco? Alguém fala com você? O que você percebe enquanto o barco avança para o mar? O que ouve?

3 Quando o barco chegar em terra, observe os detalhes do local onde é atracado. Trata-se de uma pequena ilha, ligada a uma vasta costa por uma ponte. Qual a aparência da ponte? O que e quem está na outra extremidade? Você pode ouvir vozes ou sons familiares e estranhos e veja se há rostos conhecidos e rostos estranhos. Aqueles que desejam falar com você vão se aproximar, vindos do outro extremo da ponte. Você pode olhar para eles, mas não atravessar a ponte. Se alguém quiser falar com você, essa pessoa vai se aproximar. Você pode falar com os mortos; está entrando em contato com essa parte profunda de si mesmo, que é a memória que tem deles. Quando terminar de falar, despeça-se e agradeça ao guardião da ponte o tempo que ficou ali. Você pode perguntar ao guardião quem são essas pessoas e qual é o propósito delas. Ouça com atenção as respostas; você pode querer se lembrar delas depois e anotá-las ao retornar.

4 Descanse em sua ilha. Pense sobre a própria vida. Qual é a sua lembrança mais antiga? O que você aprendeu ao longo da vida até agora? Quem lhe ensinou essas lições? Essas pessoas estão vivas ou passaram para as Terras do Verão? Qual parte delas permanece com você? Quando estiver pronto, volte para o barco e navegue de volta para a costa de onde veio. Como se sente ao deixar esse lugar? A jornada de volta é mais difícil que o trajeto até a ilha? Quem está com você em sua jornada?

5 Ao desembarcar, agradeça a quem viajou com você e se concentre na sensação de terra firme embaixo dos pés. Pegue fisicamente o objeto que escolheu como "âncora" e retorne lentamente ao ambiente em que está seu corpo físico. Se estiver trabalhando com outras pessoas, vocês podem querer comparar suas experiências antes de fazer anotações e encerrar a visualização (como indicado na p. 139).

Faça uma refeição saudável depois dessa jornada. Bater os pés no chão também é um bom método para debelar qualquer sonho residual! Um mês depois, releia as anotações que fez após sua visualização e veja quais lições aprendeu com sua jornada para a costa mais distante.

Certifique-se de se ancorar no retorno da jornada de Samhain.

JORNADA DE SAMHAIN

Redespertar de Imbolc

Imbolc testemunha os primeiros sinais de retorno à vida, após os dias mais sombrios do ano. É hora de semear novos projetos e renovar nosso compromisso com os princípios que acalentamos. Esta visualização nos ajuda a emergir das profundezas do ventre do inverno, os dias mais sombrios em que nossa atenção espiritual se voltou para dentro, e sair para a luz da próxima estação, quando nossa atenção se voltará para o mundo exterior. Em seguida, trabalharemos para manifestar as ideias e o potencial que descobrimos em nossa escuridão interior.

Esta visualização atua como catalisador para produzir mudanças interiores. Em Imbolc, começamos a passar de conceito ou potencial para manifestação. Partes desta jornada orientada exigirão movimentos físicos, então você precisará de um piso adequado e alguns travesseiros ou almofadas para poder alterar a posição do corpo.

Imbolc é o momento de emergirmos do inverno.

VISUALIZAÇÃO

Consulte os preparativos apresentados nas pp. 138-39.

1 Deite-se no chão e fique em posição normal de dormir. Depois que se acomodar, feche os olhos e concentre-se nos batimento cardíaco, até contar trinta batimentos. Entre em sintonia com a pulsação à medida que ela diminui e, se não conseguir ouvi-la, imagine-a. Agora tente sentir, através do chão, outro batimento cardíaco, grande e lento. Ele está na mesma cadência que o seu. Siga esse batimento cardíaco, mergulhando profundamente nos espaços abaixo de você, através dos pilares e das fundações do edifício, da terra, das raízes, da argila e das rochas do solo.

2 À medida que sua atenção se aprofunda mais, ouça o batimento cardíaco abaixo de você ficando mais alto – você pode até senti-lo. Desacelere seu batimento cardíaco para que ele entre na mesma cadência que o batimento cardíaco do corpo da Terra. Quando esses batimentos coincidirem com os seus, deixe que o seu se funda com o da terra. Concentre-se nesse batimento compartilhado. O que você sente? Está consciente de que outra vida pulsa dentro de você? Sente-se sonolento ou acordado e vivo?

3 Fique atento às sementes, aos bulbos, aos tubérculos e às raízes do corpo da Terra. O que a terra oferece a eles? O que eles tiram dela? Desvie a atenção para uma semente. Funda-se com ela e transforme-se na vida dentro dela. Imite fisicamente como você se sente quando se torna vida dentro dessa semente. Fique nessa posição, pense no potencial e nas ideias que existem dentro de você. Quais são as semelhanças ou diferenças dessa vida seminal? Deixe que esse potencial, essas ideias, fundam-se com seu eu semente.

4 Pense nisso com atenção, depois perceba que o solo abaixo de você está se aquecendo. Sinta o calor nutritivo descendo da superfície. O que ele faz à vida dentro de você? Fisicamente, imite o modo como você sente a vida dentro da semente reagir ao calor. Torne-se consciente da luz da superfície se aproximando de você. Imite fisicamente o efeito desse calor na vida do seu eu semente. Continue o processo da reação da semente à luz solar. Continue se movendo em resposta à forma como você se sente como semente/potencial interior. Quando o processo estiver completo, abra os olhos. Em que posição física você está? Se puder, mantenha essa posição e lentamente retorne sua consciência à forma humana. Quando tiver concluído essa alteração, feche os olhos novamente e escolha uma posição confortável em pé ou sentado, o que estiver mais próximo da posição em que você se encontra.

5 Que potencial ou ideias você identifica dentro de si mesmo? Sabe dizer como surgiram? O que protege, abriga e nutre essas ideias? O que estimula o crescimento delas? O que continuará alimentando-as quando crescerem e florescerem? O que as impede de crescer até a maturidade e produzir outras "sementes"? Como você garante que elas venham a germinar e brotar?

6 Quando estiver satisfeito com as respostas que recebeu para essas perguntas, relaxe e ouça seu batimento cardíaco ainda fundido com o da Terra. Ouça e sinta trinta batimentos cardíacos e depois separe-se do batimento da Terra e lentamente desvie a consciência aos arredores, antes de retornar à realidade consensual.

7 Se estiver fazendo este exercício em grupo, vocês podem comparar suas experiências antes de anotar os aspectos mais significativos da jornada. Retorne a essas ideias na primavera seguinte e nos meses de verão, para verificar se você cuidou bem das "sementes" de suas ideias e se seus projetos não ficaram na gaveta. Conclua a visualização de acordo com as orientações da p. 139.

Assim como árvores frondosas crescem de diminutas sementes, coisas incríveis podem se materializar a partir das "sementes" de suas ideias.

Beltane e o Senhor da Colheita

O início de maio (fim de outubro no hemisfério Sul) anuncia a primeira flor do espinheiro. Bosques e prados florescem, e o Senhor da Colheita, consorte da Deusa, deixa de lado a parte mais indomável de sua natureza e se casa com ela, debaixo de um carvalho. Entrar no reino do Senhor da Colheita é nos deparar com o lado mais selvagem da nossa própria natureza e apreciar plenamente nossa fisicalidade. O ideal é fazer esta visualização ao ar livre, individualmente ou em grupo. Se estiver sozinho, pode levar um amigo com você, para garantir sua privacidade e segurança. Leve também um pequeno pedaço de pão e suco de frutas.

VISUALIZAÇÃO

Antes de consultar os preparativos detalhados nas pp. 138-39, encontre uma árvore frondosa com grande tronco, contra o qual você possa se sentar e reclinar as costas enquanto estiver empreendendo a jornada.

1 Feche os olhos e concentre-se na sensação da casca da árvore contra suas costas. Sinta o calor e a vida da árvore. Ouça qualquer som proveniente dela, de seus galhos. Foque a atenção na árvore e imagine seu corpo assumindo as características dela. Quais características você gostaria de assumir simbólica, emocional ou fisicamente? Quais prefere não adquirir? Por quê?

Bosques têm papel importante no imaginário wiccano.

2 Quando você tiver respondido a essas perguntas e assumido mentalmente os aspectos da árvore que escolheu, tome consciência dos aspectos mais desejáveis de seu corpo físico. Tente identificar algo de que você gosta em seu eu físico. Agora imagine que esteja ouvindo alguém se aproximar. Abra os olhos interiores e cumprimente a figura que está diante de você. Você reconhece a figura ou qualquer aspecto dela? Ela está sozinha ou acompanhada? O que está carregando? A figura coloca um objeto no chão diante de você ou oferece algo para você pegar. Essa figura está honrando os aspectos do eu físico que você identificou como atraentes ou especialmente agradáveis. Aceite esse presente – tome nota do que é, pois isso pode ser importante para você no futuro.

3 A figura o convida a seguir com ela – deixe que seu corpo espiritual faça isso. Como a figura se move? Você ajusta seus movimentos para ficarem em sincronia com os dela? Quem ou o que mais acompanha você? Deixe que ela o conduza pelo bosque, enquanto observa toda a vida que fervilha ao seu redor. Esteja ciente da sensação do chão da floresta sob seus pés, os raios do Sol e a brisa em seu corpo e os aromas que se erguem do chão. Se você vir qualquer coisa comestível, prove. Pode ouvir alguma coisa?

Quais atividades estão ocorrendo ao seu redor? Você pode participar de alguma? Por quê?

Use o que encontrar ao redor para se enfeitar — flores, penas ou folhas que encontrar no chão. Perceba como seu corpo físico está reagindo às atividades do seu eu espiritual.

4 No meio da floresta, você vai ver um prédio antigo. Vá em direção a ele e explore-o. Em que condição ele está? Que símbolos você encontra na decoração ou na estrutura dele? Eles dizem alguma coisa sobre o reino em que você está viajando ou sobre a(s) figura(s) que encontrou aí? O que eles falam sobre você ou sobre o caminho espiritual que escolheu? Quando estiver pronto para sair, aproxime-se da figura que o levou até lá e lhe agradeça a experiência. Ela pode falar com você — ouça o que tem a dizer e aceite tudo o que tem para lhe oferecer.

5 Deixe que a cena ao seu redor se desvaneça. Volte a atenção para o tronco de árvore às suas costas. Lentamente, afaste-se da árvore, deixando que os aspectos físicos que você adquiriu durante a jornada também se desvaneçam. Mantenha dentro de você qualquer aspecto simbólico e emocional que tenha absorvido dela; esse é um presente do bosque para você. Volte suavemente para a consciência cotidiana e os arredores. Depois de ter feito suas anotações, encerre a visualização de acordo com as orientações da p. 139.

6 Por fim, coma um pedaço de pão e beba um pouco de suco de frutas, derramando um pouco na terra, para agradecer à árvore que foi sua guardiã; deixe um pouco de pão para os pássaros também.

O veado é um símbolo de Herne, guardião dos bosques.

Litha e o giro da Roda do Ano

O solstício de verão é o dia mais longo do ano, e muitos bruxos vão para as montanhas e lugares sagrados para saudar o nascer do sol de Litha. A visualização deste festival é para aqueles que ficam de fora, testemunhando o giro da Roda do Ano. O ideal é que essa jornada seja empreendida pouco antes do amanhecer. Se você estiver sozinho, garanta que esteja seguro e tenha privacidade. Você precisará de uma manta ou esteira na qual se sentar e um cálice com suco de laranja.

VISUALIZAÇÃO

Antes de consultar os preparativos detalhados das pp. 138-39, encontre um local confortável onde se sentar e volte-se para o leste, de modo que possa ver o nascer do sol. Coloque o cálice de suco no chão, à sua frente.

1 Feche os olhos e concentre-se no espaço atrás das pálpebras. Mergulhe em sua escuridão interior e deixe a atenção ir até o nível do chakra do Terceiro Olho, depois até o chakra da Garganta e, em seguida, até o chakra do Coração, até a energia chegar ao chakra do Plexo Solar. Concentre-a nesse ponto de energia do seu corpo. Imagine esse chakra como uma roda de fogo, cujo brilho aumenta até irradiar para fora, iluminando tudo ao redor. Deixe que esse brilho diminua um pouco, mantendo a imagem da roda dourada dentro de você.

2 Pense na função desse ponto de energia em seu corpo. Como essa parte do seu corpo reage a situações estressantes, a surpresas ou choques? Como seria a sensação de ter esse ponto de energia aberto o tempo todo?

3 Relaxe e tome consciência do chão onde está sentado, da vida abaixo da superfície. Sinta a temperatura do ar, para que possa se conscientizar de quaisquer alterações ao amanhecer. Mantendo a consciência do plexo solar, deixe que a atenção chegue às profundezas do núcleo da Terra. Leve sua consciência através dos níveis de vida e morte que formam as camadas até o centro. Desça em direção ao calor e à luz do núcleo da Terra. Visualize os gases e as chamas emergindo em forma de enxofre, vapor, gêiseres, lava e vulcões. Imagine o núcleo metálico do planeta como um sol interior irradiando chamas, gases e minerais no espaço terreno ao redor, enriquecendo o solo e proporcionando energia e combustível para o solo acima.

Na Wicca, a passagem do ano é vista como uma roda ou um círculo.

4 Agora, transfira esse pensamento para o próprio plexo solar; imagine-o ainda como uma roda de fogo girando no centro de seu tronco. Que energia essa roda solar fornece ao seu corpo/emoções/espírito? Como direcionar ou distribuir energia do seu corpo e para ele? Experimente fazer isso extraindo energia do núcleo da Terra para o plexo solar e direcione-a através do plexo solar para o círculo de luz com que você se cercou, permitindo que a energia circule em volta de você. Como é esse poder? Deixe que a energia circulando ao redor de você seja atraída de volta através da roda giratória do plexo solar e retorne ao núcleo da Terra, abaixo.

5 Quando sentir que está ficando mais leve e a temperatura subindo, puxe para o plexo solar o calor e a luz do sol, que, embora abaixo do horizonte, já estão se fazendo sentir. Agora direcione a energia que você está extraindo da Terra, através da energia do plexo solar, para o céu, e do céu, para a terra. Absorva você mesmo um pouco da luz e a energia que está transferindo entre a terra e o céu.

6 Continue fazendo isso até o nascer do sol. Depois fique em pé para cumprimentar o Sol, pegando nas mãos o cálice de suco. Deixe que os raios solares incidam no líquido e, quando o Sol tiver nascido, beba o suco. A energia que você toma agora vai levá-lo através dos dias mais sombrios que se aproximam. Quando fizer suas anotações, considere a imagem da roda como uma dança entre a Terra e o Sol, o Sol e o seu eu. Termine a visualização de acordo com as orientações oferecidas na p. 139.

Stonehenge, em Wiltshire, na Inglaterra, está alinhado com o nascer do sol do solstício de verão.

Lughnasadh – Selecionar e Armazenar

Na época da colheita, nossos pensamentos voltam-se para as dádivas e bênçãos que acumulamos no ano anterior. Essa é uma boa hora para avaliar nossas "colheitas" pessoais e considerar o que podemos compartilhar com os outros. Também é o momento de separar o joio do trigo – literal e metaforicamente. Assim como os caules e as cascas são retirados dos grãos que nos alimentam, podemos decidir que coisas descartar e quais manter e valorizar.

O milho maduro representa tanto a semente quanto a colheita.

VISUALIZAÇÃO

Você pode fazer esta visualização dentro de casa ou ao ar livre, em grupo ou sozinho. Vai precisar de caneta e papel, um pedaço de fio de lã natural e palha de milho, de preferência da colheita do ano em que está. Se estiver trabalhando ao ar livre, o ideal é ter uma fogueira por perto. Consulte os preparativos detalhados nas pp. 138-39.

1 Segurando o milho na mão, feche os olhos e se concentre no ciclo de vida que ele representa – da semente até os brotos, depois com o caule alto e os sabugos, passando do verde para o dourado sob o Sol, produzindo mais sementes, e assim por diante.

2 Agora pense em sua vida desde a última colheita. Como você progrediu e cresceu? Que aspectos do seu eu, dos seus projetos ou das suas ideias "floresceram"? Você já colheu alguma coisa ou esses aspectos, projetos e ideias ainda estão em andamento? Que recompensa e bênçãos recebeu no ano passado? Pense em termos de prosperidade (ter comida, abrigo, calor), saúde, oportunidades, coisas que você foi capaz de criar, coisas oferecidas a você, o apoio emocional de amigos, novas pessoas que entraram em sua vida. Como você resume essas bênçãos? Tente sintetizar essas bênçãos numa palavra. Mantenha essa palavra na cabeça para se lembrar depois.

3 Agora pense nas coisas que permaneceram por muito tempo em sua vida, mas que não são mais necessárias ou são simplesmente indesejáveis. Podem ser hábitos, presença de certas condições ou pessoas, problemas, objetos físicos, coisas que você superou. Como você caracterizaria essas coisas indesejadas? Tente, mais uma vez, sintetizar esse "joio" numa única palavra. Lembre-se dela para mais tarde.

A colheita é época para considerar nossas bênçãos e o que podemos levar para o próximo ciclo.

4 Considere o que você gostaria de levar desta colheita para o próximo ano. Imagine essas bênçãos como espigas de milho amarradas num feixe, dispostas em pilhas e colocadas numa cesta diante de você. Com quem você gostaria de compartilhar essa recompensa? Como pode fazer isso? Como se sente ao ter os frutos do seu trabalho e suas dádivas dispostos na sua frente dessa maneira? Pense na próxima colheita – o que gostaria de ver nessa cesta? O que quer alcançar no próximo ano? Quem pode ajudá-lo a fazer isso e como você vai garantir que vai ter a oportunidade de realizar tudo o que deseja na próxima volta da Roda?

5 Perceba uma figura sentada em sua frente. Qual é a aparência dela? Carrega alguma coisa com ela? Solicita algo? Dá alguma coisa a você? Ofereça a ela a colheita deste ano e aguarde a resposta. Ela aceita? Que mensagem tem para você? Agradeça-lhe por quaisquer presentes ou conselhos que ela tenha a lhe oferecer e depois deixe que ela se levante, afaste-se e/ou desapareça a distância.

6 Volte suavemente à consciência cotidiana, abra os olhos e, do lado direito do papel, escreva a palavra que sintetiza suas bênçãos. Do lado esquerdo, escreva a palavra que descreve as coisas que deseja descartar. Rasgue o papel no meio e com o fio de lã amarre a palavra "bênção" à palha do milho. Amasse o papel onde escreveu a outra palavra até formar uma bola e jogue-o no fogo ou queime-o depois, ao ar livre. Se conseguir recuperar as cinzas, misture com algum composto ou enterre perto de uma planta para que possa ser reciclado como adubo. Se estiver trabalhando com um grupo, pode trocar com as outras pessoas as "bênçãos" do milho ou guardar a sua com você. De qualquer maneira, as bênçãos devem ser mantidas até Imbolc, depois queimadas; as cinzas devem ser usadas como adubo. Certifique-se de concluir esta visualização de acordo com os conselhos oferecidos na p. 139.

Mabon – a jornada de Arthur

Na Roda do Ano, o equinócio de outono está posicionado a oeste. Nossos antepassados pagãos acreditavam que essa era a direção da morte, caminho percorrido pela alma rumo às Terras do Verão. Dia e noite estão em perfeito equilíbrio em Mabon, e depois a escuridão triunfa, e encenamos uma triste despedida para o Sol, enquanto ele "segue para o oeste". A lenda do rei Arthur tem particular ressonância com esse momento do ano; ele é o arquétipo do Rei Sol, o consorte da Deusa Terra, levado para o oeste quando o tempo dele acaba.

Nossos ancestrais acreditavam que as almas migravam para as Terras do Verão, que ficam a oeste, onde o Sol se põe.

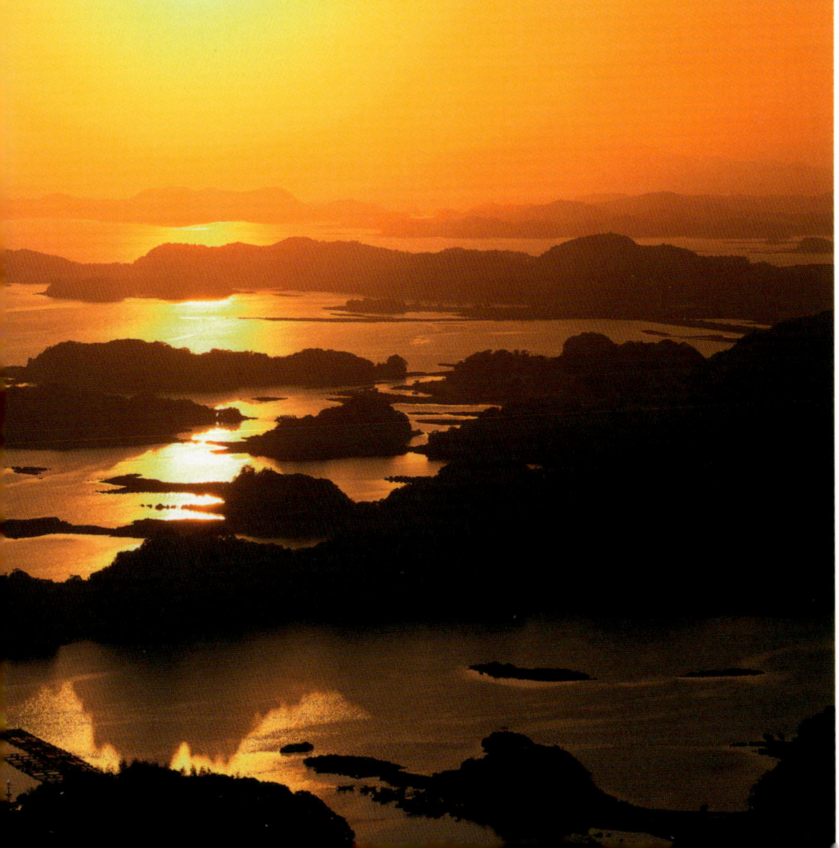

VISUALIZAÇÃO

Esta visualização pode ser usada como parte de um ritual de Mabon ou como preparação para ele. É adequado para um grupo ou para indivíduos. Se você puder realizá-la ao ar livre, a localização ideal seria perto da água. Você precisará ficar de pé e andar em círculos no início desta meditação, por isso certifique-se de que tem amplo espaço. Deixe ao alcance uma vela azul num suporte. Consulte os preparativos descritos nas pp. 138-39.

1 Fique de olhos abertos, voltado para o norte, lugar onde o Sol fica abaixo do horizonte. Como você se sente quando fica voltado para essa direção? Com o que a associa? Vire-se para o leste, local do nascer do sol e do amanhecer. Como se sente quando fica voltado para essa direção? Com o que a associa?

2 Vire novamente os calcanhares para a direita, fique voltado para o sul, onde o Sol está no apogeu ao meio-dia. Como se sente quando fica voltado para essa direção? Com o que a associa? Continue a se virar e fique de frente para o oeste. Essa é a direção do pôr do sol, ao entardecer. Sente-se em silêncio, voltado para o oeste, e feche os olhos.

3 Com os olhos da mente, imagine que está de frente para o mar, que está tranquilo e quase sem ondas. O Sol está se pondo no horizonte, laranja e brilhante no céu, e seus raios são refletidos na água, iluminando um caminho em direção ao pôr do sol. Como você se sente diante dessa cena?

4 Você vê uma embarcação zarpando em direção ao Sol. Que cor são as velas? O que há no barco? Pense nos dias de verão que se passaram. O que esse verão trouxe a você? O que levou? Você se arrepende de coisas que fez ou deixou de fazer? Relacionamentos que rompeu? Na praia, há uma aljava de flechas e um arco ao lado de uma pequena fogueira. Cada flecha representa as coisas que o verão trouxe e levou outra vez. Nomeie mentalmente cada flecha com algo que o verão lhe trouxe, enquanto escolhe uma e fixa-a no arco. Encoste a ponta de cada flecha no fogo. Mire e atire cada flecha flamejante sobre a água até atingir as velas ou o casco do barco que está partindo. Continue até ter disparado todas as flechas. Levante a mão direita para se despedir do barco e tudo o que enviou a ele; observe-o partir até não poder mais vê-lo. Quando ele desaparecer, o Sol também terá sumindo no horizonte.

5 Deixe que essa visão se desvaneça e volte aos poucos aos arredores. Antes de fazer qualquer anotação ou encerrar a visualização, considere todas as dádivas de verão, tanto pessoais quanto comunitárias. Pense no calor do Sol e em como ele aquece e amadurece as lavouras e os frutos. Lembre-se de como ele permite que as pessoas se reúnam ao ar livre, para praticar atividades que não podem realizar no inverno. Pense nos bons momentos que você compartilhou com amigos e/ou familiares durante a estação quente. Agradeça ao Sol e acenda sua vela azul em memória dos dias felizes do verão. Ao fazer suas anotações, pergunte a si mesmo o que você associa ao oeste e como a morte do Sol afeta você emocional, física ou espiritualmente. Termine a visualização de acordo com as orientações oferecidas na p. 139.

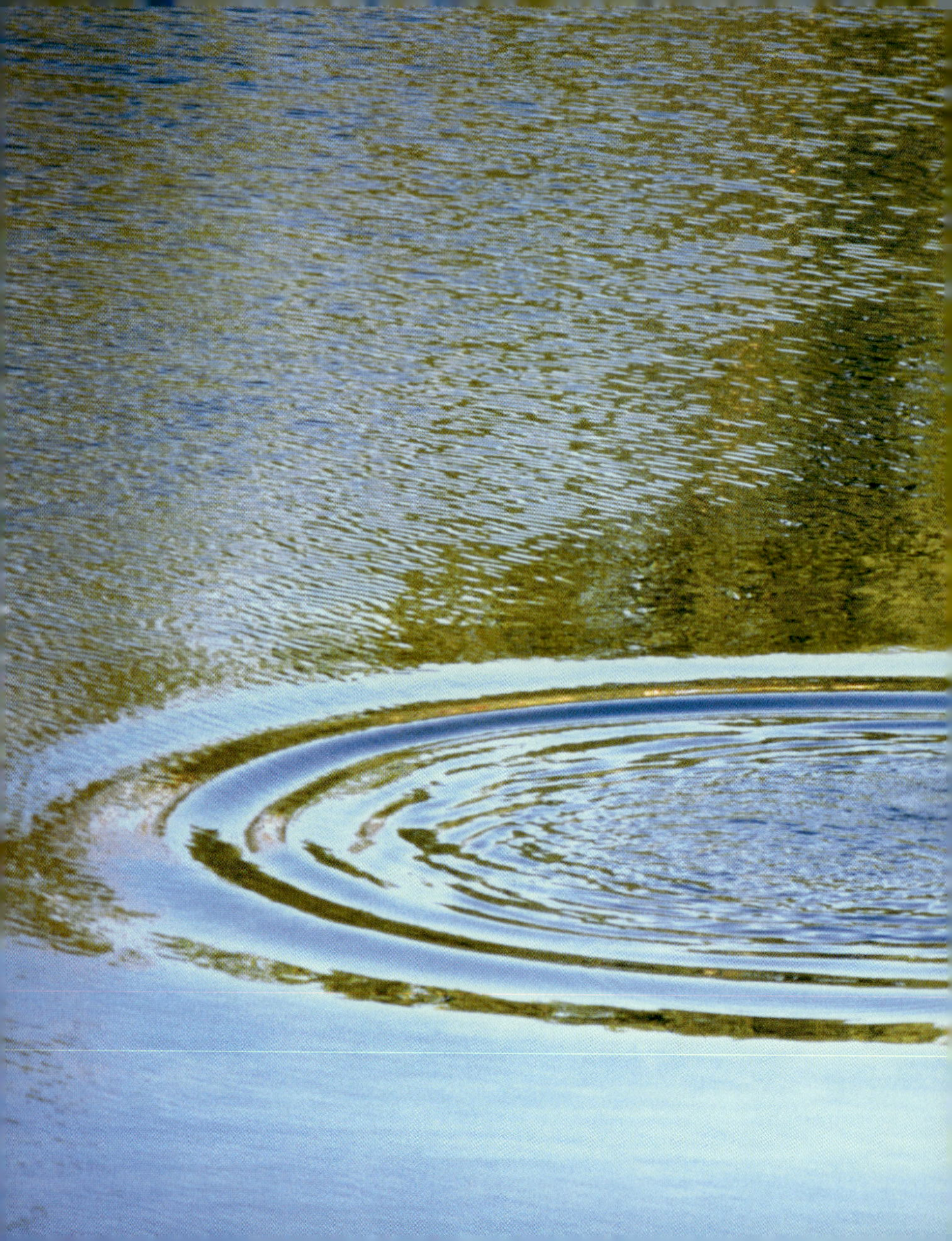

O CÍRCULO SAGRADO

O círculo

Eu sou o círculo dentro do círculo
Sem começo nem fim.

(CÂNTICO POPULAR PAGÃO)

O círculo representa um paradoxo universal e relevante do ponto de vista espiritual – forma sem começo nem fim. Descreve visualmente a eternidade, os misteriosos ciclos da existência e a circularidade, muitas vezes espantosa, da nossa própria vida.

Nossos antigos ancestrais reconheciam o significado sagrado dessa forma e fizeram muitos monumentos em forma de círculo. Por toda a Europa, por exemplo, há resquícios de círculos de madeira e pedra alinhados com elevações e configurações estelares ou solares, muitas das quais com círculos internos.

Vários historiadores notaram o simbolismo yônico ligado a essas formações – que o círculo representa aquele lugar sagrado no corpo das mulheres, de onde expulsam o bebê para o mundo. O fato de haver círculos dentro de círculos parece confirmar a associação mística entre o ato físico de dar à luz e o mistério da regeneração.

Na Wicca, fazemos a maior parte dos nossos rituais e trabalhos de feitiço dentro de um círculo, lançado pelo bruxo

O círculo simboliza o ciclo milagroso da existência.

O CÍRCULO

para definir os limites do lugar onde ficamos diante das nossas divindades, onde fazemos magia e entramos em estados alterados de consciência. Esse espaço é sagrado porque é dedicado ao Deus e à Deusa e ao trabalho com eles. Também contém o que chamamos de "espaço entre os mundos", lugar que não fica totalmente no mundo cotidiano nem totalmente no reino do Espírito, mas é marcado e reservado aos Sábios, que podem viajar entre esses mundos em busca de sabedoria. O espaço é dedicado ao deus ou à deusa dentro de nós, assim como ao Deus e à Deusa da existência.

Toda vez que entramos no círculo, estamos reverenciando o divino interior em nós mesmos e estimulando e desenvolvendo nosso potencial sagrado, na companhia da divindade.

ESPAÇO SAGRADO

Os limites do círculo são protegidos pelos elementos e pelas divindades que evocamos e reverenciamos. O círculo não serve para nos proteger de monstros do tipo que se veem nos filmes de terror ou de demônios que inadvertidamente "evocamos" ou atraímos por meio do nosso trabalho – não funciona assim! O círculo nos protege da distração provocada pelas preocupações diárias, para que possamos nos afastar da agitação da nossa vida tumultuada. Permite que não representemos temporariamente nossos papéis diários. Os limites que estabelecemos faz com que possamos reivindicar o espaço para usarmos especificamente com propósito sagrado, especial.

A linha do círculo é uma fronteira – ela nos permite conter o poder que geramos dentro dele e mantê-lo até que estejamos prontos para lançá-lo no mundo mais amplo, para que cumpra sua função. Nesse sentido, ele é um pouco como uma panela tampada, na qual estamos fervendo uma boa sopa – não colocaríamos os ingredientes no prato antes que estivessem cozidos, por isso mantemos a tampa na panela até que a comida esteja pronta. O mesmo acontece com o trabalho de magia e nos rituais – os ingredientes do feitiço ou ritual precisam ser energizados e misturados adequadamente antes que estejam prontos para atuar como poder e energia, na rede mais ampla da existência.

ESPAÇO ENTRE OS MUNDOS

Um ponto importante a ser observado é que o círculo sagrado não é um plano bidimensional; é, na verdade, uma esfera que abrange todo o espaço sagrado. Estende-se acima e abaixo dos participantes humanos, ultrapassando andares, telhados e paredes. Trata-se de um mundo dentro e fora do mundo da nossa existência cotidiana ou realidade consensual, que nos permite sair dessa realidade e ir para outra – enquanto, ao mesmo tempo, permanecemos conectados, com nossa existência cotidiana, e ponto de referência. O espaço circular também faz parte do mundo do Espírito, lugar de conexão, interconexão, formação e transformação. Esse é outro paradoxo do círculo; ele oferece um espaço entre os mundos, mas incorpora aspectos desses mundos ao mesmo tempo em que fornece um espaço além deles.

Antigos entalhes em espiral feitos na pedra, em Newgrange Mound, Irlanda.

Assim como a natureza esférica do espaço sagrado nos fornece um "círculo" inteiro e perfeito, um reflexo dele mesmo, acima e abaixo da linha do solo em que trabalhamos fisicamente, os mundos entre os quais trabalhamos são refletidos dentro desse espaço. Como dizemos na Wicca: "Como acima assim abaixo". A natureza do círculo permite simbolizar, representar e condensar aspectos do nosso mundo cotidiano, além de promover mudanças simbólicas que desejamos realizar na realidade consensual. Usamos o simbólico como uma porta através da qual podemos tocar o mundo do Espírito e, em seguida, acessar sua energia, por meio de fios que depois tecemos num novo padrão. É assim que a magia funciona — acessando os mundos entre os quais nos movemos e reunindo-os. Ironicamente, para fazer isso, primeiro precisamos sair de ambos os mundos; e para isso é preciso entrar no espaço sagrado do círculo.

MUTAÇÃO CONTÍNUA

Outra forma intimamente associada ao círculo é a espiral — círculo progressivo que, se visto tridimensionalmente, se assemelha a uma mola alongada. Alguns wiccanos reconhecem os laços estreitos entre a espiral e o círculo, porque vemos o círculo como símbolo da mudança e da progressão constantes. Nada no Universo permanece igual, e isso vale para o círculo. Para nós, assim como todos os deuses e deusas são um Deus e uma Deusa, mas nem todos os deuses e deusas são iguais, todos os círculos são o único grande círculo do ser, mas cada círculo é diferente. Nunca saímos do círculo exatamente como entramos; é como o ditado de que nunca se pode atravessar o mesmo rio duas vezes. Por definição, o rio muda porque o tempo passa, e o mesmo vale para o círculo. Dentro dessa progressão de mudanças, o círculo pode ser visto como simples expressão da espiral – símbolo do fluxo eterno de toda a matéria do espaço-tempo.

AMPLIANDO NOSSA EXPERIÊNCIA

Há mais uma razão muito importante para que cada círculo seja diferente; ele é um espaço de transformação. Se o círculo é sempre diferente, também é verdade que tudo o que levamos conosco é alterado de alguma forma como resultado do fato de entrarmos nele. Alguns bruxos logo notam que o círculo tem o poder de "ampliar" o trabalho feito dentro dele. Isso seria uma consequência natural da intensidade do que vivenciamos ali dentro e resulta de contato próximo com o reino do Espírito. O que carregamos conosco para o círculo cresce em nossa consciência a ponto de podermos ver isso do modo apropriado e, por fim, deixando isso tão grande que não temos alternativa a não ser enfrentar o que vemos.

A espiral expressa a eterna jornada da matéria do espaço-tempo.

Pode-se tratar de qualquer coisa, desde uma força que não conseguimos reconhecer e desenvolver até um mau hábito que precisa ser eliminado.

Como acontece na vida, o que fazemos às outras pessoas dentro do círculo retorna para nós; é o que nos tornamos. No círculo, esse efeito é ampliado de vários modos.

LAPSO TEMPORAL

Você vai perceber, quando começar a trabalhar no círculo, que há ligeira discrepância na percepção do tempo entre o mundo da realidade consensual e o espaço entre os mundos. Muitos bruxos percebem, ocasionalmente, que um ritual que aparentemente não durou mais de uma hora dentro do círculo consumiu, na realidade, quase três horas. A experiência mais comum parece ser a rapidez com que o tempo passa no espaço do círculo. Não se sabe, no entanto, se o inverso também acontece, especialmente quando um trabalho de meditação profunda está sendo realizado. Nessas ocasiões, os celebrantes podem deixar o círculo com a sensação de que permaneceram ali por horas e descobrir que se passaram apenas 45 minutos. Nos contos do Outro Mundo celta, visitantes humanos do mundo das fadas invariavelmente têm a sensação de desorientação em relação ao tempo; um dia no reino das fadas é um ano inteiro no reino dos mortais, e sete anos se tornam setecentos. É tentador especular as origens desses lapsos de tempo peculiares e se os contos têm aspectos da prática xamânica tribal, onde aqueles que andam entre os mundos percebem mudanças no modo como o tempo passa.

A forma do círculo também descreve a progressão do nosso planeta ao redor do Sol. O círculo é sempre lançado *deosil* (pronuncia-se dei-cil) ou no "sentido do sol" – sentido horário. Por tradição, ao gerar energia nos trabalhos de magia e nos rituais, os celebrantes procuram se mover *deosil* enquanto estão no círculo, para manter a energia se movimentando na direção certa. Às vezes, quando um ritual de banimento está sendo realizado, os participantes mudam de direção e avançam *widdershins,* ou no sentido anti-horário. Quando se familiarizar com as energias com as quais trabalha como bruxo, você saberá o que funciona melhor quando está dentro do espaço sagrado. Na Wicca, porém, o círculo é quase universalmente lançado *deosil*.

Nossos ancestrais deixaram na paisagem pistas de suas crenças sobre a espiritualidade.

Altares e espaços sagrados

A definição clássica de altar é "lugar sobre o qual sacrifícios ou presentes são oferecidos às divindades"; se uma descrição física acompanha essa definição, ela sugere que o altar é uma estrutura "elevada" ou um "lugar mais alto". Embora essa seja uma ideia limitada do que seja um altar, transmite a noção de que ele contém objetos sagrados e especiais, e pode ser um espaço onde se deixam presentes ou oferendas. Na Wicca, nossas divindades não exigem sacrifício; isso está claro em "O Chamado da Deusa" – palavras da Deusa para as pessoas, geralmente pronunciadas no círculo por um dos participantes (p. 233). Na Wicca, porém, os altares têm várias funções.

Os altares podem ter várias formas. Podem ser tão simples quanto uma pedra plana colocada num canto sombreado de um jardim ou bosque, ou tão elaborados quanto uma mesa decorada com toalhas bordadas, coberta com dossel e enfeitada com velas, estatuetas ou outros objetos e imagens de deuses. Podem ser temporários – por exemplo, um altar arrumado para durar só enquanto o círculo estiver lançado, para depois ser desmontado. Podem ser uma prateleira de canto num apartamento ou uma mesa de mármore numa encosta, mas o que realmente importa é a intenção com a qual são usados. Seu propósito sagrado é o que faz dele um altar.

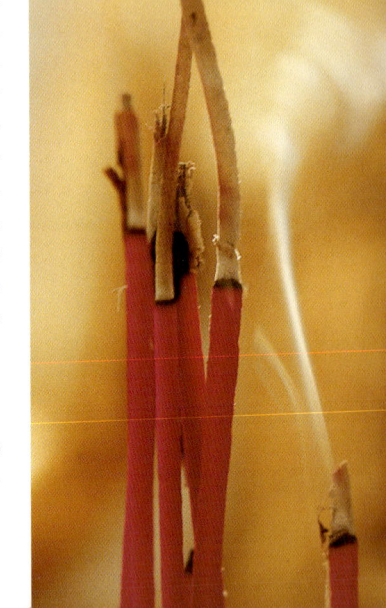

O incenso é normalmente utilizado para consagrar o espaço sagrado.

CÍRCULO SAGRADO E ALTARES

O altar proporciona um ponto focal para a atividade sagrada e mágica dentro do círculo. Por tradição montado no norte, mas às vezes colocado no centro, o lugar do Espírito, o altar é o local onde ficam os instrumentos e ingredientes dos rituais. Sobre ele podem ficar varinhas, athames (facas dos bruxos), cálices, pentáculos, cordões de iniciação (pp. 200-01 e 226-29), tigelas de sal e água, ervas, velas, cristais, um pilão e representações das divindades. Também proporciona uma superfície de trabalho prática sobre a qual misturar ervas, ungir velas, "exorcizar" a água e abençoar o sal (pp. 198-99). Os ingredientes dos feitiços, depois de lançados, às vezes ficam sobre o altar até que se feche o círculo. Quando os instrumentos, feitiços ou ingredientes precisam de bênção ou consagração para cumprir um propósito sagrado, eles são levados ao altar – lugar onde as coisas se tornam sagradas, não apenas onde coisas sagradas são depositadas.

Os altares fornecem foco para o trabalho de magia e para o desenvolvimento espiritual.

ALTARES AO AR LIVRE

Fora do círculo, os altares servem a muitos propósitos diferentes. No meu jardim, uma grande pedra plana cercada por muitas outras, arredondadas e cercadas de roseiras e pés de alecrim, é um altar para a deusa. Tenho que me sentar no chão para trabalhar nele, o que me leva a ter contato físico com a terra. Eu o uso como ponto focal quando quero falar com a Deusa ou uma deusa em particular, e posso

Os altares podem ser montados dentro ou fora de casa.

queimar incenso e deixar flores ou pedras sobre ele, como oferendas a ela. Na minha casa, a cornija da lareira principal é um altar que abriga várias oferendas a estatuetas de deusas, ingredientes para os feitiços em curso, velas e pequenas oferendas – penas, flores, cartões que honram a Deusa interior. Tenho amigos que construíram altares que se assemelham a santuários, com pedras, rochas e fios de cobre – eles são pontos focais para meditação e visualizações, feitiços, oferendas para a Deusa e um lugar para acender velas em relembrar os mortos.

A céu aberto, muitas vezes existem "altares" naturais, sobretudo em locais antigos; esses altares podem ser rochas onde as pessoas deixam moedas, penas, ervas ou sementes para os pássaros e animais que frequentam o local, ou mesmo um espaço no chão, embaixo de uma árvore antiga, ou em frente a um poço sagrado ou uma nascente. Às vezes, as árvores próximas a esses lugares são enfeitadas com fitas ou tiras de tecido onde se escrevem desejos ou são apenas oferendas devocionais às divindades do lugar. Se você for construir um altar ou quiser deixar oferendas devocionais num espaço ao ar livre, é particularmente importante que utilize materiais biodegradáveis, para que, com o tempo, retornem à natureza sem poluir o meio ambiente.

Construir um altar em sua casa é relativamente simples – escolha seu propósito, encontre um local adequado e reúna os itens que você achar que servirão melhor à função que ele terá. Escolha símbolos, cores e itens apropriados por meio da meditação, da intuição e da pesquisa (pp. 78-89 e 210-11). Depois que você construiu o próprio altar, seja uma prateleira de canto com velas de *réchaud* e algumas conchas e pedras, ou um santuário elaborado, com toalhas bordadas, trate-o com o respeito que você, o Deus e a Deusa merecem.

O sal e a água são usados para limpar o espaço interior antes de um ritual.

Trabalho no círculo

O espaço em que um círculo é lançado deve passar por limpeza para eliminar detritos tanto físicos quanto psíquicos. Em ambientes fechados, o espaço é, por tradição, "higienizado" espalhando-se, à volta dele, água salgada especialmente preparada.

A água é primeiro "exorcizada"; isso exige que você relaxe, extraia energia da Terra pelos pontos de energia (chakras) e direcione-a através de sua mão para a água. Isso expulsará todas as energias excedentes que ela possa ter absorvido. A

Trabalhos dentro do círculo com outras pessoas podem proporcionar poder e inspiração.

forma das palavras pode variar desde o tradicional "Eu te exorcizo, ó criatura da água, para que expulses de ti todas as impurezas" até o mais básico "Eu a purifico em nome da Deusa". A mesma mão é usada para abençoar o sal, purificador natural, dizendo: "Bênçãos sobre esta criatura de sal, que todo mal possa ser expulso e todo bem permaneça"; ou "Que as bênçãos da Deusa estejam sobre este sal". Ele é, então, derramado na água, que é agitada com estas palavras: "Que este sal e esta água sirvam para purificar este espaço e abençoar minha Arte"; ou sem que se diga nada.

A água salgada é espalhada pela sala *deosil*, começando-se pelo leste, depois aspergida sobre os participantes. É hora de lançar o círculo (pp. 202-03). A céu aberto, no entanto, o sal e a água não devem ser usados, pois a água salgada mataria a vida das plantas onde fosse derramada. Além disso, o espaço aberto de um cenário natural não precisa de limpeza ou purificação, assim como o espaço interno, também usado para outros fins.

DEFINIÇÃO DOS ELEMENTOS

Antes de limpar o espaço, você deve definir os "quadrantes" – as direções para os elementos sagrados. Velas, toalhas e símbolos para o Ar, o Fogo, a Água e a Terra são colocados ao redor do círculo nas direções cardeais: leste, sul, oeste e norte, respectivamente. As cores correspondentes de cada um deles são: amarelo para o Ar, vermelho para Fogo, azul para a Água e verde para a Terra. No centro, uma vela roxa ou branca representa o Espírito. Se você achar difícil obter velas coloridas, velas de *réchaud* também servem. Alguns covens decoram os quadrantes com símbolos relevantes para o elemento apropriado – uma pena para o Ar, uma lamparina para o Fogo, uma concha para a Água e uma pedrinha para a Terra.

Existem instrumentos mágicos associados ao trabalho dentro do círculo. Alguns bruxos gostam de usar um athame para realizar a bênção do sal e da água e para lançar o círculo. Athame é uma faca especial, muitas vezes de cabo preto, consagrada para uso no círculo. Geralmente, abençoa-se o athame mergulhando-se a lâmina na Água, mostrando-a para o Fogo e mergulhando-a no Ar e na Terra, antes que o instrumento seja consagrado no círculo.

Essa faca é usada, em geral, apenas pelo dono — embora alguns bruxos deixem que sejam usadas por terceiros dentro do círculo. A tarefa de encontrar, fazer ou preparar um athame é, muitas vezes, designada ao bruxo que está sendo preparado para a iniciação (pp. 226-29). Dependendo da tradição a que se pertence, o athame é associado ao Fogo ou ao Ar.

O CÁLICE E O PENTÁCULO

O cálice está associado à água e é tradicionalmente dado ao bruxo, pois representa o elemento Amor. É o receptáculo do vinho ou do suco passado ao redor do círculo, antes do fim de um ritual, e também pode ser usado no trabalho de magia (pp. 252-65). O vinho é abençoado, depois passado pelo círculo. Cada participante toma um gole, depois passa o cálice *deosil*, com um beijo e as palavras: "Que você nunca tenha sede" ou "Abençoado seja". Alguns bruxos usam um pentáculo — uma estrela de cinco pontas dentro de um círculo — para representar o elemento Terra. Ele geralmente assume a forma de um prato de madeira, pedra ou metal, sobre o qual se coloca o pão, passado ao

Os cálices dos covens contêm vinho ou suco, para ser compartilhado no círculo.

Varinhas e athames são associados ao Ar e ao Fogo; pentáculos, à Terra.

redor do círculo, logo depois do cálice. O pão é partido e comido, depois passado adiante com um beijo e com as palavras: "Que o pão nunca lhe falte" ou "Abençoado seja".

Na maioria dos círculos, a varinha está associada ao Ar, embora em algumas tradições esse simbolismo seja revertido com o do elemento Fogo. A varinha pode ser usada da mesma maneira que o athame – para direcionar energia. As varinhas assumem muitas formas; geralmente são de madeira, mas às vezes são feitas de quartzo ou cobre. Variam muito; podem ser simples, de madeira polida, ou extremamente elaboradas, cravejadas com pedras semipreciosas e esculpidas com símbolos mágicos.

Nos círculos que têm tradição iniciática, os cordões são colocados no centro. São as medidas da "mortalha" (soma da circunferência da cabeça e do tronco, na altura do coração, e a altura exata) de um bruxo e estão ligados a ele por magia. Os cordões são colocados no centro do círculo, pois são vistos como o cordão umbilical que nos liga ao reino do Espírito.

Por tradição, depois que o círculo é lançado, a menos que haja alguma emergência, ninguém o deixa até que seja fechado. Essa regra serve para manter a integridade do espaço sagrado dentro do círculo lançado.

Como lançar um círculo

Por tradição, o círculo é lançado com um athame.

Depois que o espaço estiver preparado (pp. 198-201), você pode lançar o círculo. Para isso, é preciso que você abra seus pontos de energia, os chakras, para que possa se tornar, você mesmo, o canal da energia necessária para lançar o círculo. O processo pelo qual você se prepara é idêntico ao oferecido no guia de preparação para visualização das pp. 138-39.

Quando você estiver totalmente preparado e o fluxo de energia, estabelecido, concentre-se e direcione parte dessa energia, através do plexo solar, dos braços e do athame, da varinha ou do dedo, para desenhar uma linha no ar, em torno do espaço ritual. É mais fácil manter a visualização do círculo com os olhos da mente se você começar visualizando um círculo no cômodo em que está trabalhando. À medida que sua confiança aumentar, você pode passar a formar círculos que abrangem todo o cômodo em que está trabalhando, transcendendo os limites visíveis das paredes, do teto e do piso.

Por tradição, a pessoa olha para o norte e começa a lançar o círculo no leste, estendendo os braços para direcionar a energia para fora e mover-se *deosil*. Isso é conhecido como "descrever" o círculo. Ao retornar ao ponto inicial, você deve selá-lo com algumas palavras, dizendo, por exemplo: "Lanço este círculo para que ele seja um limite entre os mundos; receptáculo do poder que elevamos e guardião e protetor de todos que aqui estão".

Dê as boas-vindas aos elementos, começando no leste e movendo-se *deosil*. Você pode criar a própria forma de boas-vindas, mas, como guia de trabalho, saiba que é costume nomear as qualidades que cada elemento traz para o círculo antes de acender a vela apropriada em homenagem a ele: "Ao leste, o elemento Ar, que traz para este círculo as dádivas da clareza mental e da comunicação, você é reverenciado neste círculo. Salve e seja bem-vindo". É comum, se estiver trabalhando em grupo, que todos os participantes repitam a última frase.

No final de um ritual, embora as práticas variem, é comum agradecer aos elementos pela presença dizendo: "Salve e adeus". Depois apagam-se as velas, embora, por tradição, a vela do Espírito seja mantida acesa até a última pessoa sair do círculo dizendo: "Salve e permaneça". O círculo é então fechado pela pessoa que o lançou ou dispersado para o Universo, ou sua energia é atraída de volta, por meio do athame, do dedo ou da varinha, para o corpo da pessoa que o lançou e para a Terra.

Rituais e feitiços

Embora todos os feitiços sejam rituais, nem todos os rituais são feitiços. Simplificando, ritual é um ato que simboliza ou representa algo e é usado para celebrar, comemorar ou transformar o objeto ou evento em questão de acordo com a vontade das pessoas que o realizam. Todos nós temos nossos próprios pequenos rituais no dia a dia – acender as velas de um bolo de aniversário, enviar cartões de natal aos amigos, jogar confete ou arroz nos noivos, usar nosso boné ou nossa camisa favorita em eventos esportivos ou até bater três vezes na madeira

O ritual simboliza ou decreta a vontade do bruxo.

O CÍRCULO SAGRADO

Feitiços são vistos como parte da nossa prática espiritual.

para dar sorte. Quando o ritual ocorre dentro do círculo – dentro do espaço sagrado –, ele se torna especialmente carregado com nossa intenção, porque geramos a energia e a concentramos dentro do círculo, antes de lançá-la na teia da existência, e porque realizamos rituais tendo nossas divindades como testemunhas.

Nesse sentido, todos os feitiços, atos realizados para produzir alterações na realidade consensual, são, na verdade, rituais. Vale dizer que todos os rituais são "mágicos" à sua maneira, mas isso não faz deles feitiços. Alguns rituais são formas de celebração usadas para marcar uma mudança em vez de precipitá-la; por exemplo, os esbás, ou círculos da Lua, que celebram uma fase específica da Lua (pp. 230-33 e pp. 366-81). Podemos realizar um trabalho mágico e feitiços dentro de um esbá e, por participar desse trabalho, nos transformarmos, mas o ritual em si ainda é, acima de tudo, um marcador. Alguns rituais celebram, comemoram ou iniciam mudanças, como iniciações, jejuns, nomeações ou sabás (festivais sazonais), ou podem ser uma mistura de várias coisas e abranger as três funções.

Os feitiços, por outro lado, são rituais focados numa única intenção e resultado. É comum que um círculo seja lançado apenas para a execução de um único feitiço e depois fechado quando este estiver concluído. Isso tende a acontecer com mais frequência em trabalhos de praticantes solitários, embora não seja incomum um grupo se reunir para um único feitiço urgente. Como regra, não é aconselhável realizar mais de três trabalhos de magia num único círculo, pois os feitiços requerem grande quantidade de energia e concentração (pp. 266-67), e os seres humanos tendem a funcionar melhor num nível mágico e psicológico em triplicidades – como evidenciado pelos incidentes triplos ocorridos nas histórias.

Rituais e feitiços empreendidos com espírito de honestidade, compaixão e desejo genuíno de crescimento e conhecimento nunca são desperdício de tempo – e na Wicca eles são vistos como parte integrante da nossa prática espiritual.

A melhor ocasião para feitiços e rituais

Quando você lançar feitiços e realizar rituais, aprenderá que existem várias convenções na Wicca com base no que chamamos "correspondências". Trabalhar com correspondências significa combinar a natureza do trabalho que você está realizando com determinados símbolos, cores, divindades, dias da semana, fases da Lua ou horas planetárias. A Wicca aborda a magia e o ritual com base no princípio da "simpatia" – igual representando igual –, conhecido como "magia simpática". No passado, quando lamentavelmente magos e bruxos falavam em "alta" e "baixa" magia, essa abordagem era classificada como "baixa". Essa era uma maneira infeliz e enganosa de descrever uma tradição altamente desenvolvida de explorar um conhecimento e poder interiores por meio de sistemas de símbolos afins. Essa tradição tem antecedentes históricos bem enraizados e é a base de grande parte do que já foi classificado, de maneira igualmente imprecisa, como "alta" magia – aquela que depende mais dos aspectos cerimoniais e arcanos que do conhecimento da natureza.

De acordo com essa abordagem da magia simpática, o momento escolhido é parte importante do planejamento e da realização de um ritual ou feitiço. Na Wicca, trabalhamos com as fases da Lua em parte por causa das mudanças na energia que ocorrem em seu ciclo ao redor da Terra e, em parte, por causa da doutrina da "simpatia". Esse último aspecto vê as diferentes fases sobretudo como símbolos, e, portanto, feitiços para aumento, atração e crescimento geralmente são expressos no ciclo crescente da Lua, enquanto feitiços para redução, ligação ou banimento são lançados na Lua minguante. No hemisfério Sul, a fase crescente é aquela em que a Lua vai aumentando de tamanho da esquerda para a direita, até se tornar um disco completo, enquanto, na fase minguante, esse disco vai diminuindo da esquerda para a direita, até se tornar um arco. Quando a Lua está totalmente coberta pela sombra da Terra, dizemos que ela é "nova" ou "negra". Essa fase é a ideal para iniciar novos projetos e fortalecer a proteção psíquica. A Lua cheia é sobretudo propícia para rituais de celebração. As fases do Sol também são relevantes na Wicca, principalmente para seus festivais sazonais. Essas fases são celebradas tanto no dia do solstício ou do equinócio quanto, no caso dos festivais do fogo celta, na data do calendário ou na Lua cheia posterior mais próxima dos principais eventos que a marcam.

Os dias da semana têm correspondências planetárias assim como divindades associadas. Isso torna certos dias particularmente propícios para feitiços específicos. As segundas-feiras são associadas à Lua, por exemplo, e ótima ocasião para feitiços de fertilidade e prosperidade e para o trabalho com sonhos.

Feitiços para diminuir, banir ou repelir são lançados na Lua minguante.

As correspondências astrológicas nos ajudam a aproveitar determinadas influências.

Também são associadas a divindades lunares e trazem sua influência particular para rituais e feitiços, de acordo com o que você escolheu. Existem ainda correspondências astrológicas — por exemplo, características de determinados signos que se afinam com certos elementos nos feitiços ou nos rituais. Menos usadas são as horas planetárias — cada hora do dia é supostamente regida por uma influência planetária, e alguns praticantes de magia cronometram com precisão seus feitiços, levando em conta as correspondências das fases lunares, o signo astrológico da Lua em determinado momento e a hora planetária mais apropriada.

Por várias razões, a maioria dos bruxos dá importância à fase da Lua, antes de mais nada, para guiá-los em seu trabalho. A natureza da espiritualidade wiccana é tal que nossa afinidade com a natureza e suas energias cíclicas mutáveis nos atrai para a Lua, satélite mais próximo do nosso planeta. Nós a sentimos em nosso humor, em nossos ciclos biológicos e em nossos sonhos — em todos os níveis, na verdade. Mas existem razões históricas e culturais para os bruxos valorizarem as fases da Lua acima de qualquer outra influência nos trabalhos de magia e espirituais. Por muito tempo, deu-se primazia ao *logos*, funções racionais do lado esquerdo do cérebro. Os bruxos levam em conta essas mudanças da Lua para incorporar, como fazemos nas práticas espirituais, elementos de reflexão, intuição, processo e mudança — todos que tendemos a associar à Lua. Isso não quer dizer que consideremos o Sol pouco importante, mas simplesmente que a Lua tem significado particular para nós.

Os bruxos também estão preparados para renunciar à tradição quando a necessidade supera o costume de aguardar a época mais propícia para um feitiço ou ritual. O princípio norteador, como sempre, é "não prejudicar ninguém", e, se para minimizar ou evitar danos precisamos agir rapidamente, a necessidade, em vez da convenção ou tradição, é quem dita nossas decisões.

Exceto em casos de urgência, os bruxos, em geral, esperam a fase da Lua mais propícia para realizar seus feitiços.

Correspondências

TABELA DOS CINCO ELEMENTOS

	Ar	Fogo
Feitiços	Comunicação, rapidez, exames, justiça, conhecimentos e aprendizagem, transferência de bens, viagem	Defesa, força de vontade, coragem, inspiração
Ervas e plantas	Alfazema, eucalipto, confrei, absinto, lilás	Alecrim, arruda, dente-de-leão, açafrão, urtigas, erva-de-são-joão (*Hypericum*)
Árvores	Vidoeiro, freixo	Carvalho, sorveira-brava
Incensos e óleos	Benjoim, sândalo, lavanda	Canela, olíbano, baunilha, zimbro
Signo astrológico	Aquário, Gêmeos, Libra	Áries, Leão, Sagitário
Dia da semana	Quarta-feira	Terça-feira, quinta-feira
Planetas	Mercúrio	Sol, Marte
Cor	Amarelo	Vermelho
Metal	Mercúrio	Estanho
Símbolo	Triângulo com linha transversal, pena, incenso	Triângulo, lâmina, salamandras
Instrumento mágico	Varinha	Athame
Totens de animais	Todos os pássaros	Salamandra, grandes felinos
Partes do corpo	Pulmões, cabeça	Coração
Direção	Leste	Sul

OS ELEMENTOS

A tabela abaixo é um guia das correspondências mais comuns para usar nos trabalhos de magia.

Água	Terra	Espírito
Amor, cura, trabalho com sonhos, ciclos das mulheres, parto, questões emocionais	Manifestação, prosperidade material, abrigo, fertilidade, crescimento	Iniciação, transição, transformação espiritual, crescimento e conhecimento
Papoula, rosa, murta, violeta, valeriana, ligústica, camomila, gerânio, jacinto	Patchouli, sálvia, mandrágora, poejo madressilva, marroio-branco	Genciana, lótus, beladona*, meimendro* (*venenosas)
Salgueiro, maçã	Cipreste, pinho	Sabugueiro, teixo
Mirra, rosa absoluta, raiz de orris	Patchouli, resina de pinho, sálvia-branca, raiz de mandrágora	Nag champa, copal, dictamo
Peixes, Câncer, Escorpião	Touro, Virgem, Capricórnio	
Segunda-feira, sexta-feira	Sábado	Domingo
Lua, Vênus, Netuno	Gaia, Saturno, Plutão	Urano
Azul	Verde	Roxo, branco
Prata, cobre	Ferro, chumbo	Dourado
Triângulo invertido, caldeirão, vidro, espelho	Triângulo invertido com linha transversal, pentáculo, madeira, metal, pedra, cristais, dragão	Pentagrama com uma ponta para cima, ponta de quartzo transparente, teia, fio
Cálice	Pentáculo	Cordões
Peixes, mamíferos da água	Lebre, lobo, urso, serpente	Aranha
Útero, rins, bexiga, fígado	Intestinos, coluna vertebral	
Oeste	Norte	Centro

HORAS PLANETÁRIAS

A tabela a seguir mostra a divisão das horas planetárias entre o pôr e o nascer do sol. As horas planetárias podem mudar de acordo com o local e a época do ano; por isso, para identificar a "hora" dedicada ao planeta apropriado para um feitiço ou ritual, calcule o número de minutos entre o pôr e o nascer do sol, divida por 12 e numere cada unidade de 1 a 12. A "hora" planetária que corresponde às suas necessidades indica que horas você precisa realizar seu trabalho.

Observe que a coluna a seguir é um guia aproximado – sistemas mais abrangentes têm matriz rotativa que difere de acordo com os dias da semana. Para simplificar, no entanto, o sistema a seguir oferece um esquema baseado na correspondência numerológica e planetária.

Exemplo de cálculo

Digamos que você queira lançar um feitiço para ajudar uma amiga que está com dificuldade para se concentrar nos estudos.
- O melhor planeta para trabalhar é Mercúrio.
- No local em que você está, o pôr do sol é 17:30, e o nascer do sol, 06:30.
- O número de minutos entre o pôr e o nascer do sol é 780, dividido por 12 = 65 minutos.
- A primeira divisão temporal após o pôr do sol governado por Mercúrio é a terceira "hora": 3 x 65 minutos = 195 minutos, 17h30 + 195 minutos = 20h55.

TABELA DAS HORAS PLANETÁRIAS

Planeta	Horas
Sol	1
Lua	2
Mercúrio	3
Júpiter	4
Marte	5
Vênus	6
Netuno	7
Plutão	8
Mercúrio	9
Júpiter	10
Urano	11
Terra	12

SIGNOS DA LUA

Atualmente, é possível encontrar uma efeméride (tabela de previsão dos movimentos planetários) confiável na internet ou em bons almanaques astrológicos. Você terá que consultar uma se quiser saber quando a Lua passará pelos diferentes signos astrológicos e usar as correspondências tradicionais a seguir na magia. Elas indicam os melhores signos lunares para diferentes tipos de feitiço, mas são apenas um guia indicativo, que você pode incrementar conforme progride na Arte.

TABELA DOS SIGNOS DA LUA

Tipo de feitiço	Áries	Touro	Gêmeos	Câncer	Leão	Virgem	Libra	Escorpião	Sagitário	Capricórnio	Aquário	Peixes
Amor/relacionamentos			•	•			•				•	•
Cura/emoção			•	•			•	•			•	•
Prosperidade/aumento		•			•	•			•	•		
Emprego/comércio			•		•				•	•	•	
Amarração/banimento	•			•		•		•				
Proteção	•	•			•				•			
Fertilidade	•	•				•		•		•		•

DIAS DA SEMANA

A tabela a seguir, baseada em correspondências wiccanas tradicionais, pode ser ampliada à medida que seus estudos da Arte se aprofundarem.

DIAS DA SEMANA

	Segunda-feira	Terça-feira	Quarta-feira
Planeta	Lua	Marte	Mercúrio
Cor	Prata, estanho, branco, cinza	Vermelho	Amarelo
Divindade	Selene, Néftis, Ártemis, Ísis	Marte/Ares, Tyr, Iansã, Kali	Mercúrio/Hermes, Atena, Sarasvarti, Odin
Associações	Fertilidade, aumento, trabalho com sonhos	Defesa, proteção, inspiração, superação de obstáculo, coragem, sexo, dança	Comunicação, aprendizado, estudo, provas e testes, questões jurídicas, viagens, ideias, memória, ciência
Metal	Prata	Ferro	Mercúrio
Objeto simbólico	Caldeirão	Flecha	Cajado

Quinta-feira	Sexta-feira	Sábado	Domingo
Júpiter	Vênus	Saturno	Sol
Roxo, azul-marinho	Verde	Preto ou marrom	Dourado
Thor, Jovis/Júpiter, Rhiannon, Juno, Lakshmi	Vênus/Afrodite, Angus, Parvarti	Hécate, Nêmesis, Saturno	Brighid, Apolo, Lugh, Belisama
Generosidade, justiça natural, expansão, propriedades, testamentos, questões familiares	Amor, afeição, amizades, parceria, sedução, sexualidade, beleza, arte	Limites, ligação, exorcismo, disciplina redução, proteção, desvio	Saúde, felicidade, contentamento, música, poesia
Estanho	Cobre	Chumbo	Ouro
Tambor	Rosa, estrela	Corrente, cordão	Disco

Descubra seu nome mágico

A visualização orientada descrita nas pp. 148-51 o ajudará a identificar seu nome mágico. Para isso, combine-a com os métodos a seguir.

MÉTODO I: NUMEROLOGIA

Some os números do seu nome para descobrir seu número nominal usando as letras do nome pelo qual você é chamado e os números da sua data de nascimento, como no exemplo a seguir.

1	2	3	4	5	6	7	8	9
A	B	C	D	E	F	G	H	I
J	K	L	M	N	O	P	Q	R
S	T	U	V	W	X	Y	Z	

Joan Smith (nascida em 25 de outubro de 1970)

J O A N S M I T H 2 5 1 0 1 9 7 0
1 + 6 + 1 + 5 + 1 + 4 + 9 + 2 + 8 + 2 + 5 + 1 + 0 + 1 + 9 + 7 + 0 = **62**
6 + 2 = **8**

Seu novo nome deve coincidir com esse número, quando calculado desse modo. Joan Smith, por exemplo, descobriu uma afinidade com a deusa Andraste.

A N D R A S T E
1 + 5 + 4 + 9 + 1 + 1 + 2 + 5 = **28**
2 + 8 = **10**
1 + 0 = **1**

O número encontrado não coincide com o número nominal de Joan. No entanto, se o nome for levemente alterado para que coincida, Joan terá um nome completamente novo e possivelmente único:

A N D R A S E
$1 + 5 + 4 + 9 + 1 + 1 + 5 = 26$
$2 + 6 = 8$

MÉTODO 2: JUNTO E MISTURADO

Seu nome mágico expressa um aspecto do seu eu espiritual.

Divida uma folha em branco em quatro partes iguais. Em cada parte, desenhe um símbolo ou objeto natural que represente como você vê os seguintes aspectos de si mesmo: no canto superior esquerdo, como você se vê; no canto superior direito, como você vê as pessoas próximas a você; no canto inferior esquerdo, como seus amigos veem você; no canto inferior direito, sua vida interior, espiritual e emocional. Vamos supor que você desenhe uma Lua crescente, um gato, um ramo de sálvia e um freixo, respectivamente. Se você combinar dois desses símbolos em qualquer ordem, terá uma lista de possíveis nomes: Freixo Crescente/Lunar, Sálvia Felina, Lua de Sálvia etc. Se refletir um pouco mais, pode descobrir que um dos seus aspectos se destaca, indicando um único nome. Por exemplo, se for importante para você que seus amigos percebam seu crescimento, você pode adotar esse único nome: Lua Crescente. Esse exercício não é uma ciência exata, mas pode ser um estímulo criativo para descobrir seu nome mágico.

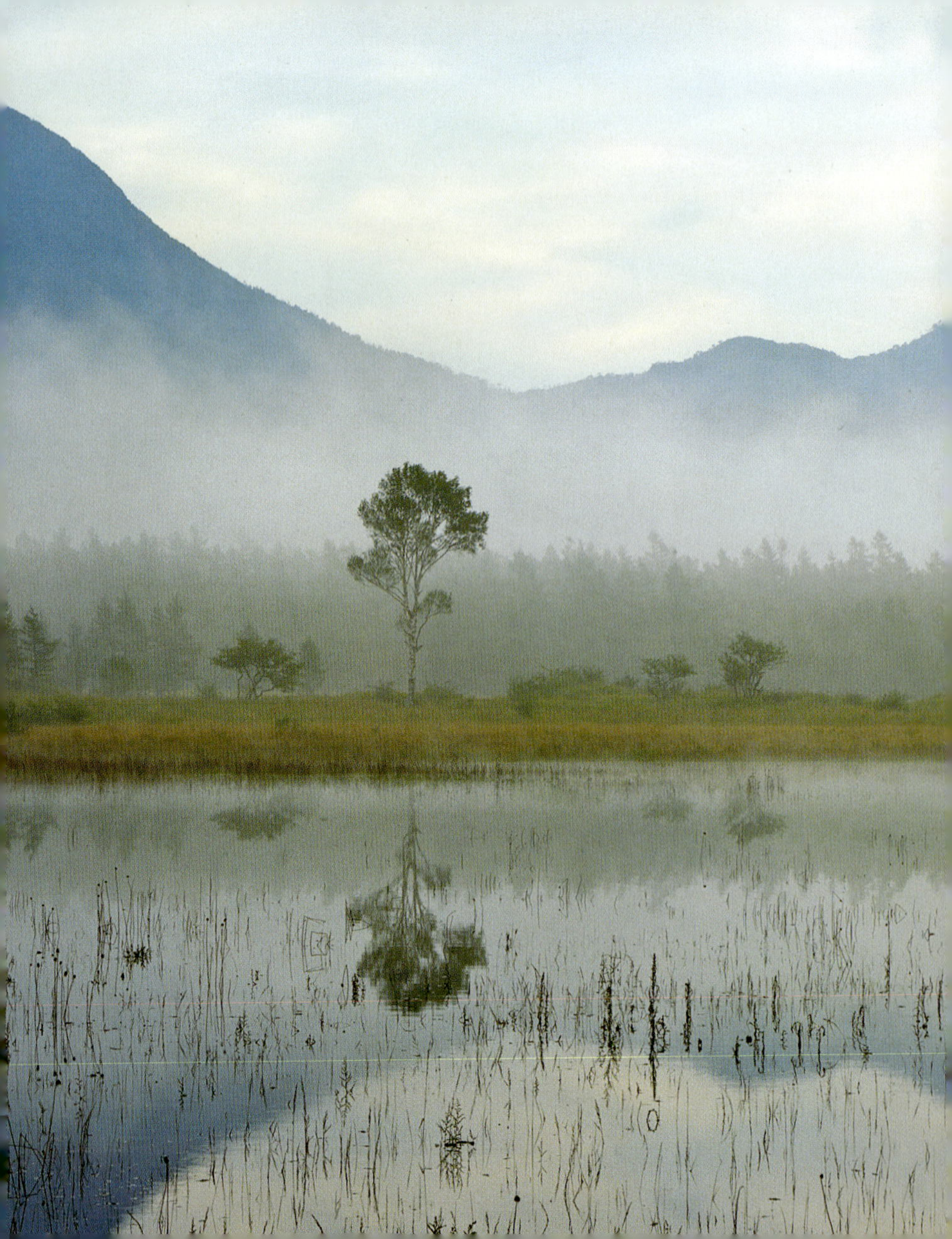

COMO SE TORNAR WICCANO

O caminho wiccano

Uma das perguntas mais comuns feitas aos bruxos é: "O que significa ser bruxo?". Ser bruxo significa trabalhar com a natureza, reverenciar o Deus e a Deusa e ser um agente de cura para si mesmo e para os outros. Os bruxos têm nomes específicos para cada um desses papéis, mas resumem todos eles na palavra "bruxo". Aqueles que trabalham com a natureza, que veem o Espírito em todas as

A bruxa também é uma sacerdotisa.

coisas e se esforçam para tirar o melhor proveito das curas e dos benefícios que o mundo natural oferece são os chamados Sábios. Esse é um dos significados da palavra *witch* ("bruxo", em inglês), cujas raízes linguísticas têm significado que combina conhecimento e o modo de usá-lo. Podemos não ter muita sabedoria de início, mas a palavra "bruxo" pode nos servir de inspiração para alcançá-la.

Ser Sábio significa deixar uma pegada leve sobre a Terra e se preocupar com a proteção ambiental e a sustentabilidade do planeta. Nós, bruxos, não falamos levianamente sobre "curar" a Terra; fazemos isso de fato, tanto no sentido local – reciclando e comprando da forma mais ética possível – quanto no sentido global – sendo ativistas em campanhas para deter a poluição e o desmatamento.

Muitos bruxos são especialistas em terapias alternativas ou complementares, como fitoterapia, aromaterapia, homeopatia, acupuntura e reflexologia. No entanto, promover o bem-estar dos indivíduos é apenas parte desse papel. A tarefa de curar tem sentido muito mais amplo; trabalhar pela paz, pela justiça e pela igualdade faz parte do papel de "agente de cura", assim como os atos menores que praticamos em favor dos indivíduos.

Os bruxos também são magos no sentido de que lançamos feitiços e transformamos nossa própria vida, a vida daqueles que buscam nossa ajuda e a sociedade como um todo. Tecemos padrões na grande teia para causar mudanças positivas. Quando lançamos feitiços para esse fim, não estamos sendo "egoístas" ou "pouco espiritualistas", pois isso é parte integrante do caminho espiritual, o caminho wiccano.

O papel que surpreende a maioria das pessoas é o de sacerdote ou sacerdotisa. Esse papel inclui o compromisso de reverenciar tudo o que percebemos como o Deus ou a Deusa, da melhor maneira possível. Não precisamos de intermediários entre nós e nosso deus ou deusa – somos nosso próprio sacerdote ou sacerdotisa. Não servimos de intermediários para outras pessoas nem afirmamos ter mais autoridade espiritual que ninguém, mas podemos oferecer nossos serviços para os doentes ou incapacitados, se pedirem nossa ajuda.

Iniciação e sistema de graus

Geralmente, ser "iniciado" numa organização, num grupo ou numa tradição significa ser apresentado aos seus padrões, suas leis e seus segredos, e aspectos deles estão presentes no próprio ato da iniciação wiccana. Em termos espirituais, no entanto, a iniciação é mais que simplesmente ter uma introdução à Arte. É um ato de compromisso com a Deusa – a patrona da iniciação –, que sinaliza, para a grande teia que conecta todas as coisas, que você está se colocando diante das divindades para se dedicar ao caminho dos Sábios. A maneira antiquada de descrever esse ato é dizer que sua intenção é "atrair a atenção da Divindade" para você. Qualquer que seja sua tradição e qualquer que seja a variação do ritual que fizer, o principal objetivo da iniciação é assumir o compromisso de aprender e anunciar que você está pronto para se tornar wiccano ou Sábio.

Além desse fator central, existem outros propósitos para a iniciação, alguns ligados às tradições da comunidade ou do grupo. Se você trabalha em grupo, esse grupo vai testemunhar a dedicação e as promessas que você fizer dentro do círculo – esses são compromissos sagrados que o ligarão a essas pessoas. Quando se conecta a elas dessa maneira, você se torna parte de uma comunidade de pessoas que deram o mesmo passo; nesse ponto, pode ser apresentado a informações e tradições transmitidas apenas quando o bruxo é iniciado nos mistérios. Por exemplo, os membros do seu grupo podem revelar seus nomes mágicos ou o nome do coven, se por costume só forem revelados depois da iniciação. O iniciado também pode receber do coven treinamento avançado ou uma responsabilidade específica.

Por tradição, o acólito se aproxima de um grupo e trabalha com ele, ou com membros do grupo, por um ano e um dia antes da iniciação. Muitos grupos ficam felizes em receber novos membros que queiram participar dos sabás (festivais sazonais) e esbás (círculos da Lua), ao passo que outros podem restringir o total envolvimento com o círculo antes da iniciação. Isso ocorre, em parte, porque o conceito de iniciação pode diferir ligeiramente, dependendo do grupo e da tradição wiccana.

Para alguns, o ritual é realizado para provocar mudanças espirituais, enquanto, para outros, serve para celebrar mudanças já vivenciadas e para marcar essas mudanças com compromisso diante da comunidade wiccana e diante do Deus ou da Deusa.

Alguns covens wiccanos britânicos mais tradicionais, sobretudo aqueles que seguem a tradição alexandrina, têm um sistema de graus tripartido no que diz respeito à iniciação. A primeira iniciação é como bruxo/a e sacerdote/sacerdotisa e

Algumas tradições relacionadas à iniciação são muito antigas.

é supostamente supervisionada pela Deusa; a segunda, um ano e um dia depois, é como mago e considerada domínio do Deus; enquanto a terceira é a iniciação como sumo sacerdote/alta sacerdotisa e envolve a conjunção sagrada do Deus e da Deusa. Algumas vezes, as iniciações de segundo e terceiro graus são realizadas ao mesmo tempo. Depois da terceira iniciação como sumo sacerdote/alta sacerdotisa, o iniciado é considerado apto a liderar o próprio coven. Para muitos grupos wiccanos, no entanto, uma iniciação já é o bastante, e a missão é cumprida com uma única cerimônia.

Vários anos atrás, havia um debate na comunidade wiccana sobre a necessidade de atender certas condições para que o bruxo fosse considerado "adequadamente" iniciado. Esse debate envolvia a questão da polaridade de gênero – iniciação de um homem por uma mulher, e vice-versa, para haver a complementariedade das energias. Isso, na verdade, era apenas do interesse dos grupos que insistiam em trabalhar com essa ortodoxia bastante antiquada da divisão "masculino/feminino", mas levou alguns wiccanos a afirmar que, a menos que a iniciação ocorresse de acordo com esse sistema, ela não seria considerada "adequada" e o indivíduo envolvido não poderia ser considerado bruxo! Do mesmo modo, a ideia de que somente aqueles iniciados por outra pessoa poderiam ser considerados devidamente iniciados também estava em pauta. Ambas as ideias são, é claro, absurdas; portanto, fique à vontade para ignorá-las.

A autoiniciação – ato de entrar no círculo sozinho para se dedicar à Deusa e jurar estar disposto a aprender sobre os caminhos dos Sábios – é uma iniciação válida. É muito diferente da iniciação liderada por um grupo, certamente, mas nem por isso é menos genuína, sincera ou eficaz. O relacionamento principal na iniciação é aquela entre o iniciado e a Deusa – não entre o iniciado e o agente humano dessa iniciação.

Se você estiver pensando em se iniciar com o grupo de pessoas com quem trabalha e em quem confia, convém verificar se elas acham que a iniciação será para você ingressar "na Arte" ou "no conven", pois vocês podem estar visando objetivos diferentes. Muitos grupos consideram a iniciação na Arte, pelo grupo, sinal de boas-vidas e de que o iniciado foi aceito como membro, mas essa ideia não é unânime, por isso é melhor verificar como as outras pessoas com quem você trabalha realmente veem essa questão.

Trabalhos em grupo podem ampliar a energia gerada para o feitiço.

Cerimônia de iniciação

O roteiro de uma cerimônia de iniciação muda de acordo com a tradição do grupo e do indivíduo. No entanto, alguns elementos-chave são comuns a todas as cerimônias de iniciação e, a título de exemplo, vou descrever uma delas a seguir. Alguns elementos da iniciação, não podem ser revelados ao público em geral, não porque essa revelação possa acarretar morte ou maldição, ou porque sejam, de alguma forma, moralmente "questionáveis", mas porque alguns aspectos da iniciação só podem ser revelados na ocasião.

Embora, na maioria das vezes, seja melhor que você saiba exatamente o que esperar de um ritual, há uma exceção quando se trata da própria iniciação. Pode ser, por exemplo, que a questão exata proposta a você ao entrar no círculo (p. 228) só seja revelada no momento da iniciação. Isso porque a elaboração antecipada da resposta não promoveria a mesma espontaneidade causada por esse elemento "surpresa" nem permitiria que você ficasse emocional e intelectualmente vulnerável diante da Deusa, como seria necessário. Por isso, se os membros do seu coven forem pessoas sensíveis e bondosas, não há nada a temer caso o elemento surpresa seja incluído em sua iniciação.

Devo enfatizar, porém, que você só deve demonstrar essa confiança se conhecer essas pessoas, confiar nelas e já praticar magia com elas há algum tempo; a regra do "um ano e um dia" é um bom critério a seguir nesse caso. Na tradição alexandrina, a atividade sexual só faz parte da iniciação depois do terceiro grau, e mesmo assim, normalmente, só ocorre entre parceiros que já tenham um relacionamento e estejam passando juntos pela iniciação ou para simbolizar o compromisso entre eles. O "Casamento Sagrado", porém, é representado simbolicamente por um cálice e um athame, não entre pessoas. Se você encontrar alguém que tente convencê-lo de que a iniciação envolve sexo, peça a orientação de pessoas sensatas e lúcidas em que possa confiar na comunidade wiccana. Alguém que desconsidere a tal ponto o significado da Wicca provavelmente não tem o tipo de conhecimento e caráter de que você precisa para orientá-lo na iniciação.

Em todas as iniciações de grupo, o círculo é lançado e os elementos são invocados antes que o iniciado seja convidado a entrar no círculo. É comum que a pessoa a ser iniciada esteja "vestida de céu", ou nua. Isso simboliza a disposição dela em permanecer diante da Deusa como veio ao mundo, sem pretensões ou disfarces. Essa também é uma imitação da jornada da Deusa ao Mundo Subterrâneo, onde obtém o conhecimento dos mistérios da morte. O iniciado fica com os olhos vendados e pode ter um tornozelo amarrado (frouxamente) aos punhos, com cor-

Ingressamos na Arte com um sentimento de amor e confiança.

dões que tenham sua medida (sua altura exata, o tamanho da circunferência do crânio e do peito, na altura do coração). A pessoa é levada através de um "portal" aberto no círculo por um sacerdote ou sacerdotisa, que ficará postado/a no limiar, solicitando a senha e propondo um desafio. A senha para entrar no círculo é simplesmente "amor perfeito e confiança perfeita". O desafio, porém, é uma pergunta, e é raro um iniciado que a saiba de antemão.

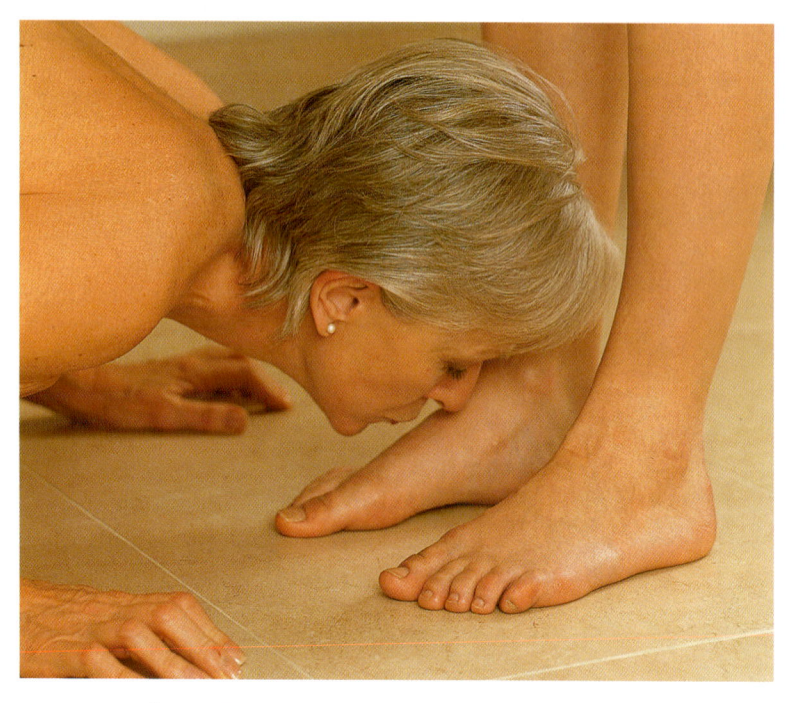

Na Wicca, o iniciador se ajoelha diante do iniciado.

Quando o iniciado cruza o limiar do círculo, é levado ao centro, onde mais perguntas podem ser feitas, uma das quais sobre seu nome mágico. Ele será instruído, por um dos iniciadores, sobre o que significa ser bruxo/a e sacerdote/sacerdotisa e se ajoelhará – pela primeira e última vez – diante da Deusa. Perguntarão se está disposto a sofrer e aprender e, dependendo da resposta, lhe será solicitado que faça o juramento de que será leal aos seus irmãos e irmãs da Arte. Depois, ele será apresentado, ainda de olhos vendados, aos elementos Ar, Fogo, Água e Terra (o Espírito estará presente nos cordões que o prendem). Será oferecido ao iniciado o beijo quíntuplo, que pode assumir a forma de unção com óleo perfumado, em vez de beijo. Para isso, o iniciador deve se ajoelhar diante do iniciado para beijar seus pés ou ungi-lo em cinco lugares do corpo, abençoando cada um deles respectivamente:

Benditos sejam os teus pés, que caminham por caminhos sagrados
Benditos sejam os teus joelhos, que se ajoelharam diante da Deusa
Bendito seja o teu ventre/falo, sem o qual não poderíamos existir
Bendito seja o teu peito, criado em beleza
Benditos sejam os teus lábios, que pronunciarão os nomes sagrados.

Nesse ponto, a venda pode ser removida e o iniciado é apresentado aos presentes, que agora revelam seus nomes mágicos e lhe dão as boas-vindas à Arte e, se for o caso, ao coven. Em alguns casos, podem-se relatar costumes, tradições ou histórias ao bruxo recém-iniciado, e alguns grupos oferecem a ele um presente ou uma celebração.

Essa é a descrição de uma iniciação típica, liderada por um coven. Existem variações, dependendo do grupo e da tradição, e do indivíduo, caso a iniciação seja realizada por ele próprio. Mas o ingrediente principal dessa celebração é o ato de assumir um compromisso com os caminhos dos Sábios e a determinação de aprender.

O Coven e o trabalho em grupo

O coven geralmente se reúne para lançar círculos na Lua cheia ou em outras fases da Lua – como nos esbás – e para celebrar os sabás. Alguns covens antiquados ainda têm um sumo sacerdote ou alta sacerdotisa, embora muitos prefiram que esses papéis sejam representados pelos membros mais experientes do grupo, num rodízio, ou o dispensem totalmente, caso o grupo esteja organizado de forma não hierárquica.

Há muitos benefícios em pertencer a um grupo, entre eles o leque de habilidades, conhecimentos e conselhos com que o recém-chegado pode contar. Geralmente, cada membro do coven tem uma especialidade em particular, embora possa ter uma gama razoável de conhecimento da Arte. Os outros membros do grupo podem recorrer a esses "especialistas" para ter aconselhamento mais específico. Isso não significa que sejam vistos, por exemplo, como o "herbalista", "o astrólogo" ou "a autoridade em Wicca" do grupo; a

O trabalho em grupo requer que se compartilhem dons e conhecimentos.

O COVEN E O TRABALHO EM GRUPO

maioria dos bruxos é tão curiosa sobre os diferentes aspectos da Arte que pode ter mais de uma especialidade!

Nos trabalhos dentro do círculo, os membros têm papéis diferentes – por exemplo, um oficiante para cada quadrante – e fazem rodízio a cada círculo. Às vezes, os papéis atribuídos ou escolhidos têm a ver com o estágio de aprendizado dessa pessoa na Arte. Em alguns casos, esses papéis são atribuídos por sorteio. Alguns covens têm coordenadores que aconselham as pessoas sobre o que precisa ser feito e organizado, em vez de simplesmente delegar tarefas.

Os covens requerem compromisso e o cultivo de senso de comunidade com aqueles com quem você vai gerar poder e realizar rituais e magias. Vocês acabam se acostumando com a "vibração" uns dos outros, à medida que trabalham juntos, e essa sintonia, às vezes, é descrita como "mente grupal". Isso significa se unir ao Todo, em vez de renunciar à própria individualidade em favor do grupo. Os covens que funcionam melhor são aqueles em que as pessoas participam de todas as reuniões, em vez de se sentirem desencorajadas a fazer isso.

Não há espaço para o ego no coven, porque todos nós somos aprendizes até o dia em que morrermos, e os verdadeiramente sábios sabem disso ou, pelo menos, começam a perceber esse fato no momento em que começam a trabalhar em grupo. Como a Wicca é a religião em que o iniciador se ajoelha diante da pessoa que está sendo iniciada, e não o contrário, deve ser óbvio que os bruxos abordam a aprendizagem de maneira muito particular. Aceitamos que, por mais experiente que a pessoa seja, sempre há algo novo a aprender; e, muitas vezes, aprendemos mais com aqueles a quem oferecemos nosso conhecimento e nossa experiência que vice-versa.

A razão pela qual alguns bruxos gostam de trabalhar em grupo pode ser encontrada em "O Chamado da Deusa", cujas palavras são proferidas por um sacerdote ou sacerdotisa escolhidos na abertura do esbá, para nos lembrar quem é a Deusa e quem somos. Aqueles de nós que preferem trabalhar com outros bruxos sentem todo o poder desse "Chamado" quando o proferem na presença de nossas irmãs e irmãos da Arte. Esse ato confirma que somos uma comunidade de fé, nos lembra de que não estamos sozinhos e que, ao nos reunirmos, somos unidos pela própria Deusa. Para alguns bruxos, o compromisso com um coven, o trabalho em grupo e o apoio mútuo nos lembram dos ideais que almejamos.

"O CHAMADO DA DEUSA"

Sempre que precisarem de mim, na época do mês em que a Lua estiver cheia, reúnam-se e me reverenciem, pois sou a Rainha de toda a Bruxaria. Reúnam-se todos vocês que queiram aprender; para vocês vou ensinar coisas que ainda são desconhecidas. Vocês estarão livres de toda escravidão e, como sinal de que estão livres, se alegrarão em seus ritos... pois meu é o êxtase do espírito e minha é a alegria na Terra, porque a minha lei é o amor a todos os seres...

[...] Mantenham seus ideais mais elevados e não deixem nada detê-los ou desviá-los. Meu é o segredo da porta para a juventude e meu é o cálice da vida, o Caldeirão de Cerridwen, que é o Graal da Imortalidade...

[...] Eu sou a Deusa que concede a dádiva da alegria ao coração mortal. Na Terra, propicio conhecimento do Espírito eterno e, além da morte, dou paz e liberdade e união com aqueles que se foram primeiro. Nem exijo sacrifício, porque sou a Mãe de todos os que vivem e meu amor se derrama sobre a Terra.

Organização do coven

É comum que os covens se encontrem para lançar o círculo pelo menos uma vez por mês, nos esbás. Quando há um sabá no mesmo ciclo da Lua, geralmente o coven se reúne duas vezes nesse mês. No entanto, se o sabá cair na Lua cheia, alguns grupos optam por não celebrar o esbá nesse ciclo. Covens maiores também podem se organizar para lançar círculos com a presença de apenas alguns membros, como treinamento para os recém-chegados. É comum que os covens sejam convocados para fazer trabalhos de cura a distância ou quando há uma crise ou emergência envolvendo um membro do grupo. Em geral, se você estiver trabalhando com um coven, é provável que vocês se reúnam, em média, uma vez a cada quinzena. Claro que isso é apenas uma estimativa — as preferências e práticas dos diferentes covens variam muito.

Os esbás são, por tradição, rituais praticados na Lua cheia. Os covens, em geral, os realizam todos os meses, embora alguns prefiram celebrar diferentes fases da Lua ocasionalmente. O objetivo principal da celebração do esbá em grupo é celebrar e reverenciar as divindades, promover o desenvolvimento espiritual e as habilidades mágicas e ritualísticas e gerar energia para lançar feitiços. Consulte o quadro (à direita) para conhecer o roteiro típico de um esbá.

ESBÁ TÍPICO

- Meditação/abertura dos chakras
- Purificação do espaço ritual com sal e água
- Lançamento do círculo
- Dar boas-vindas aos elementos e acender as velas
- "O Chamado da Deusa"/declaração de intenções/ boas-vindas ao esbá
- Leituras/apresentações e informações sobre a estação/fase da Lua
- Visualização orientada/trabalho de desenvolvimento
- Geração de energia, lançamento dos feitiços
- Bolos e cerveja
- Agradecimento aos elementos
- Dispersão do círculo

A preparação do espaço sagrado nos deixa prontos para o ritual.

Os sabás seguem roteiro semelhante, mas acrescentam elementos ritualísticos associados à estação: por exemplo, a dança em volta do mastro, em Beltane. Normalmente, a energia gerada no sabá é direcionada àqueles que solicitaram algum tipo de cura, não para feitiços específicos. Estes costumam ser lançados nos esbás ou em círculos lançados especificamente para esse fim.

Os oficiantes e os papéis para todos os tipos de ritual são decididos com antecedência, por isso a maioria dos membros faz reuniões administrativas, além de realizar encontros para lançamento do círculo. Como já mencionado, existem várias maneiras de atribuir funções, mas normalmente estas são distribuídas entre os membros do círculo, num revezamento.

Além de participar dos círculos do grupo, os membros do coven podem lançar um círculo individual para o autodesenvolvimento e para lançar feitiços. Às vezes, dois ou três membros optam por trabalhar juntos uma vez ou outra ou fazer disso uma rotina, além de participar das reuniões do coven.

Outros optam por trabalhar com wiccanos que não pertencem ao coven — e isso é perfeitamente aceitável. O que o coven nunca deve fazer é restringir o trabalho em círculo dos membros somente às reuniões do coven — o compromisso deles é

A filiação a um coven requer consentimento, discrição e confidencialidade.

se reunir e trabalhar com o coven nos horários combinados, mas isso não dá ao coven direito exclusivo sobre os membros.

O que é muito importante, no entanto, é que o coven possa confiar nos seus membros no que diz respeito a questões confidenciais relacionadas ao grupo. Isso significa não revelar a pessoas de fora nada sobre o trabalho em grupo, incluindo o nome daqueles que pertencem ao coven. Embora as coisas estejam melhorando para pagãos e bruxos em algumas partes do mundo, os bruxos nem sempre querem divulgar o fato de que são bruxos. Ninguém deve se considerar em posição de julgar se outro bruxo não quiser que você revele a religião ou as práticas dele a outras pessoas sem sua permissão expressa. Manter a prática do coven em segredo é questão de discrição e de saber quando ficar calado. Independentemente de qualquer coisa, o costume de se gabar, mesmo que para outros bruxos, do que seu coven fez na semana anterior provavelmente vai dissipar o poder que vocês conseguiram gerar, além de irritar os outros membros do coven!

Os covens são uma associação consensual, e esse consentimento vai além da decisão inicial de participar do grupo. Você pode sair a qualquer momento, mas o coven esperará que tenha discrição e respeite a confidencialidade, da mesma maneira que esperava quando você era membro. A exceção, obviamente, é quando você tem sérias preocupações sobre algumas práticas do coven do ponto de vista ético. Nesse caso, fale com um membro confiável e respeitado da comunidade wiccana para receber aconselhamento. Era costume, antigamente, que o coven mantivesse as "medidas" do bruxo na iniciação, a fim de garantir seu silêncio. Isso remonta aos tempos sombrios em que uma traição poderia significar prisão ou até tortura e morte para outras pessoas.

Como essas "medidas" estão intimamente ligadas ao espírito do bruxo, nenhum bruxo ousava enganar alguém que possuísse algo que pudesse ser usado contra ele na magia. Atualmente, os covens devolvem as "medidas" ao iniciado, geralmente com as palavras: "Você é livre para ir se seu coração quiser levá-lo". Deixe o coven se você sentir que é o melhor a fazer, mas faça isso amigavelmente e com o coração grato. Você tem o direito de ir embora, sem ser criticado por isso.

A cozinha do coven

É importante comer ou beber algo depois do trabalho no círculo, mesmo que seja apenas um gole de suco e um bocado de pão, passado de mão em mão, na hora do ritual dos "bolos e da cerveja". Mas, se seu grupo tem a sorte de ter uma cozinha ou um local onde preparar comida, uma refeição comunitária pós-círculo pode ser muito agradável! Vocês podem elaborar o próprio cardápio, pesquisando quais pratos são associados aos festivais, porém as receitas a seguir o ajudarão a começar. O ensopado é melhor que seja preparado numa panela grande ou numa fogueira, se você e seu coven estiverem num acampamento.

BISCOITINHOS DA LUA

Rende até 24 unidades

Ingredientes

- 125 g de margarina
- 50-75g de açúcar Demerara
- 3 gotas de essência de baunilha
- 125 g de farinha de aveia
- 125 g de farinha de trigo integral
- um pouco de leite de soja para umedecer

Preparação

1 Bata a margarina até obter uma pasta cremosa, adicionando o açúcar e a baunilha.

2 Misture a farinha de aveia e adicione a farinha de trigo aos poucos, umedecendo ligeiramente a massa com o leite, até obter consistência mais firme.

3 Polvilhe a farinha numa superfície; com um rolo de macarrão, abra a massa até obter espessura de aproximadamente 5 mm.

4 Usando um cortador de biscoito em forma de lua crescente, corte 24 biscoitos; coloque-os numa assadeira untada e enfarinhada, depois asse no forno pré-aquecido a 180 °C, por 12 a 15 minutos, ou até que fiquem firmes e dourados.

5 Deixe os biscoitos esfriarem completamente antes de guardá-los num pote.

ENSOPADO DO CÍRCULO

Para satisfazer aos wiccanos com muita fome, sirva este ensopado com cuscuz, arroz ou pedaços de pão integral.

Serve até 13 pessoas

Ingredientes

- 30ml (2 colheres de sopa) de azeite
- 10 dentes de alho grandes picados
- 5 cebolas grandes picadas
- 10 paus de canela
- 1 colher de chá de pó de pimenta chili
- 4 colheres de chá cheias de açafrão
- 8 cenouras grandes picadas
- 8 mandioquinhas grandes, cortadas em fatias
- 8 batatas grandes, cortadas em oito pedaços
- 2,5 quilos de tomate picado
- 3 colheres de sopa cheias de purê de tomate
- 2,1 litros de caldo de carne feito com cubos de caldo de carne vegano
- 1 colher de chá de sal com baixo teor de sódio
- 8 abobrinhas grandes, cortadas em fatias grossas
- 700 g de cogumelos frescos picados

Preparação

1 Aqueça o óleo numa panela grande, depois refogue o alho e a cebola e adicione os temperos.

2 Quando as cebolas estiverem transparentes, adicione as cenouras, as mandioquinhas e as batatas picadas, mexendo para não grudarem na panela.

3 Adicione os tomates, o purê de tomate, o caldo de carne e o sal.

4 Deixe ferver, tampe e cozinhe por 20 minutos ou até as cenouras e as mandioquinhas estarem cozidas.

5 Adicione as abobrinhas e os cogumelos e deixe cozinhar por mais 10 minutos.

Como trabalhar com o elemento Fogo

O Fogo é usado nos trabalhos dentro do círculo em forma das velas que acendemos para reverenciar os elementos; das velas e lamparinas que enfeitam nossos altares; e das velas que costumam iluminar o espaço dos nossos rituais. Usamos também varetas de incenso, cones ou discos de carvão, sobre os quais espalhamos uma combinação de incensos em pó. É importante, portanto, garantir que os membros do coven saibam usar o elemento Fogo com segurança.

Uma boa ideia é deixar sempre à mão, na sala de rituais, um cobertor antichama e um extintor. É improvável que você vá usá-los, mas é melhor prevenir que correr o risco de provocar acidentes perigosos. Se seu coven trabalha em ambientes fechados, todos devem saber o que fazer em casos de emergência. Essas providências devem incluir a evacuação segura de todos do prédio e o conhecimento dos melhores pontos de saída. Se as portas ficarem trancadas durante os rituais, verifique se todos sabem onde estão as chaves. Se túnicas forem utilizadas durante os rituais, verifique se o tecido usado não é inflamável e evite que mangas e bainhas fiquem muito perto da chama das velas.

Velas acesas nunca devem ficar sem supervisão.

Muitos trabalhos de magia requerem o uso de velas. Uma das maneiras de usar fogo em feitiços é ungir uma vela com óleo consagrado de baixo para cima, de cima para baixo e depois da parte inferior até a metade da vela. Ao fazer isso, você deve pensar na intenção do feitiço. Quando a vela é acesa, a cera derrete, liberando, na grande teia, toda a energia e intenção com que você impregnou a vela.

Outro método de usar o Fogo como parte do trabalho de magia é ter uma *balefire*, fogueira ritualística. Se você trabalha ao ar livre, pode optar por queimar materiais naturais e cavar um buraco para fazer a fogueira, mantendo um balde de areia ou água por perto, por segurança.

Se você tem um grande caldeirão de ferro, uma alternativa é fazer uma fogueira dentro dele, colocando-o sobre pedras grandes, para mantê-lo longe do chão. Se usar uma mistura de álcool puro e sal amargo, ela vai produz uma bela chama azul. Se tem algo de que deseja se livrar – um mau hábito, por exemplo –, anote-o numa folha de papel, dobre a folha, concentre-se em eliminar esse hábito e jogue o papel no fogo. Você pode conseguir efeito mais dramático se usar um cubo de gelo para representar algo de que queira se livrar – jogue-o nas chamas e veja o que acontece!

O fogo é um recurso muito útil nos trabalhos de magia.

COMO TRABALHAR COM O ELEMENTO FOGO

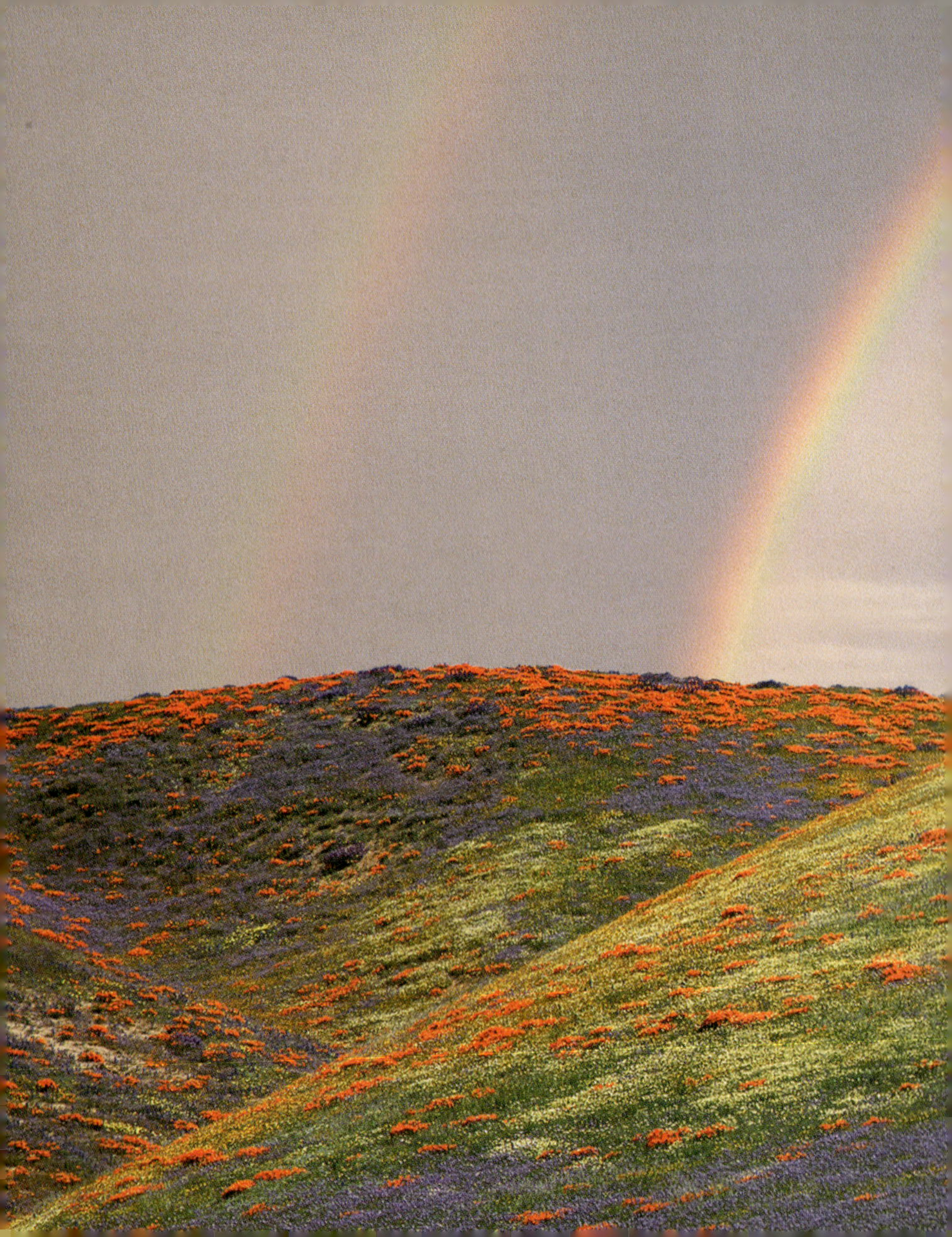

MAGIA

Como a magia funciona

Se praticar magia por alguns anos, isso lhe dará maior compreensão da Arte que a leitura de qualquer livro sobre o assunto. Lanço feitiços há décadas, e a experiência aprofundou muito meu sentimento do que seja a magia. Às vezes, consigo sentir intuitivamente se um feitiço cumprirá seu propósito enquanto o estou lançando e, às vezes, vejo-o se confirmando algum tempo depois, nos acontecimentos do dia a dia. Mas até hoje fico encantada ao constatar a maneira como a magia funciona e espero que isso continue acontecendo até minha partida para as Terras do Verão! Há várias teorias sobre como a magia funciona, e você pode achar útil conhecer algumas delas e testá-las por si mesmo.

Muitos bruxos acreditam que toda a existência está conectada. Essa conexão é visualizada como uma teia multidimensional, cujos fios fazem parte do mistério do elemento Espírito, que é a força que mantém essa conexão.

A melhor maneira de entender isso é imaginar o Espírito como o elemento conector de uma teia – o nó que mantém os fios da teia unidos

A magia vem de tradições antigas, escritas e orais.

num determinado padrão. O fio é a parte física da teia, mas não é a teia propriamente dita, a não ser pela maneira como os fios são entrelaçados. Embora o fio seja palpável e possa ser sentido fisicamente, seja ele parte integrante ou não de uma rede, a conexão – parte tão essencialmente Espírito – não pode. Isso, porém, não faz dela algo menos real; na verdade, pode-se dizer que a conexão é o aspecto definidor da teia. É assim que vemos a magia.

Lançar um feitiço, com base nessa visão de mundo, é tecer um novo padrão nessa teia. Quando realizamos rituais, trabalhamos com a natureza, tecendo, no fluxo da vida, um padrão que mais adiante produzirá mudanças. Muitos de nós consideram o praticante de magia um "criador de padrões", o que facilita a compreensão de como funcionam os feitiços e a divinação. Essas atividades estão aparentemente em extremos opostos do processo de criar padrões: o primeiro cria padrões, e o segundo interpreta esses padrões. No entanto, eles estão interconectados.

Usamos a teia para efetuar mudanças, lançando mão de símbolos para enviar sinais ao nosso eu mais profundo – mais conhecedor e próximo do Espírito e do Deus ou da Deusa. Trabalhamos no círculo, espaço sagrado entre os mundos, para atrair fios da grande teia e tecê-los de acordo com nossa vontade, antes de enviá-los de volta ao éter, com outro padrão.

Alguns praticantes acham que magia é efetuar mudanças de acordo com a própria vontade – visão disseminada por Aleister Crowley, um dos primeiros magos do século XX. No entanto, a maioria de nós que trabalha com magia regularmente, e de acordo com a ética wiccana, sente que causamos mudanças na consciência de acordo com nossa vontade – teoria apresentada originalmente por Dion Fortune, eminente e influente ocultista britânica, contemporânea de Crowley. A questão das mudanças na consciência é um aspecto vital de se realizar magia e rituais.

Quando entramos no círculo para fazer magia, precisamos nos preparar. Isso inclui deixar de lado as preocupações cotidianas que desviam nossa atenção. Não estou dizendo que precisamos esquecer todas as nossas preocupações cotidianas; só não podemos deixar que nos distraiam da tarefa em questão. É por isso que o coven faz uma preparação antes do trabalho no círculo, deixando de lado os papéis e os fardos que usamos e carregamos no mundo exterior, ativando nossos pontos de energia. Nós nos preparamos para mudar nosso estado de consciência, com o intuito de caminhar entre os mundos, tecer nossos padrões e enviá-los à grande teia. Precisamos mudar a nós mesmos antes de podermos mudar qualquer coisa no mundo ao nosso redor, e, quanto mais prática adquirimos, mais facilidade temos para entrar nesse estado.

À medida que você se tornar mais habilidoso no trabalho de magia e de feitiços, começará a reconhecer os diferentes níveis de energia no círculo e a maneira como estes se alteram no decorrer de um ritual. Mudanças provocadas por atos mágicos, quando manifestadas, causam também mudança na consciência, e assim o ciclo de mudanças continua. Você passará a identificar isso conforme adquirir experiência.

Grupo concentrado na preparação de um feitiço.

COMO A MAGIA FUNCIONA

Princípios, leis e ética

Existe um princípio, na magia, conhecido como Lei Tríplice ou do Triplo Retorno. Segundo ele, tudo o que você faz volta para você multiplicado por três. Na verdade, essa é apenas uma maneira poética de dizer que suas ações têm consequências – boas ou ruins –, por isso você precisa pensar antes de agir. Esse princípio é muito citado, em benefício de alguns jornalistas e seu público leitor, na tentativa de dissipar o mito sobre a existência de bruxos que "abusam" do poder de lançar maldições. Afinal, por que um bruxo desejaria mal a alguém se isso volta para ele três vezes pior? É uma questão de bom senso alertar as pessoas sobre as consequências de suas ações e lembrá-las de pensar duas vezes antes de decidir o que é realmente necessário. A Lei Tríplice não é uma "lei" inflexível, segundo a qual o que você envia volta para você literalmente multiplicado por três – quando ofereço um buquê de flores a alguém, não recebo três buquês de volta! No entanto, meus gestos de bondade tornam este mundo melhor, mesmo que em dose ínfima, e eles retornam para mim ao menos por meio da consciência de saber que a bondade torna possível um mundo melhor. Em suma, a "Lei" do Retorno é uma verdade espiritual e uma orientação ética.

Parece haver uma série de "leis" no mundo do esoterismo, cada uma delas reivindicando ser uma das três, sete ou nove leis "definitivas" da magia. Primeiro, saiba que elas não são definitivas; segundo, algumas delas são absurdas; terceiro, a mais sensata de todas resume todas as outras: não cause nenhum mal. Você não pode nem deve tentar mudar a vontade do outro por meio da magia. A única vontade que pode mudar é a sua própria. Os bruxos tendem a ouvir perguntas da pessoa que busca ajuda

MAGIA

por meio da magia, e depois fazemos perguntas a ela antes de agir. Ouvimos a pessoa e fazemos perguntas para saber exatamente o que é necessário. Uma pessoa que nos pede para lançar uma maldição no chefe cruel será aconselhada a procurar o sindicato para obter ajuda prática e dentro da lei, e receberá a oferta de um trabalho de cura para ajudar a lidar com o efeito que o *bullying* está exercendo sobre ela. Antes de lançar um feitiço, nós nos perguntamos se o que estamos pedindo através da magia é necessário – esse é um bom critério em que se basear.

A bruxa direciona energia para lançar seu círculo.

PRINCÍPIOS, LEIS E ÉTICA

Feitiços mais populares

Os seres humanos não vêm acompanhados de um manual de instruções sobre os cuidados ou a alimentação que devem receber, mas sabemos que todos já nascem com algumas necessidades básicas. Precisamos de abrigo, alimento, calor, saúde, um propósito na vida e amor. Os feitiços que costumam ser mais solicitados refletem justamente isso, e, nesta seção, você encontrará aqueles que atendem a essas necessidades muito humanas.

No topo da lista dos feitiços mais populares estão aqueles relacionados ao amor e à vingança. Nos dois casos, explicamos às pessoas que nos procuram por que não podemos dar a elas o que querem e, em seguida, oferecemos outra maneira de olhar a situação. No caso do amor, não podemos direcionar nossa magia para

Ouvindo atentamente a pessoa que nos procura e fazendo as perguntas certas, identificamos o que é realmente necessário.

Os feitiços de amor estão entre os que as pessoas mais solicitam aos bruxos.

uma pessoa em particular; não podemos interferir no livre-arbítrio do outro, nem faríamos isso. Se a pessoa estiver pronta para que o amor faça parte da vida dela, então o feitiço das pp. 254-55 é a resposta. Se ela está obcecada por uma pessoa em particular, porque acha que a atenção dela a faz se sentir melhor consigo mesma, o problema é a baixa autoestima. Nesse caso, o melhor a fazer é melhorar a autoimagem da pessoa, e isso pode exigir um feitiço de cura (pp. 252-53).

Existem vários métodos para fazer magia. Você encontrará várias dicas sobre isso nas pp. 266-67 e 270-77. Todos os feitiços deste capítulo se baseiam na magia simpática – igual representando igual, através do uso de símbolos –, tipo mais comum usado na Wicca. Antes de iniciar qualquer feitiço, é altamente recomendável que você siga as recomendações das pp. 268-69, que ensinam um método popular de preparação para rituais e magias. (Alguns aspectos dessa preparação já foram explicados no capítulo sobre Visualização, particularmente nas pp. 138-39.)

Os feitiços foram escritos para serem lançados por uma só pessoa, mas podem ser facilmente adaptados para o trabalho em grupo. Todos devem ser realizados dentro de um círculo, nos qual os elementos foram invocados antes do início dos trabalhos. Depois de qualquer feitiço, feche desde o chakra do Sacro até o do Terceiro Olho, deixando os chakras da Base e o da Coroa ligeiramente abertos. Coma e beba alguma coisa depois de lançar o feitiço, pois isso o ajudará a se "aterrar" e a voltar ao estado cotidiano de consciência. Todas as velas devem queimar completamente sob supervisão, salvo indicação em contrário.

Feitiço de cura

A cura assume muitas formas e serve a muitos propósitos, mas esteja ciente de que a magia de cura não cura doenças terminais nem faz milagres; lembre-se de que estamos trabalhando com o fluxo da vida, não contra ele. Se aqueles que sofrem com doenças terminais ou crônicas sentem que se beneficiarão da energia de força, calma e serenidade enviada a eles, então essa é a cura que podemos lhes enviar. Às vezes, os feitiços têm resultados notáveis, mas a verdade é que não podemos mudar algumas coisas. Porém, se pudermos oferecer alguns benefícios, então é isso o que fazemos.

FEITIÇO

Ocasião ideal

Como esse feitiço se destina à cura, lance-o na Lua cheia. Domingo, dia regido pelo Sol, é o dia mais auspicioso, mas dê prioridade à fase da Lua.

Preparação

Antes de lançar este feitiço, procure identificar o que é, de fato, necessário. Resuma isso do modo mais simples possível, para que você possa focar a questão mais básica e concentrar a energia onde ela é mais necessária.

Ingredientes

- Vela azul, 20 cm
- Fósforos
- Pincel fino
- Quadradinho de papel
- Tinta vermelha de aquarela
- Tigela pequena com água

Como lançar o feitiço

1 Acenda a vela dizendo: "Bem-vindo, elemento Água, patrono da cura e da limpeza. Testemunhe e produza as mudanças que promovo em seu nome".

2 Pinte um "x" vermelho no centro do papel dizendo: "Eu te nomeio a dor/o medo/a preocupação de [nome da pessoa].

3 Segure o papel diante de você com as duas mãos e concentre-se no "x". Imagine o problema encapsulado dentro desse símbolo.

4 Agora, coloque o papel na tigela com água e agite-o para a tinta se dispersar na água. Enquanto isso, diga: "Disperso agora esta dor. Vá embora e suma daqui!".

5 Quando o "x" for só uma leve mancha, pegue o papel, amasse-o e jogue-o fora.

6 Derrame a água na terra logo após terminar dizendo: "Que assim seja!"

Feitiço de amor

Este feitiço é adequado para a pessoa que está pronta para o amor. É sinal de que ela está num momento da vida em que um romance é bem-vindo. Será mais eficaz se a própria pessoa que deseja um novo amor realizá-lo. Caso não seja possível, é perfeitamente aceitável que outra pessoa lance o feitiço por ela, desde que ela esteja convencida de que essa pessoa está preparada para confiar seu desejo ao Espírito. De qualquer forma, a pessoa que solicita a magia é que deve providenciar os cristais que serão usados.

FEITIÇO

Ocasião ideal

Lance este feitiço na Lua crescente, de preferência numa sexta-feira, dia regido pela adorável Vênus.

Preparação

Deixe ao luar a água deste feitiço, antes de lançá-lo. Na magia, a Lua é patrona das marés, e esse feitiço pede que o amor chegue no momento certo.

Ingredientes

- Vela vermelha, 20 cm
- Fósforos
- Quartzo rosa pequeno
- Quartzo transparente pequeno
- Cálice ou copo
- Água, 125 ml
- Tecido vermelho, 25 cm quadrado
- Cordão, 60 cm de comprimento

Como lançar o feitiço

1 Acenda a vela vermelha dizendo: "A paixão queima brilhante como a Lua a me iluminar. Ela vai me trazer agora alguém para me amar".

2 Segure o quartzo rosa com uma mão e o quartzo transparente com a outra e visualize-se caminhando à beira-mar. Um novo amor caminha por entre as ondas na sua direção. Enquanto vocês se aproximam, junte as mãos e transfira a pedra transparente para a mão que segura o quartzo rosa.

3 Coloque as pedras no cálice e despeje a água dizendo: "Que a luz da Lua me traga a dádiva que desejo. Banhada pela maré e abençoada pelo fogo".

4 Esse "fogo" é a chama da vela que deve queimar até o fim.

5 Deixe as pedras no cálice por três dias, depois enrole-as no tecido vermelho, amarre o tecido com o cordão e leve essa trouxinha com você por um ciclo da Lua completo.

Feitiço da prosperidade

Nos dias de hoje, a prosperidade tende a ser associada à riqueza econômica e à abundância de bens. No entanto, nas sociedades antigas, a palavra "prosperidade" tinha significado diferente, que vale a pena conhecermos. Ser próspero significava ser feliz, por ter o suficiente para suprir as próprias necessidades, fossem elas materiais, emocionais ou espirituais.

Se você está pensando em lançar este feitiço, certifique-se de que está pedindo prosperidade no sentido mais antigo, ou seja, está pedindo aquilo que é necessário para você ser feliz. Não importa se é dinheiro, saúde, amor ou qualquer outra coisa que, neste momento, esteja faltando em sua vida.

FEITIÇO

Ocasião ideal

Lance este feitiço na Lua crescente, para ter prosperidade, e numa quinta-feira, regida pelo generoso Júpiter.

Preparação

Observe que, sobretudo nos casos dos feitiços para a prosperidade, os versos entoados (pois esse é o método usado neste feitiço) tendem a funcionar melhor se você se concentrar apenas no resultado e deixar que a teia da magia defina a maneira pela qual vai conseguir o que quer. Procure se concentrar no resultado que deseja e não fique tentado a imaginar como isso vai acontecer.

Ingredientes

- Vela verde, 20 cm
- Fósforos
- Pão, migalhas bem pequenas
- Leite, 3 gotas
- Açúcar, 1 colher de chá
- Uma teia de aranha natural ou artificial
- Pires

Como lançar o feitiço

1 Acenda a vela dizendo: "Deusa da Terra, Deusa do Fogo, prosperidade em minha vida é o que hoje lhe rogo".

2 Deixe o pão de molho no leite, depois passe as migalhas no açúcar e coloque tudo dentro da teia.

3 Segure a teia e o pão nas mãos em concha e visualize o resultado desejado ao entoar: "Com este feitiço que já lancei, bem mais próspero fiquei!".

4 Quando sentir que já entoou os versos por tempo suficiente para que seu desejo fique impregnado na massa de pão açucarada e na teia, coloque tudo no pires.

5 Deixe a vela queimar em segurança até o fim, depois enterre a massa na terra — de preferência num jardim ou numa floreira, no dia seguinte, assim que possível.

Feitiço para conseguir emprego ou promoção

Este feitiço versátil pode ser usado para você conseguir um emprego ou progredir na carreira. Também pode ser útil se você está prestando vestibular ou pleiteando um estágio ou trabalho voluntário que lhe interesse.

Ele invoca o Ar, elemento da comunicação, pois o progresso profissional, muitas vezes, depende de como você comunica suas habilidades e aspirações. Naturalmente, ao fazer a magia, presume-se que você esteja qualificado para a vaga ou promoção para a qual está se candidatando; a magia não pode lhe dar algo para o qual você não tem preparo.

FEITIÇO

Ocasião ideal
Lance este feitiço na Lua crescente, para manifestar seu desejo, numa quarta-feira, dia dedicado a Mercúrio, planeta da comunicação.

Preparação
Este feitiço vem acompanhado de uma advertência: "Não prejudique ninguém". Embora esse conselho sirva para qualquer feitiço, neste caso é muito importante que você reflita se esse é o cargo certo e o momento certo, tanto para você quanto para aqueles com quem você está trabalhando ou vai trabalhar.

Ingredientes
- Vela amarela, 20 cm
- Fósforos
- Disco de carvão
- Prato à prova de fogo
- Resina de benjoim, ½ colher de chá

- Sementes de lavanda, ½ colher de chá
- Lentilhas, 3

Como lançar o feitiço

1 Acenda a vela dizendo: "Mercúrio, deus da comunicação e da versatilidade, peço que testemunhe e atenda agora a minha vontade".

2 Acenda o disco de carvão no prato à prova de fogo e, quando estiver em brasa, coloque sobre ele a resina de benjoim dizendo: "Me traga sucesso sem que isso prejudique ninguém".

3 Em seguida, polvilhe a lavanda sobre o prato dizendo: "Realize meu desejo sem que isso prejudique ninguém".

4 Pressione as lentilhas entre as palmas das mãos e visualize o resultado desejado. Respire fundo, impregnando a sua vontade nas lentilhas e expirando sobre elas.

5 Coloque as lentilhas sobre o disco de carvão e deixe que queimem completamente.

6 Antes do amanhecer do dia seguinte, enterre as cinzas frias sob uma árvore com flores ou um vaso de plantas.

Feitiço da fertilidade

As bruxas de aldeia e os curandeiros, por serem, respectivamente, as parteiras e os responsáveis por vestir o corpo dos mortos, estavam intimamente ligados aos ritos de passagem. Ainda hoje, pedem-se aos bruxos amuletos e feitiços para promover a fertilidade das mulheres. Embora a fertilidade tenha muitos significados não relacionados à gravidez, este feitiço foi elaborado especificamente para ajudar um casal a conceber — e quero enfatizar que ele se aplica a casos em que não há razões físicas para que o casal não consiga conceber —, mas pode ser adaptado para promover a fertilidade em outras áreas, como a bênção para uma lavoura, um jardim ou um projeto.

FEITIÇO

Ocasião ideal

As melhores fases são a Lua cheia e crescente para a fertilidade e o crescimento; e o melhor dia é a segunda-feira, pois sua regente, a Lua, rege questões de gravidez e parto.

Preparação

Lance este feitiço ao ar livre, num gramado, de preferência logo após o amanhecer; por questão de segurança, você pode levar um amigo para assistir e garantir que não será perturbado.

Ingredientes

- Vela de *réchaud*, branca ou verde
- Uma agulha
- Fósforos
- Pote de vidro transparente
- Milho maduro, 9 espigas
- Óleo essencial de patchouli, 3 gotas
- Tecido verde, 10 cm, quadrado
- Cordão preto, 60 cm

Como lançar o feitiço

1 Usando a agulha, inscreva na superfície da vela um triângulo invertido atravessado ao meio por uma reta horizontal enquanto diz: "Deusa da Terra, que neste ventre a semente se encerre".

2 Agora inscreva uma Lua crescente dizendo: "Deusa da Lua, que neste ventre o grão evolua". Acenda a vela e coloque-a no pote de vidro.

3 De frente para o sol, segure o milho nas mãos em concha dizendo: "Deusa do Fogo, aqueça essa vida, agora te rogo".

4 Coloque o milho no centro do tecido e o unja com o óleo de patchouli. Junte as quatro pontas do tecido e amarre-as com o cordão. Coloque a trouxinha no centro do círculo e dance ou ande em torno dele nove vezes *deosil*; se tiver problemas de mobilidade só entoe as três frases entre aspas três vezes cada.

5 Essa trouxinha deve ficar com a mulher que deseja a gravidez, para que durma com ela todas os noites, pelas três luas seguintes.

Feitiço de proteção

Às vezes, precisamos nos sentir seguros e protegidos da hostilidade, da inveja ou do ódio de outras pessoas. Porque, quando nos "abrimos" para a Arte, nos tornamos mais sensíveis à atmosfera ou à energia dessas pessoas, por isso é bom renovarmos nossa "proteção" regularmente. Isso não significa que devemos nos isolar do mundo – em muitos casos, lidar com situações e pessoas desagradáveis faz parte da vida –, mas convém ter um escudo protetor para filtrar as emoções ruins que podem ser direcionadas a nós. Se não nos protegermos até certo ponto, podemos absorver a depressão, o pessimismo e a negatividade que está no ar e ficar doentes. Este feitiço é um antídoto para essa tendência.

FEITIÇO

Ocasião ideal

Lance este feitiço na Lua Negra, de preferência num sábado, regido por Saturno.

Preparação

Antes de lançar o círculo, verifique se o carvão está aceso no prato à prova de fogo. Misture o óleo carreador e o óleo essencial de cipreste.

Ingredientes

- Disco de carvão
- Prato à prova de fogo
- Óleo carreador, 1 colher de chá
- Óleo essencial de cipreste, 3 gotas
- Vela preta, 20 cm
- Fósforos
- Sementes de zimbro secas, 8
- Sal num saleiro de orifício único

4 Coloque a mão do poder (aquela com a qual você escreve) no coração e diga: "A proteção da Deusa Tríplice reside dentro de mim".

5 Sente-se dentro do círculo de sal, concentre-se na chama da vela e visualize um escudo de proteção dentro e ao seu redor, até que se sinta seguro e confiante. Sopre o círculo de sal e deixe que a vela queime com segurança.

Como lançar o feitiço

1 Unja a vela com a mistura de óleos, esfregando-a primeiro de baixo para cima, depois de cima para baixo, depois de baixo para cima até metade da vela.

2 Acenda a vela dizendo: "Lilith da Lua Negra, Hécate na encruzilhada, Kali do limiar".

3 Coloque as sementes no carvão em brasa. Despeje um único anel de sal no chão ao seu redor e ao redor da vela e do incenso dizendo: "Fico dentro da proteção da Deusa Tríplice".

Feitiço de banimento

O feitiço de banimento não faz ninguém desaparecer de sua vida, embora seja tentador fantasiar que isso é possível, quando alguém está nos causando sofrimento. Ele serve para dissipar um mau comportamento e substituí-lo por outro mais apropriado. Você precisa pensar seriamente nas consequências antes de lançar este feitiço. Tudo o que é banido deve ser substituído; a magia abomina o vácuo; a menos que o comportamento ruim seja substituído por algo construtivo, a pessoa em questão continua sendo destrutiva.

FEITIÇO

Ocasião ideal

O melhor momento para este feitiço é a Lua minguante, e o melhor dia é sábado, regido pelo severo Saturno.

Preparação

Se realizar este feitiço em nome de outra pessoa, considere a possibilidade de fazer um trabalho de cura para ela. Tranquilize-a explicando que isso não significa que a falha seja dela.

Ingredientes

- Vela preta, 20 cm
- Fósforos
- Cabelo ou assinatura do agressor
- Papel comum, 5 cm, quadrado
- Álcool puro, 1 colher de chá
- Sal amargo, 1 colher de chá
- Prato à prova de fogo
- Tapete antichama
- Bulbo de uma flor, adubo e vaso

Como lançar o feitiço

1 Acenda a vela dizendo: "Velho Sábio, lento, mas seguro, guie o feitiço que agora conjuro".

2 Segure o cabelo ou a assinatura dizendo: "Eu te nomeio o poder de [nome]". Depois enrole o cabelo ou a assinatura no papel e dobre três vezes.

3 Coloque o sal amargo e o álcool no prato à prova de fogo (que você colocou sobre o tapete antichama) e acenda. Segurando o papel dobrado, diga: "Quando esta Lua for um filete só, este feitiço transformará seu poder em pó". Jogue o papel na chama.

4 Segure o bulbo diante da chama dizendo: "Das cinzas te nomeio [qualidade que você deseja que o agressor aprenda]". Plante o bulbo no composto, adicionando as cinzas quando resfriarem.

5 Dê a planta para que pessoa que solicitou o feitiço cuide dela.

Como gerar energia para lançar feitiços

Existem várias maneiras de gerar energia para os trabalhos de magia. Tudo depende do tipo de feitiço que você quer fazer, da quantidade de pessoas que está no círculo, de sua mobilidade ou simplesmente de suas preferências. A energia que você utiliza num feitiço, na verdade, começa a atuar já na etapa do planejamento, quando você está se perguntando que tipo de magia quer fazer, para descobrir o que é realmente necessário. Essa energia continua a se concentrar à medida que você coleta e prepara os ingredientes, e durante o feitiço, quando imbui um símbolo com sua intenção por meio da atenção concentrada. No entanto, existem práticas empregadas dentro do círculo especificamente para gerar a energia que enviará o feitiço ao éter.

Embora a visualização e a concentração produzam as próprias formas de energia, são mais usadas nos trabalhos de magia para focar e imbuir nossa intenção nos símbolos que utilizamos para representar o que queremos que aconteça. O mesmo se pode dizer das atividades que realizamos para providenciar os ingredientes e preparar o feitiço, antes de lançá-lo. Todavia, ainda existem outros meios cinéticos e físicos dos quais lançamos mão para gerar energia, como o canto e a voz, a unção, o toque de tambores, a dança e o sexo. Nas pp. 274-75, apresento algumas informações sobre a magia sexual, para explicar como usá-la para gerar energia e dissipar alguns dos mitos que a cercam.

A teoria por trás dos meios físicos para gerar energia é muito simples – tudo que tem vida no Universo pode ser expresso como energia, e o movimento produz e libera essa energia. Os meios cinéticos para gerar e liberar energia por intermédio da magia, num ambiente controlado, servem para fortalecer o feitiço e impulsioná-lo para a teia. Nos grupos, a dança e os cânticos servem para unir as pessoas ao propósito do feitiço e são uma maneira de integrar a energia dos participantes. Essas práticas abrem as portas do nosso eu mais profundo, de modo que nossa comunicação possa transcender a linguagem falada ou escrita e fazer uso da linguagem simbólica. Elas nos proporcionam um meio para entrarmos num estado alterado, o que nos permite trafegar entre os mundos.

Gerar energia para dar mais poder a um feitiço é uma prática básica de todo trabalho de magia.

Preparação por meio do trabalho com os chakras

No nosso corpo existem pontos de energia. Povos de diferentes partes do mundo têm esse conhecimento há milênios, e alguns sistemas de cura baseiam-se no modo intrincado como esses pontos de energia estão interligados. Nos trabalhos de magia, abrimos certos pontos de energia para nos tornarmos mais conscientes dos fios da grande teia que existem dentro e ao redor de nós e para conduzir essa energia para onde possa trazer benefícios. No Ocidente, sempre tivemos consciência de que podemos reter, concentrar e direcionar a energia por meio de certos pontos de energia do nosso corpo, mesmo que não tenhamos dado um nome a eles. No entanto, desde o aumento do interesse pelo yoga e pelas religiões orientais, começamos a nos familiarizar com o termo "chakra", do sânscrito, que designa esses sete pontos de energia.

As orientações para abrir os chakras estão na p. 139, relacionadas a como se preparar para a visualização. Essa preparação é exatamente a mesma usada nos feitiços e rituais e envolve a ativação e a abertura desses pontos de energia, pelos quais podemos canalizar a energia que existe dentro do nosso corpo e ao nosso redor. Se você trabalha em grupo, talvez perceba que alguns membros mais experientes conseguem se preparar rapidamente para os feitiços e rituais apenas com um momento de silêncio e concentração nos chakras. Com a prática e a repetição, os pontos de energia passam a responder mais rápido, e é possível entrar mais rapidamente em estado alterado de consciência.

Alguns grupos preferem eleger um membro para conduzir o exercício de abrir os chakras ou extrair a energia da terra/céu para fazê-la circular pelo corpo. Isso também funciona muito bem. À medida que alguns membros se tornam mais experientes e sensíveis às mudanças nos níveis de energia, conseguem fazer esse exercício em muito menos tempo, pois atingem o nível de consciência apropriado mais rapidamente. No entanto, a rapidez em atingir esse nível de consciência não faz de ninguém um bruxo melhor – e, se você precisa de mais tempo, saiba que isso não significa que seja um bruxo menos poderoso ou inferior. O mais importante é que consiga alcançar esse estado, pois não se trata de uma competição!

Chakra da Coroa
Chakra do Terceiro Olho

Chakra da Garganta

Chakra do Coração

Chakra do Plexo Solar

Chakra do Sacro
Chakra da Base

Pontos de energia do corpo.

Cânticos para gerar energia

Os cânticos são uma maneira tradicional de gerar poder.

Entoar cânticos é uma boa maneira de gerar o tipo de energia necessário para dar mais poder a um feitiço e enviá-lo ao éter. A repetição, combinada com os sons produzidos, pode ter efeito entorpecedor, embalando a mente ativa e pensante até levá-la a um estado momentâneo de suspensão. Isso faz com que o misterioso e criativo "lado direito do cérebro", que muitos suspeitam que esteja relacionado às capacidades psíquicas, possa entrar em cena e assumir o controle. Certamente já experimentei esse estado de suspensão da mente, mas não poderia afirmar que lado do cérebro entrou em ação para produzir esse resultado.

Diferente dos cânticos, o trabalho vocal, que visa produzir notas mais prolongadas de uma frequência específica, mostra que a frequência sonora pode gerar certo tipo de energia no círculo. Existe um elemento psicológico e cultural nessa prática; sabe-se, por exemplo, que a escala menor está culturalmente ligada à melancolia, ao mistério e ao passado, por isso pode gerar energias dentro de nós que se relacionam com esses temas. Essa característica, combinada com a repetição e a consciência alterada, faz dos cânticos um instrumento particularmente poderoso nos rituais e trabalhos de magia.

Outra função dos cânticos é ajudar a focar a energia, sobretudo se estiverem em sintonia com o propósito da magia. Um bom exemplo disso seria usar um cântico de ritmo alegre e ligeiro, com palavras que façam referência ao elemento Ar, com o intuito de dar mais poder a um feitiço para melhorar a comunicação: "Com minhas penas eu voo/Como uma flecha eu voo/Para os braços da Deusa eu voo". Ao lançar um feitiço para provocar uma transformação em sua vida, você pode usar o velho refrão wiccano: "Ela muda tudo o que toca/e tudo muda quando Ela toca". Existem vários refrãos usados na comunidade pagã, e você ouvirá muitos deles em acampamentos e círculos ao ar livre. No entanto, alguns cânticos maravilhosos estão disponíveis em CDs e arquivos de áudio, em *sites* alternativos e de música folclórica.

Embora entoar cânticos sozinho ou com outras pessoas possa ser uma maneira poderosa de gerar energia, essa prática pode fazer maravilhas quando combinada com o toque de um tambor. Se você optar por esse método, no entanto, vai precisar tomar cuidado para que o tambor não abafe as vozes. Quem toca o tambor deve estar consciente de que é preciso dar primazia às vozes que entoam o cântico.

Toque de tambores, dança e visualização

A maioria dos métodos para gerar energia também serve para ajudar os participantes a fazer a transição da consciência do dia a dia para a consciência entre os mundos. O toque de tambores é um excelente exemplo disso, e, muitas vezes, é o método escolhido por aqueles que querem empreender o trabalho de desenvolvimento pessoal e espiritual num estado alterado de consciência. Existem inúmeras pesquisas sobre a ligação entre as batidas do tambor e os batimentos cardíacos, e muitos experimentos já foram realizados na psicologia e na musicologia para comprovar essa ligação. Parece que, se nos "entregarmos" à batida do tambor e nos concentrarmos em seu ritmo, nosso batimento cardíaco se altera e entra em sintonia com o ritmo do instrumento.

A batida do tambor ajuda a provocar mudança na consciência propícia para o trabalho de magia.

No trabalho de magia, a ligação entre a batida do tambor e o batimento cardíaco é utilizada com propósito semelhante ao dos cânticos: para distrair as funções do lado esquerdo do cérebro; lançar mão das associações psicológicas, fisiológicas e culturais para provocar um estado alterado de consciência; e para gerar energia, acumulando-a e enviando-a ao éter. Por tradição, usa-se a batida do tambor para gerar energia, seja para invocar os elementos, uma divindade ou formas específicas de energia. Estive em vários festivais em que a batida de tambores supostamente causou chuvas torrenciais, que pareceram saídas do nada, para estragar um dia ensolarado! No entanto, também tenho observado que a batida do tambor é um ótimo recurso para "projetar" a energia.

Existem vários padrões diferentes de batida que ajudam a gerar energia e alterar a consciência no círculo: o ritmo da valsa é muito usado porque as três batidas são associadas à Deusa Tríplice; outros ritmos também parecem funcionar muito bem. A simplicidade é essencial, sobretudo se a batida do tambor for combinada com cânticos. Como já ressaltei, a melhor maneira de comprovar isso é participar de um círculo em que se bate um tambor ao redor de uma fogueira. Além disso, existem bons DVDs, CDs e arquivos de áudio na internet usados na Wicca, todos disponíveis em *sites* de música.

A última forma que apresento para gerar energia no trabalho de magia e nos rituais é a dança – na maioria dos covens, ela se restringe a movimentos rítmicos simples, em vez de passos complicados. Essa é uma prática utilizada onde os membros do grupo não têm problemas de locomoção, mas eu mesma já participei de celebrações em que cadeirantes dançavam no círculo! Os mesmos princípios dos cânticos e da batida do tambor se aplicam à dança, talvez o melhor recurso físico dos três, mas ela pode ser combinada com ambos, para produzir um feito muito eficaz.

Movimentos cinéticos como a dança são úteis para dar mais poder aos rituais e feitiços.

Magia sexual

Até pouco tempo atrás, era difícil falar publicamente sobre o uso da energia sexual em rituais, devido às invenções sensacionalistas da mídia sobre orgias e às calúnias mais nocivas ainda a respeito de abuso de menores em nossos rituais. O cuidado com as crianças e com sua proteção é algo sagrado na Wicca, por isso as acusações absurdas e infundadas feitas contra a comunidade wiccana nos anos 1980, quando se alegou que bruxos faziam rituais satânicos com abuso de crianças, foram particularmente ofensivas para nós. Depois que o FBI e comitês de investigação de vários países concluíram publicamente que grupos cristãos fundamentalistas tinham orquestrado essa difamação, muitos bruxos optaram por se distanciar de qualquer discussão relacionada a ritual e sexo, para não dar margem a esse tipo de boato.

No entanto, estamos numa época em que as pessoas demonstram mais tolerância e consciência em relação à Wicca, à medida que ela se consolida como religião e caminho espiritual. Assim como a Wicca chegou à "maturidade", nós também devemos lidar com o sexo de maneira mais madura. Nem preciso dizer que, quando falo de sexo e sexualidade, estou me referindo apenas a relações entre adultos e com consentimento mútuo; quando falo de "orientação sexual", estou englobando heterossexuais, gays ou bissexuais e algumas distinções mais sutis que existem entre essas definições. A pedofilia – interesse sexual por crianças – não é uma orientação sexual; é uma disfunção e um ato de violência, além de ser crime.

A energia sexual é primitiva, no entanto também é uma forma sagrada de energia que supostamente aproxima os seres humanos do divino. Entre duas pessoas que se relacionam livremente, em geral um casal comprometido que pratica magia junto, o sexo no círculo gera uma energia que pode ser direcionada para o trabalho mágico. Desde que o ato sexual esteja de acordo com a regra de "não prejudicar ninguém", esse é um método válido para gerar energia e enviá-la na forma de cântico, toque de tambor ou dança.

Uma controvérsia que se arrasta há muitos anos na Arte é a questão da "polaridade sexual", mais precisamente a polaridade de gênero, princípio que se baseia na afirmação de que todos os atos de magia devem manter perfeito equilíbrio entre a energia "masculina" e "feminina", para que o feitiço seja bem-sucedido. Isso não tem o menor fundamento: homossexuais, bissexuais heterossexuais, homens praticando magia juntos e mulheres praticando magia juntas podem lançar um feitiço tão poderoso quanto um homem e uma mulher heterossexuais trabalhando juntos. Se existe energia masculina e feminina na natureza, também existe hermafroditismo e homossexualidade.

A magia sexual deve ser consensual e realizada com respeito.

Como direcionar e liberar a energia

O direcionamento e a liberação da energia ocorrem em vários momentos diferentes do trabalho de magia. Embora, em parte, o círculo sirva justamente para conter a energia nos seus limites, até que esteja pronta para ser liberada, isso não significa que seja gerada ao longo de todo o trabalho e só liberada quando o círculo for aberto de novo. Existem vários pontos nos quais o direcionamento e a liberação da energia ocorrem.

O exemplo mais óbvio de direcionamento de energia é o lançamento do círculo. Nesse caso, você extrai energia através do corpo e a direciona pela energia do plexo solar, ao longo dos braços e da lâmina do athame, da varinha ou do dedo, para formar um círculo de energia. Isso não é, estritamente falando, liberação de energia, visto que o círculo de energia permanece no lugar até ser dispersado suavemente e se misturar à Terra ou ser atraído de volta pela pessoa que o lançou.

Num grupo, às vezes há um momento em que a energia é liberada no éter, para poder cumprir seu propósito. Um exemplo disso pode ser encontrado no trabalho de cura, em que um círculo de pessoas de mãos dadas primeiro direciona a energia que está prestes a gerar para a pessoa que necessita da cura. Todos dizem o nome dela em voz alta, depois visualizam essa pessoa saudável e feliz. O grupo gera energia caminhando *deosil* com passos de dança, talvez cantando. Se essas pessoas têm experiência em trabalhar juntas, haverá um momento em que todas perceberão espontaneamente que a energia atingiu o ponto ideal. Alguns grupos atribuem a uma pessoa a tarefa de conduzir o trabalho e julgar quando já se gerou energia suficiente; é essa pessoa que sinaliza quando liberá-la. De qualquer maneira, quando chega a hora, todos levantam os braços, ainda de mãos dadas, e liberam a energia para o céu – às vezes com um grito ou a última palavra do cântico que está sendo entoado, para que ele cumpra seu propósito. Esse gesto não rompe o círculo; só libera a energia gerada para o trabalho de magia.

Os dois instrumentos mais usados para direcionar a energia dessa maneira são o athame e a varinha. O athame é mais usado para lançar círculos, descrever pentagramas e direcionar a energia quando os símbolos estão sendo nomeados no lugar daquilo que representam. As varinhas podem ser usadas para lançar círculos, mas também são utilizadas quando o elemento Ar é invocado para dar poder ao feitiço rapidamente.

Muitos bruxos usam o athame ou a varinha para direcionar a energia gerada no círculo.

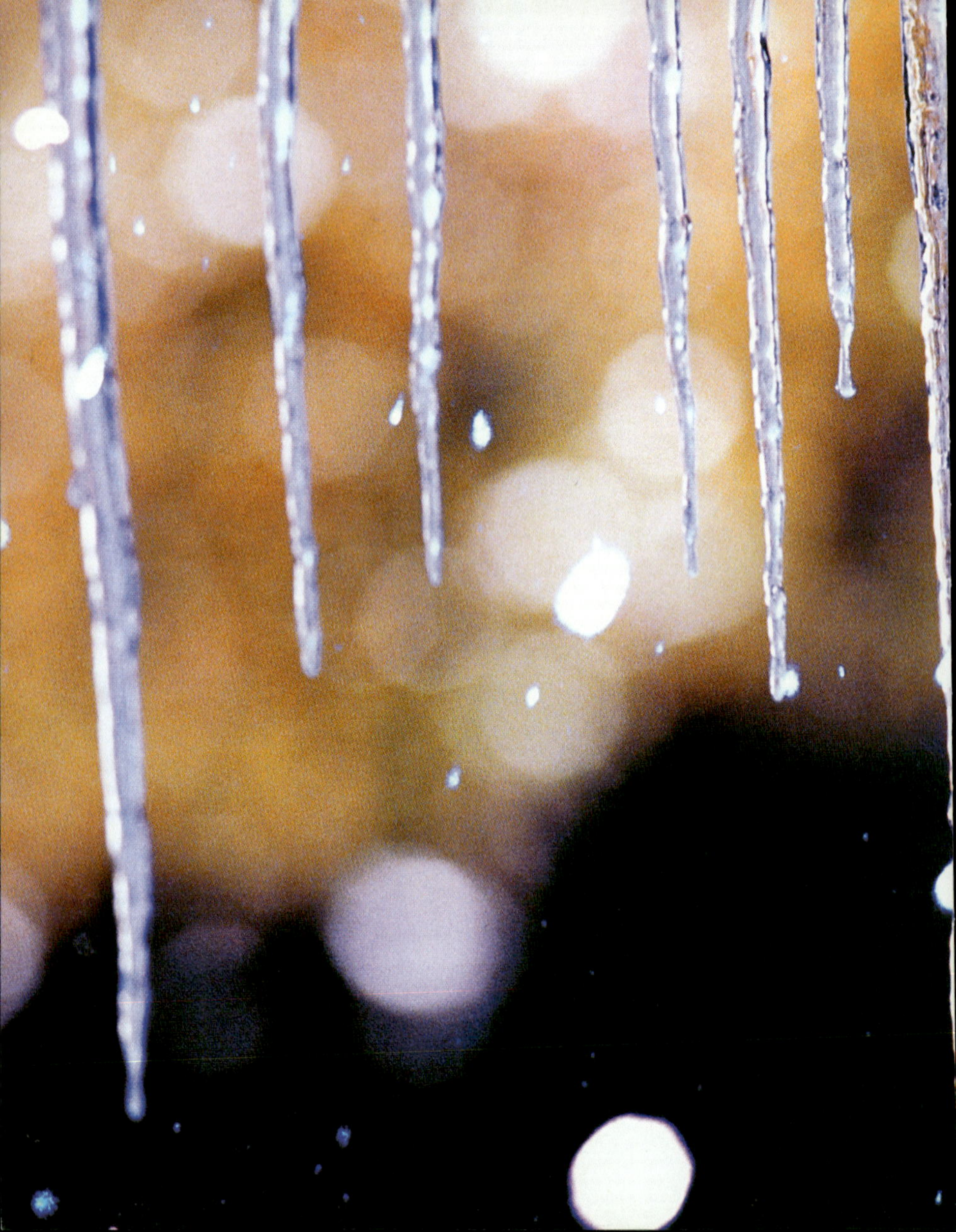

DESENVOLVA SEUS CONHECIMENTOS E HABILIDADES

Como desenvolver seus poderes mágicos

A Wicca é um caminho de aprendizado; a maior parte dele se aprende na prática, o restante por meio de pesquisas e estudos. A experiência é o mais importante, mas procurar obter informações básicas sobre a Wicca também é fundamental.

Há grande diferença, porém, entre informação e prática, e a diferença é o conhecimento. O conhecimento é um sentimento profundo de realização decorrente da experiência direta de uma verdade. Na Wicca, podemos saber o que é verdade, mas só conseguimos "conhecer" a verdade vivenciando-a por nós mesmos.

Isso também se aplica aos "mistérios", termo que você vai encontrar com frequência nos livros sobre a Arte. Muitas pessoas se interessam pela Wicca achando que, por ser às vezes denominada religião de mistérios, certas informações secretas lhes serão transmitidas à medida que progredirem. O fato, puro e simples, é que ninguém pode ensinar mistérios ou falar sobre eles, pois são verdades que se revelam em resultado de experiências espirituais, por meio do trabalho no círculo e contato direto com a natureza. Você pode descobrir, quando tentar compartilhar esse conhecimento, que é muito difícil

Quando se aprende sobre magia, você desenvolve novas habilidades e adquire conhecimento.

colocá-lo em palavras ou que se trata de uma percepção tão profunda que parece simples e pouco impactante quando você tenta expressá-la verbalmente. E talvez ela não deva, de fato, ser expressada assim.

Você pode desenvolver seus poderes intuitivos por meio da visualização, da interpretação dos sonhos e do trabalho no círculo. É preciso prática, e, às vezes, ela vem de maneiras inesperadas. Desenvolver poderes "psíquicos" ou "mediúnicos" não é o mesmo que descobrir como prever os números sorteados na loteria. É, isto sim, ficar mais atento a pensamentos aleatórios e aprender a decifrar suas oscilações emocionais. Pode ser algo tão simples quanto perceber quando o telefone está prestes a tocar ou detectar sincronicidades e descobrir se são meras coincidências ou têm significado particular para você. Isso faz parte de ser um "criador de padrões" e um tecelão de magia.

Este capítulo oferece uma variedade de exercícios para ajudá-lo a desenvolver suas habilidades. Inclui glossários úteis, descrições de tradições wiccanas e informações básicas sobre outras fontes relevantes e métodos de crescimento espiritual e mágico. Recomendo que você comece o próprio Livro das Sombras agora se estiver praticando as sugestões e os exercícios deste livro. O Livro das Sombras é um registro do próprio desenvolvimento mágico e espiritual e é nele que você registra suas receitas mágicas favoritas e os resultados que obteve nos trabalhos e nas experiências, à medida que progride na Arte.

Meditação

A meditação nem sempre é uma atividade transcendental, para nos elevar acima da realidade física ou diária de nossa existência – a separação entre o corpo e o espírito não é um anseio da religião e da prática wiccanas. A meditação pode ser praticada em muitas situações diferentes, entre elas algumas que incluem movimento rítmico, como dançar, cavar a terra, tricotar, girar ou tecer. Outras atividades ainda mais meditativas podem incluir foco de concentração, como a chama de uma vela. Como um ancião uma vez comentou comigo, depois de ouvir falar sobre o trabalho dos chakras e sobre a meditação: "Meditação, é? Costumávamos chamar isso de olhar o fogo".

Os objetivos da meditação podem variar; às vezes é possível meditar sobre uma questão específica, um símbolo ou uma pergunta, enquanto realizamos atividades físicas repetitivas. Outras vezes, podemos praticá-la enquanto tentamos sentir certa emoção ou um estado particular de consciência, concentrando-nos inicialmente num objeto ou movimento do mundo exterior, até obtermos serenidade suficiente para poder observar certas verdades sobre nós mesmos e nossas atitudes no mundo.

O sentimento de serenidade nos deixa mais sensíveis às mudanças energéticas dentro de nós e ao nosso redor.

A prática de diferentes formas de meditação vai ajudá-lo a desenvolver suas habilidades no trabalho em círculo, além de impulsionar seu desenvolvimento espiritual e mágico. Embora eu hesite em usar a palavra "disciplina", diria que a prática sistemática da alteração do estado de consciência nos torna mais sensíveis às mudanças de energia que ocorrem no círculo. Experimente meditar, por meio de movimentos rítmicos ou executar uma tarefa repetitiva. É fácil deixar a mente divagar, afastando-se do que está fazendo? Ou tente se concentrar num objeto e diminuir o ritmo da respiração, para entrar num estado de "devaneio". Somente a experimentação revelará o que funciona para você.

A meditação regular também ajuda a acender a centelha de magia interior, aumentando nossa confiança e compreensão de nossos próprios poderes intuitivos. Também ajuda a intensificar nossa força interior como seres humanos, para podermos descobrir nossos recursos interiores, nossa integridade e nossa beleza.

A meditação regular pode ajudar a ampliar nossa visão espiritual e psicológica.

Os sonhos e o trabalho com sonhos

Sonhar é uma atividade tão misteriosa que, apesar da extensa pesquisa científica sobre o assunto, ainda não existe uma teoria que explique o propósito e a função dos sonhos. Psicólogos defendem a ideia de que os sonhos simbolizam nossos desejos reprimidos. No entanto, outras evidências indicam que os sonhos nos ajudam a equilibrar nossas emoções, a "gerenciar" e consolidar nossas lembranças, a aprender novas habilidades mentais e enfrentar as tensões e os estresses do dia. Sonhar também tem significado espiritual.

Segundo algumas culturas, enquanto uma pessoa está sonhando, seu espírito deixa o corpo e se encontra com outros, no mundo espiritual, onde também se encontram os que já se foram deste mundo, ou vai para um plano astral, aonde apenas a mente da pessoa que sonha ou os seres espirituais podem ir. Outras culturas acreditam que, nos sonhos, o espírito perambula pelo mundo físico da nossa realidade consensual.

Na Wicca, existem várias crenças sobre o propósito e a função dos sonhos, mas muitos de nós optam por manter um diário de sonhos. Do ponto de vista fisiológico, os centros emocionais do cérebro estão ativos quando estamos sonhando, e, visto que a intuição e as emoções são portas pelas quais acessamos nossas habilidades mágicas e nosso eu mais profundo, faz sentido tentar interpretar o que os sonhos têm a nos dizer. Os sonhos, assim como os feitiços, costumam atuar em termos simbólicos. No entanto, só é possível descobrir se um sonho com um elefante rosa tocando trombone tem significado especial ou é apenas o resultado de uma refeição muito pesada na hora de dormir, se tomarmos nota dos nossos sonhos regularmente. Muitas vezes, só vamos compreender as mensagens dos nossos sonhos se analisarmos os padrões dessas mensagens do nosso eu mais profundo, em vez de tentarmos interpretar seus símbolos.

A melhor maneira de rastrear padrões é manter um diário de sonhos. Mantenha um caderno e uma caneta junto à cama, para registrar os principais aspectos de um sonho sempre que você acordar — seja durante a noite ou pela manhã. Escrever pelo menos três palavras para lembrá-lo de um sonho, sempre que você acorda, pode ser um ótimo exercício; o cérebro tende a não desperdiçar muita memória com sonhos, por isso os esquecemos rapidamente. Mantenha um bloco e uma caneta ao lado da cama por uma semana e treine para escrever três palavras importantes como lembrete do sonho que teve. Acordei do que eu supunha ser um sono ininterrupto apenas para encontrar palavras escritas no meu diário que me lembraram imediata-

Os bruxos sabem que é aconselhável tomar nota do que os sonhos têm a nos dizer.

mente de um sonho vívido que tive durante a noite – do qual não teria me lembrado se não fosse por essa intervenção noturna. Tente este método para ajudar na recordação dos seus sonhos.

Além dos sonhos, é importante observar as fases da Lua. A maioria dos bruxos descobre que, ao nos conectarmos com os ritmos naturais ao nosso redor, certos aspectos dos ciclos da natureza começam a influenciar nossos próprios ritmos internos. Em nenhum lugar isso é mais óbvio que nos sonhos. As mulheres podem descobrir que seu ciclo de ovulação e sangramento afeta os tipos de sonho que elas têm. Alguns homens já relataram que são afetados pelo ciclo da parceira e seus sonhos também tendem a seguir um ritmo semelhante. É bom saber qual é o seu padrão individual; por exemplo, logo de início, notei que os meus *insights* mais profundos em relação à magia e à espiritualidade ocorriam na Lua Negra, por isso passei a acreditar que as mensagens desses sonhos eram sinais genuínos do meu eu mais profundo, não mero resultado de um jantar indigesto. Algumas pessoas podem descobrir que, na Lua

Manter um diário de sonhos é a melhor maneira de identificar padrões.

cheia, seus sonhos são mais tumultuados, até emaranhados, enquanto outras têm os momentos espirituais mais significativos quando sonham durante essa fase da Lua.

A ideia de que os sonhos têm simbolismo gerou uma indústria inteira de interpretação dos sonhos; foram publicados inúmeros dicionários de sonhos supostamente capazes de definir e interpretar significados universais de determinados símbolos. No entanto, o que esses dicionários tendem a não levar em conta são diferenças culturais e sociais específicas ou experiências e visões de mundo individuais. Do ponto de vista cultural, o simbolismo difere muito de uma cultura para outra; uma flor branca na Inglaterra significa "pureza", enquanto no Japão significa "morte". Não existimos de forma isolada desses significados culturais, que inevitavelmente nos causam profundo impacto. Do ponto de vista social, os indivíduos atribuem significados a alguns sinais: perfumes, objetos, cores, e assim por diante. Embora algumas pessoas tenham o dom de saber interpretar os sonhos de outras, não existem verdades absolutas sobre todos os sonhos ou sobre todas as pessoas que sonham. Temos que elaborar nosso próprio dicionário de sonhos observando o significado de nossa iconografia pessoal e aprendendo, assim, muito sobre nós mesmos.

Talvez, durante um sonho, você já tenha passado pela experiência de estar consciente de que estava sonhando. Isso é conhecido como "sonho lúcido", e, na Arte, é possível usar essa forma de consciência para realizar trabalhos exploratórios muito úteis. Quando nos tornamos hábeis em desenvolver e prolongar essa consciência durante os sonhos, podemos até usar essa habilidade nos rituais. Esse método de lançar feitiços pode ter alguns resultados poderosos. Tem a vantagem de permitir que sua imaginação se manifeste de maneiras mais imediatas; por exemplo, invocar os elementos ou as divindades num sonho pode resultar numa manifestação visual que, em geral, não ocorre no trabalho em círculo. Isso, por sua vez, pode tornar mais fácil a concentração nos objetivos de um feitiço e no direcionamento de nossas energias para alcançá-los.

Se você tiver sonhos lúcidos, saiba que eles oferecem uma oportunidade para que você explore a própria paisagem interior. Você pode visitá-la durante a visualização e pode até mesmo engendrar conscientemente aspectos dela em alguns exercícios dessa técnica, mas os sonhos oferecem uma chance de ver os mundos inconscientes do ponto de vista tanto interior quanto exterior de alguém que sonha, mas está consciente – e oferece, ainda, outra maneira de caminhar entre os mundos. Sempre tomo nota dos meus encontros com os personagens que encontro nos sonhos, pois descobri que, muitas vezes, são manifestações da Deusa interior.

Os sonhos podem oferecer revelações espirituais, bem como *insights* sobre problemas cotidianos. Mas fazem mais que revelar verdades; também podem oferecer orientações sobre como colocar esse conhecimento em ação. A sabedoria dos sonhos não pode ser encontrada em dicionários de sonhos, mas em nossa maior compreensão do significado que têm para nós, como indivíduos.

Os sonhos são, muitas vezes, revelações espirituais.

Astrologia

Existem muitos debates sobre o valor da astrologia como meio de decifrar o caráter e o destino das pessoas. Assim como os dicionários de sonhos afirmam relacionar significados universais a simbologias individuais, alguns astrólogos se consideram capazes de mapear as características e o futuro dos indivíduos, sem levar em consideração seus complexos contextos e suas experiências sociais e culturais. A verdade pode estar em algum lugar entre essas duas coisas. Embora faça sentido que pessoas nascidas numa determinada época do ano compartilhem algumas características, também é fato que um leonino nascido em berço de ouro tem várias vantagens que o levam a tomar um rumo diferente de outro nascido no mesmo dia, mas numa família humilde.

Entre os wiccanos, o zodíaco de doze signos, tão conhecido no Ocidente, é considerado um sistema simbólico muito útil. Na astrologia, o que chamamos de "signo" é, mais precisamente, nosso signo solar – o signo em que o Sol estava no momento em que nascemos. Nos tempos medievais, essa pequenina marca do nosso nascimento era associada aos signos da Lua e do Ascendente. O signo ascendente é a constelação que ascende no horizonte oriental no momento exato do nosso nascimento, e o signo da Lua é a constelação pela qual a Lua passava naquele momento. Em poucas palavras, o signo do Sol indica a verdadeira natureza da pessoa, o signo da Lua demonstra as características emocionais, enquanto o signo ascendente é a "máscara" ou rosto que mostramos ao mundo. Dado o número de combinações possíveis entre 12 signos solares, 12 signos da Lua e 12 Ascen-

O que chamamos de "signos" são, na realidade, os signos solares.

DESENVOLVA SEUS CONHECIMENTOS E HABILIDADES

dentes, esses três signos juntos propiciam uma visão muito mais precisa de cada indivíduo. Esse método triangulado deu aos nossos antepassados um meio um pouco mais apurado de julgar os traços de caráter e o destino de um indivíduo.

Imagine, então, as leves nuances de interpretação possíveis quando o mapa astral de uma pessoa é dividido em várias "casas" astrológicas, que representam diferentes aspectos da vida, e a posição de cada planeta é analisada em relação aos outros e ao momento do nascimento da pessoa. Muitos covens wiccanos costumam encomendar a um astrólogo o mapa astral de todos os membros do grupo. Isso porque os diferentes signos estão relacionados a diferentes elementos, e algumas pessoas acham que essa é uma boa diretriz para encontrar provável "equilíbrio" na energia do grupo. Mesmo que alguns covens sejam compostos de mais pessoas do elemento Ar ou Fogo, saber o ponto de partida do equilíbrio energético do grupo pode, muitas vezes, explicar a dinâmica grupal e permitir que usem essa informação para tirar proveito de seus pontos fortes.

A astrologia é, muitas vezes, usada para determinar a melhor época para um feitiço.

A astrologia é, às vezes, usada durante os trabalhos de magia (pp. 206-09). Como a Lua é muito importante na Wicca, alguns bruxos gostam de usar o percurso desse satélite através das constelações para maximizar suas chances de sucesso nos feitiços. No entanto, a astrologia não se resume a signos solares e mapas astrais; essa é apenas uma maneira de interpretar a influência dos planetas. Na magia, usamos, muitas vezes, o simbolismo dos planetas para dar mais poder aos feitiços, invocando sua influência da mesma maneira que invocamos os elementos ou as divindades.

Em termos de simbolismo planetário, tendemos a nos referir aos seguintes planetas do nosso Sistema Solar: Mercúrio, Vênus, Marte, Júpiter, Saturno, Plutão, Urano e Netuno, com ênfase nos cinco primeiros. Além disso, usamos a Lua, nosso vizinho celeste mais próximo, mesmo sendo ela um satélite e não um planeta, e o Sol, que também não é um planeta, mas uma estrela.

Tarô

Embora não se saiba bem quais são as origens do tarô, sabemos que as cartas desse baralho começaram a aparecer nas cortes da Itália, no século XIV. A mitologia sobre seu desenvolvimento inclui a suposição de que o tarô tenha se originado no Egito antigo; no entanto, há poucas evidências disso. Hoje ele é mais usado como instrumento de divinação, embora na Wicca os símbolos do baralho de tarô também sejam utilizados na meditação e nos feitiços. O tarô consiste em 72 cartas, todas simbolizando aspectos arcanos de acontecimentos, personalidades e influências em nossa vida. São 22 arcanos principais – cartas que retratam objetos e/ou figuras simbolizando as principais influências da vida e/ou eventos. Existem quatro naipes: Copas, Ouros, Espadas e Paus, números de um a dez em cada naipe; e quatro cartas da corte: Rei, Rainha, Cavaleiro e Pajem, também um de cada naipe. Nos baralhos modernos, a nomenclatura dos principais arcanos e das cartas da corte pode variar.

As origens do tarô não são claras, mas remontam centenas de anos atrás.

DESENVOLVA SEUS CONHECIMENTOS E HABILIDADES

Os quatro naipes correspondem aos quatro primeiros elementos sagrados da Wicca. Copas corresponde ao elemento Água; Ouros ao Terra; Espadas ao Ar; e Paus ao Fogo. Na maioria dos círculos wiccanos, o simbolismo do Ar e do Fogo é invertido. Isso faz com que fique mais fácil para os bruxos assimilar a classificação dos naipes no tarô. O mesmo vale para os arcanos maiores, que equivalem, de diferentes maneiras, ao simbolismo esotérico wiccano e resumem, em nível simples, mas profundo, aspectos físicos, psicológicos e espirituais da condição humana.

Na divinação, as cartas têm conotações positivas e negativas, de acordo com o aspecto que formam com as cartas vizinhas, numa tiragem. A combinação de símbolos e as posições das cartas proporcionam uma leitura incrivelmente sutil, pois as combinações são quase infinitas. No entanto, no nível das cartas em si, há várias outras nuances de significado; por exemplo, os significados elementares e secundários das cartas da corte, que lançam possibilidades adicionais à tiragem. É por isso que o tarô é um estudo para toda a vida. Se prefere um estudo mais aprofundado, você precisará procurar um curso realizado por tarólogos experientes ou bons livros sobre o assunto.

OS NAIPES DOS ARCANOS MENORES

Naipe	Elemento	Atributos
Ouros	Terra	Prosperidade, saúde física, questões materiais
Copas	Água	Emoções, amor e relacionamentos
Paus	Fogo	Energia, atividade, projetos
Espadas	Ar	A mente, questões legais, comunicação, conflito

A tabela com as funções e os significados das cartas, como apresentada a seguir, incorpora tanto os aspectos positivos quanto os negativos das cartas, mas é extremamente básica. As cartas da corte têm os próprios significados secundários, independentemente do naipe a que estão associadas. Por exemplo, a carta do Rei está associada ao Fogo. No naipe de Espadas – Ar –, essa carta torna-se o "Fogo do Ar". Isso significa que é o aspecto ativo do Ar – alguém que influencia a comunicação, o intelecto ou o conflito. Caso você esteja lendo o tarô para fins de divinação, saiba que as cartas da corte sempre representam pessoas.

Uma carta da corte e um arcano menor de um tarô popular.

CARTAS NUMÉRICAS E CARTAS DA CORTE

1	Alicerce	8	Chegada
2	Outros	9	Obstáculos
3	Sociedade, ajuda, influências	10	Conclusão
4	Consolidação	**Rei**	Fogo
5	Transição	**Rainha**	Água
6	Movimento	**Cavalheiro**	Ar
7	Construindo ou destruindo	**Pajem**	Terra

DESENVOLVA SEUS CONHECIMENTOS E HABILIDADES

OS ARCANOS MAIORES

0 O Louco	Inícios, confiança, tolice, sagacidade
1 O Mago	Energia bruta, preparação
2 A Sacerdotisa	Intuição, conhecimento secreto
3 A Imperatriz	Fertilidade, criatividade, questões materiais, criação
4 O Imperador	Poder mundano, responsabilidades, comando, opressão
5 O Hierofante	Conhecimento e sabedoria, restrição, convenção
6 Os Amantes	Relacionamentos, paixão, ligação, obsessão
7 O Carro	Movimento, progressão, atraso, limitações
8 A Força	Controle sobre a matéria, sintonia espiritual e física
9 O Eremita	Iluminação, sabedoria, isolamento
10 A Roda da Fortuna	Ciclos, altos e baixos no status/riqueza
11 A Justiça	Equilíbrio, causa e efeito, consertando erros
12 O Enforcado	Trabalho para ganho, paciência, suspensão, impasse
13 A Morte	Transformação, ciclos de vida, resignação
14 A Temperança	Equilíbrio na vida, limiares, saúde, estilo de vida, ajustes
15 O Diabo	Equívocos, fisicalidade, desperdício
16 A Torre	Reviravolta, perturbação, mudança irrevogável, avanço
17 A Estrela	Oportunidades, reuniões de sorte, compartilhar sabedoria
18 A Lua	Intuição, ciclos femininos, problemas de saúde mental, ilusão
19 O Sol	Saúde, sucesso, felicidade, generosidade
20 O Julgamento	Entendimento, ressurreição, renovação, intolerância, preconceito
21 O Mundo	Realização, conquistas, satisfação

TIRAGENS PARA DIVINAÇÃO

Existem várias tiragens básicas para divinação que você pode aprender em bons livros de tarô e na internet. A mais conhecida é a tiragem da Cruz Celta – tiragem de dez cartas, escolhidas aleatoriamente, dispostas na ordem a seguir e interpretadas de acordo com os significados apresentados na legenda ao lado. Outra tiragem popular entre os wiccanos é a das três cartas, ideal para quem quer resposta direta para um problema ou situação específica. Três cartas são escolhidas pelo consulente entre os arcanos maiores e apresentadas da seguinte forma:

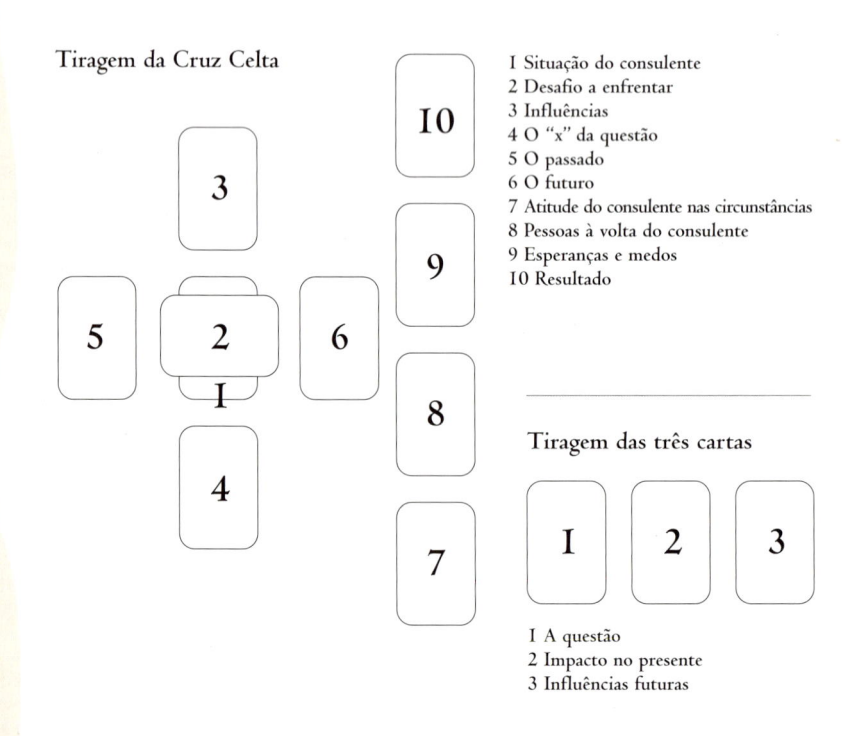

Tiragem da Cruz Celta

1 Situação do consulente
2 Desafio a enfrentar
3 Influências
4 O "x" da questão
5 O passado
6 O futuro
7 Atitude do consulente nas circunstâncias
8 Pessoas à volta do consulente
9 Esperanças e medos
10 Resultado

Tiragem das três cartas

1 A questão
2 Impacto no presente
3 Influências futuras

DESENVOLVA SEUS CONHECIMENTOS E HABILIDADES

Por tradição, convém que alguém nos dê de presente nosso primeiro tarô, mas muitos preferem escolher o próprio baralho. Algumas pessoas gostam de manter seus tarôs embrulhados num tecido de seda preto ou num saquinho e proíbem outras pessoas, que não sejam os consulentes, de tocá-los. Os bruxos tendem a consagrar seus tarôs num círculo, abençoando as cartas com incenso purificador (ver p. 342) antes de usar.

MEDITAÇÃO

Os bruxos também usam as cartas de tarô para meditar. Os 22 arcanos maiores são uma sequência de imagens que representam o ciclo de progressão material, psicológica e espiritual integrado de um indivíduo. Dada a importância, os arcanos maiores oferecem oportunidades de contarmos uma história psíquica e também servem como foco para a meditação. Um bom exemplo disso seria o caso de alguém que procura reconciliar a espiritualidade com o lado material e encontrar seu equilíbrio inato nessa questão; nesse caso, a carta ideal para ela se concentrar seria a da Força. Essa carta pode ser colocada num altar, para meditação dentro do círculo, ou ao lado da cama, para ser a primeira e a última coisa para se ver ao se levantar pela manhã e se deitar à noite.

FEITIÇOS

O simbolismo do tarô é particularmente útil para os bruxos nos trabalhos de magia. Ao lançar um feitiço de amarração ou banimento, por exemplo, é útil ter sobre o altar a carta do Eremita, associada ao restritivo e disciplinar planeta Saturno. Essa prática ajuda quem lança o feitiço a se concentrar na forma particular de energia que está invocando para testemunhá-lo e ajudá-lo em seus empreendimentos. O poder de um feitiço de cura pode aumentar se o mago tiver a carta da Temperança presente para ajudá-lo a se concentrar na natureza do trabalho que está realizando. Do mesmo modo, o trabalho de magia para alavancar o sucesso de um amigo é beneficiado pela presença da carta da Estrela, que simboliza a sorte nas oportunidades que surgem.

Escriação

A escriação é a técnica de focar a atenção num instrumento mágico, como um espelho, uma bola de cristal ou as chamas do fogo, para receber imagens e pensamentos que revelem uma verdade ou uma mensagem relativa a determinada situação. Para interpretar o significado dessas imagens e mensagens, é necessário encontrar padrões presentes em tudo o que percebemos – e nós, bruxos, somos grandes criadores de padrões.

Na maioria das vezes, as pessoas pensam que basta fitar uma bola de cristal para que se tenha uma visão do futuro, assim como quem assiste a um vídeo. Na verdade, existem poucas pessoas capazes dessa proeza; e são *elas* que têm esse dom, não a bola de cristal. O que realmente acontece quando se faz a escriação varia de indivíduo para indivíduo. A teoria sobre a escriação é semelhante à do canto ou à da dança, no que se refere à preparação para um trabalho de magia ou visualização. Essa arte ocupa ou distrai o lado esquerdo do cérebro (que controla nossos pensamentos e nossa razão) para que o lado direito (aleatório, criativo, caótico) fique livre da supervisão do lado racional e passe a controlar seus aspectos psíquicos. Existe um paradoxo aqui: temos

O uso da bola de cristal é um dos métodos de escriação.

que nos concentrar e focar nossa atenção para permitir que parte da nossa mente fique "à deriva".

A arte da escriação fica mais interessante quando tentamos capturar pensamentos e imagens fugazes e juntá-los para que façam algum sentido. Isso nem sempre é fácil, pois requer que deixemos de lado o que sabemos para reconhecer o que vemos. Como nenhum de nós é livre de preconceitos ou julgamentos, essa pode ser uma tarefa difícil! No entanto, quanto mais praticamos nossa vidência, mais forte ela fica, e isso, aliado à experiência e à comprovação da autenticidade do que vemos, torna a interpretação das imagens mais fácil com o passar do tempo.

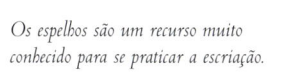

Os espelhos são um recurso muito conhecido para se praticar a escriação.

Os meios pelos quais escolhemos praticar a escriação na comunidade wiccana e as tradições que associamos a cada método diferem consideravelmente. Os wiccanos que têm visão mais prática suspeitam de que um bom praticante pode obter um bom resultado tanto observando o padrão de um tapete estampado quanto fitando uma bola de cristal caríssima.

Um dos meios mais populares de escriação na Wicca é a onipresente bola de cristal. A mais comum é a de cristal de quartzo transparente, rolado e polido até se tornar uma esfera perfeita. As falhas do quartzo atendem a todas as especificações de um instrumento de escriação natural. Os efeitos produzidos por falhas como a refração prismática podem servir para ajudar o praticante a se concentrar na pedra com mais rapidez e sucesso. Alguns bruxos preferem pedras mais opacas, como o quartzo enfumaçado ou a ametista. Outros gostam mais do quartzo rosa. Embora as esferas negras de obsidiana pareçam muito adequadas, não são tão eficazes para distrair a mente quanto o cristal com falhas.

O uso de superfícies refletoras na escriação revela seus antecedentes mais antigos; o "espelho" mais perfeito para esse fim é um lago de águas cristalinas, sob as estrelas. Claro que, se você não tem acesso a um lago, uma boa alternativa é empregar uma tigela de água limpa sob um céu estrelado ou um cômodo à luz de velas. A água é um elemento que ativa o poder psíquico, e sua proximidade durante a escriação tende a ampliar nossa intuição. É melhor usar uma tigela de inox comum ou preta, a fim de produzir a sensação de profundidade. Na escriação feita com água ou um espelho (espelho preto ou escuro é um bom substituto para uma tigela de água), o truque é olhar em suas profundezas. A luz das estrelas ou das velas pode produzir padrões interessantes que mantêm a consciência ocupada, enquanto imagens, palavras ou pensamentos fluem.

Quando estou em casa, fitar a chama de uma vela é meu método favorito — a lareira da sala foi o que me fez decidir comprar a casa onde moro. Além de fornecer um ótimo lugar para secar ervas naturalmente e ser um ótimo local para os trabalhos de feitiços, o fogo aceso pode ser um excelente ponto focal para a escriação. Há, sim, algo extremamente primordial na energia do fogo da madeira ou de outros materiais, e é a própria atração humana pelo fogo que faz da escriação usando as chamas, sem dúvida, a mais fácil das técnicas dessa arte. O fogo tem a dupla vantagem de propiciar ocupação para o cérebro esquerdo e também fornecer imagens para o cérebro direito.

Qualquer que seja o método de escriação que você use, é importante perceber que não existe maneira definitiva para fazer isso com sucesso — apenas dicas, sugestões e diretrizes. Com perseverança, você encontrará o próprio talento e identificará seu método preferido para praticar essa arte.

Velas e lareiras são excelentes para fitar as chamas.

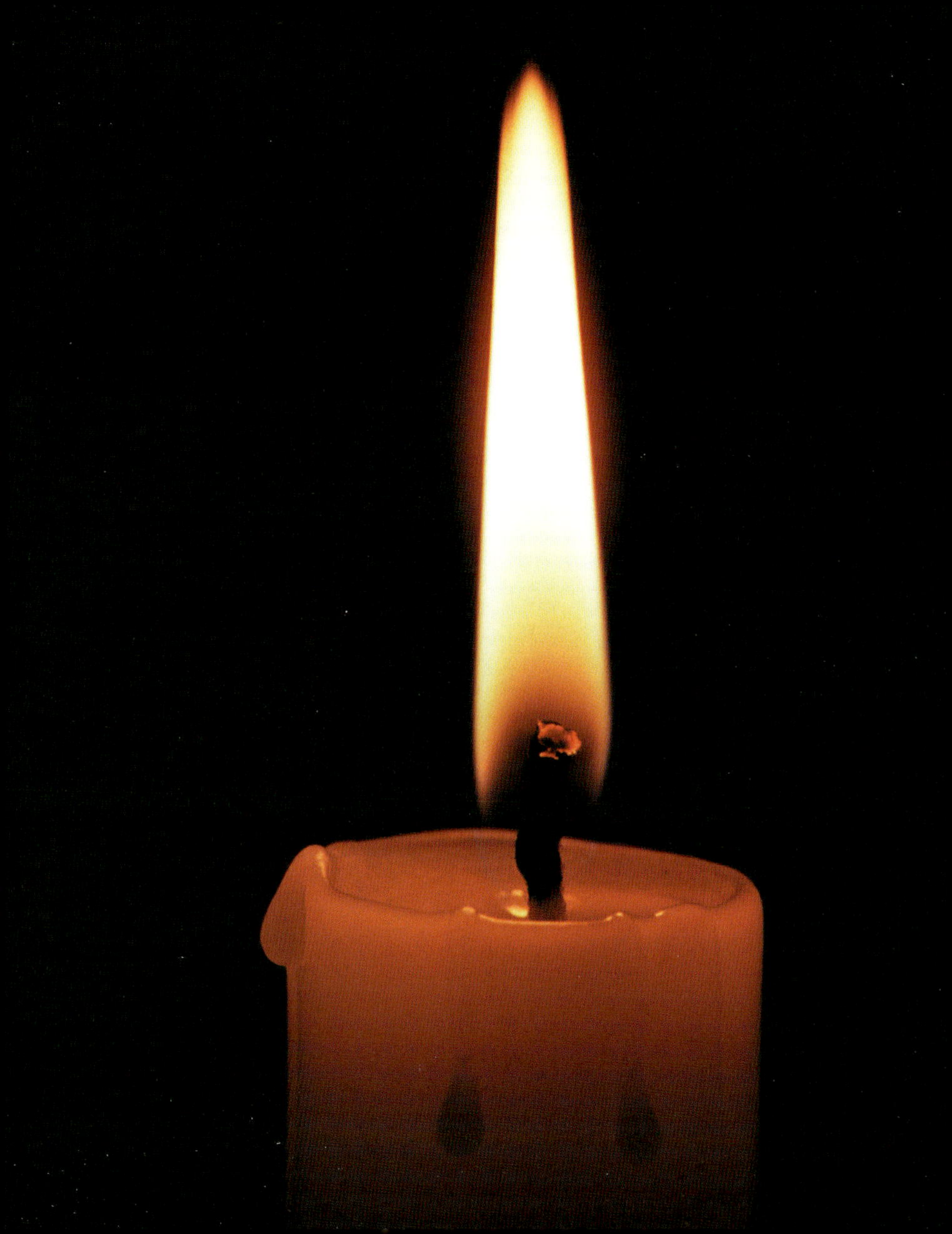

A Cabala

A Cabala, ou Qabalah, também conhecida como "Árvore da Vida", é uma espécie de mapa mágico, um pouco como o sistema do tarô, em sua concepção. Derivada do antigo misticismo judaico, consiste em Sefirot, ou esferas, com vias de acesso entre elas. As Sefirot (no singular, Sefirá) são aspectos da vida e da iluminação espiritual, e cada Sefirá tem correspondências com pla-

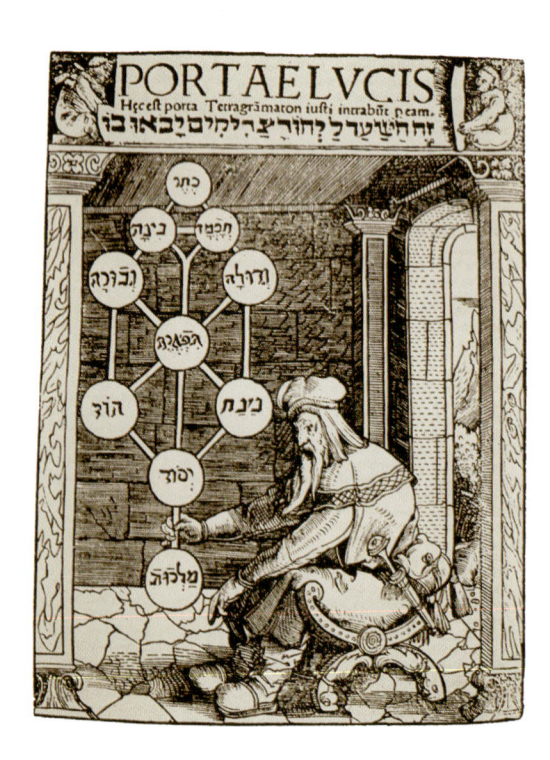

O termo "Cabala" significa "tradição recebida".

netas e anjos. Alguns intrépidos pesquisadores conseguiram associar o tarô aos caminhos entre as Sefirot.

A Arte é um caminho eclético, e, consequentemente, os bruxos tendem a ser inclusivos e curiosos em suas práticas. Incorporamos os instrumentos, as técnicas, as tradições e os sistemas que consideramos relevantes e reverenciamos os antepassados, cujos esforços produziram os meios pelos quais podemos nos empenhar para obter conhecimento. Também reconhecemos que a origem de alguns desses sistemas se deu num tempo, num lugar e numa cultura muito diferentes dos nossos, e, se quisermos retirar do seu contexto algumas técnicas ou ideias, é melhor que saibamos o que estamos fazendo!

A Cabala é um desses sistemas. Muitas tradições esotéricas e de mistério do Ocidente (a Aurora Dourada e a Rosacruz, por exemplo) foram profundamente influenciadas pela tradição cabalística. Aleister Crowley, mago do início do século XX, ficou fascinado com o que se tornou conhecido como "Cabala artificial", que se concentra em noções intrincadas de numerologia e formas angélicas. O sistema com o qual a maioria dos wiccanos está familiarizado é a Cabala "natural", sistema de dez Sefirot, com 22 caminhos que as interligam.

Segundo a tradição, a Cabala foi originalmente conferida a Moisés, no Monte Sinai, por JHWH – o deus dos judeus –, e transmitida por tradição oral. A palavra "Cabala", na verdade significa, "tradição recebida", mas às vezes é usada como sinônimo de "sabedoria oculta". A Cabala é um corpo de conhecimento esotérico que supostamente contém os segredos do Universo, transmitido por meio da experiência direta das dez Sefirot e dos caminhos entre elas, ou dos princípios subjacentes que poderiam ser derivados de sistemas numéricos lógicos. Às vezes, também, é chamada "mapa da consciência", o que indica a variedade de interpretações às quais está sujeita.

Talvez a maneira mais fácil de entender a natureza e o propósito multifacetados da Cabala seja ver as dez Sefirot como base da manifestação do Universo, natureza do divino e caminho pelo qual o ser humano pode se tornar divino e se unir à divindade.

As dez Sefirot, quando organizadas na Árvore da Vida (pp. 308-09), oferecem uma estrutura através da qual os mistérios da Cabala podem ser estudados e vivenciados. Dispostas em padrão geométrico, as Sefirot são interligadas por 22 caminhos. Apesar de esses caminhos serem originalmente representações do alfabeto hebraico e das energias associadas ao poder de cada uma das letras, hoje os bruxos tendem a associá-las aos 22 arcanos maiores do tarô. Há várias sobreposições fornecidas por mapeamentos mais modernos e inovadores – incluindo uma associação com as runas nórdicas e outra com o Alfabeto das Árvores celta (consulte as pp. 346-47) –, e isso indica o poder e o apelo duradouros do simbolismo original e da estrutura das Sefirot.

As dez Sefirot e os caminhos que as interligam são apresentados (à direita) para melhor demonstração dos padrões geométricos, das conexões e do sim-

AS SEFIROT

As dez Sefirot têm os significados a seguir:

Sefirá	Atributo
Kether	Coroa
Chokmah	Sabedoria
Binah	Entendimento
Chesed	Misericórdia
Geburah	Força
Tiphareth	Esplendor/beleza
Netzach	Vitória
Hod	Glória
Yesod	Fundamento
Malkuth	Reino

Características	Cor	Associação Cósmica/Planeta
União com o divino, conquista espiritual	Branco	A Espiral/Netuno
Energia em movimento, Pai	Cinza	O Zodíaco/Urano (força divina)
Manter silêncio, força protetora, Mãe	Preto	Saturno (força da Deusa)
Ganho, oportunidade, construção, justiça, abundância, conhecimento do eu interior	Azul	Júpiter
Coragem, dissipação, mudança, faculdades críticas	Vermelho	Marte
Cura, harmonia, ensino, sucesso	Amarelo	Sol
Sexualidade, relacionamentos, doação, amor, arte	Verde	Vênus
Comunicação, autenticidade, revelação, magia	Laranja	Mercúrio
Intuição, poderes psíquicos, saúde mental, emoções, sonhos	Violeta	Lua
Fisicalidade, lar, orientação, crescimento material	Multicolorida	Terra

bolismo cromático desse sistema. Na Wicca, cada esfera tem uma correspondência planetária, bem como uma relação com um aspecto do desenvolvimento material, psicológico e espiritual do eu. Os bruxos mais voltados para sistemas mágicos cerimoniais ou esotéricos se interessam pelas formas angélicas associadas a cada esfera, embora geralmente essa seja uma questão individual. Além das dez Sefirot principais, há o domínio de Daath, ou Conhecimento, conhecido como Abismo. Na Árvore da Vida, ele fica entre Binah, Chokmah, Geburah e Chesed e bem no caminho entre Tiphareth e Kether.

Em muitos covens, o "treinamento" básico antes da iniciação inclui visualizações orientadas com base nas dez Sefirot. Um membro experiente do coven é responsável por facilitar as jornadas interiores às esferas da Árvore da Vida, através de um dos 22 caminhos que as interligam.

Uma jornada inicial nesse tipo de treinamento leva o acólito à Sefirá de Yesod, e muitos pretensos iniciados ficam encantados com o que encontram no Templo da Lua. O caminho da Árvore da Vida, no entanto, é repleto de perigos, e é comum que os recém-chegados à Cabala fiquem tão extasiados com as primeiras descobertas em Yesod que acabem "presos" ali, com dificuldade para seguir em frente. Curiosamente, um dos aspectos negativos da carta da Lua do tarô é a ilusão – e quem fica "lunático" pode se tornar obcecado com os próprios poderes e confundir ilusão com realidade. Essa é a lição inicial sobre o poder da Cabala – o acesso a esse sistema de descobertas nunca deve ser feito levianamente e sem um acompanhante experiente.

A melhor maneira de um iniciante abordar a Árvore da Vida é fazer isso com a consciência de que essa é uma expressão reduzida, concentrada e poderosa de todo um corpo de filosofia com origens antigas e místicas. O que você encontra nos caminhos das Sefirot pode ser peculiar à sua experiência, mas terá muito em comum com as experiências de outras pessoas; isso porque esse terreno está mapeado. Se você decidir explorar a Cabala sozinho, convém manter um diário para registrar suas experiências nessa jornada, seus sonhos e qualquer sincronicidade que observe em sua vida cotidiana. Além de servir para registrar suas ricas e variadas explorações da Árvore da Vida, o diário o levará a perceber se acabou ficando "preso" numa das Sefirot ou deixou que as distrações o tirassem completamente dos trilhos.

A Cabala se baseia na tradição mística judaica. A escada de Jacó, vista nesta imagem, é outra expressão da Árvore da Vida.

A Árvore da Vida

A Árvore da Vida é encontrada em culturas do mundo todo, de várias formas diferentes. É uma expressão comum da natureza, do Universo e da vida. A imagem descrita ao lado baseia-se no antigo sistema da Cabala e mostra uma estrutura de esferas arquetípicas, organizadas num padrão geométrico que simplifica a natureza complexa da realidade. Esse "mapa" evoluiu ao longo do tempo e está sujeito a várias interpretações e propósitos. Proporcionando um mapa do Universo que descreve e delineia sua criação, ela também é considerada um mapa da psique humana e um guia para a iluminação espiritual.

Se você estiver escrevendo o próprio Livro das Sombras, considere a possibilidade de copiar a estrutura básica das Sefirot, como mostrada aqui, deixando espaço para acrescentar suas anotações à medida que avança no caminho. A Árvore da Vida é particularmente suscetível a sobreposições de sistemas multiculturais e interculturais de conhecimento, bem como às várias camadas de correspondências vinculadas a ela. Você, com certeza, vai querer acrescentar suas próprias descobertas sobre esse sistema, à medida que avança.

A ÁRVORE DA VIDA

- Coroa — **KETHER**
- Entendimento — **BINAH**
- Sabedoria — **CHOKMAH**
- Conhecimento — **DAATH**
- Força — **GEBURAH**
- Misericórdia — **CHESED**
- Beleza — **TIPHARETH**
- Glória — **HOD**
- Vitória — **NETZACH**
- Fundamento — **YESOD**
- Reino — **MALKUTH**

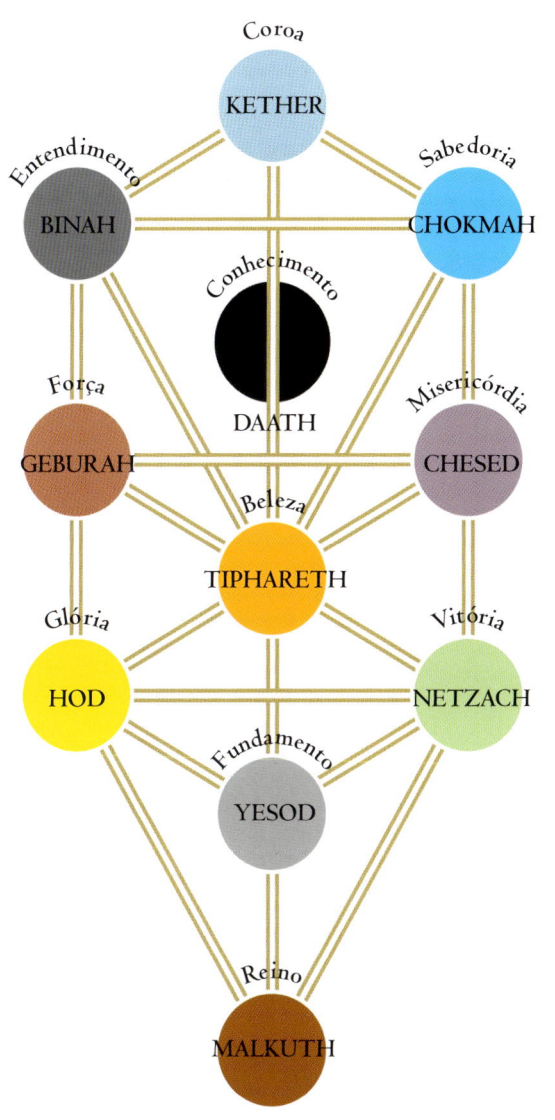

Alquimia

A palavra "alquimia" geralmente evoca imagens de laboratórios medievais repletos de líquidos e metais misteriosos em tubos de vidro. Embora parte dessa imagem tenha certo fundamento, a base filosófica da alquimia se baseia numa amálgama de filosofias e teorias espirituais. O primeiro adepto conhecido da alquimia foi Hermes Trismegisto, que viveu no Egito quase quatro mil anos atrás. Dizem que foi ele quem escreveu *Hermetica*, obra de 42 volumes sobre filosofias mágicas e espirituais que descreve rituais sagrados. A alquimia era praticada na antiga China e no Extremo Oriente, e os primeiros filósofos gregos que criaram teorias sobre a composição da matéria influenciaram seu desenvolvimento, sobretudo no que diz respeito à teoria dos elementos Ar, Fogo, Água e Terra. A alquimia chegou à Europa nos tempos medievais por meio de adeptos árabes que trabalhavam na Espanha.

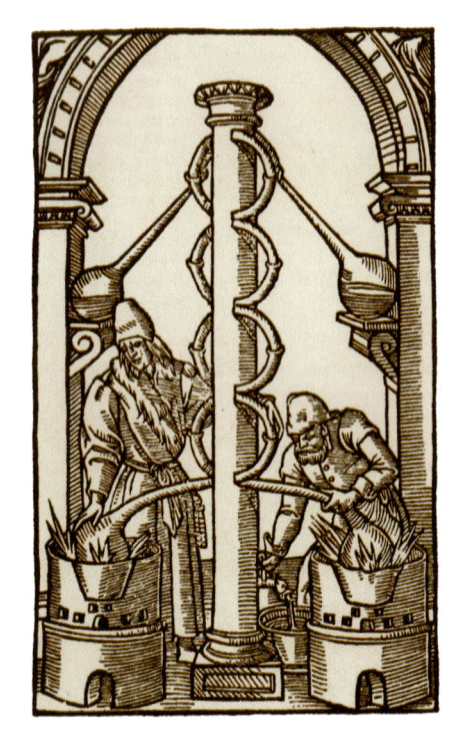

A busca pela pedra filosofal não era mais que a busca da alma para alcançar a perfeição. Enquanto os alquimistas se esforçavam

Os alquimistas buscavam o código químico que continha os segredos do Universo.

para transmutar metais comuns em ouro e encontrar o indefinível elixir da vida, também tentavam duplicar o que se pensava ser um processo natural – o meio pelo qual todas as coisas buscam alcançar a perfeição. Em suma, apesar de tentar mudanças físicas por meios químicos, os alquimistas tinham consciência de que a filosofia em que se baseavam tinha um código que explicava nosso lugar no Universo.

A alquimia estava interligada a teorias mágicas e astrológicas de tempos muito antigos, mas seus aspectos espirituais ainda são valorizados pelos ocultistas do Ocidente. Embora na Wicca a busca pela perfeição seja algo um pouco transcendental demais para nossa espiritualidade terrena, algumas de suas lições ainda são relevantes. A teoria alquimista de que a matéria é composta de Ar, Fogo, Água e Terra (aos quais se acrescentou posteriormente o Espírito) vem da mesma fonte que fundamenta essa divisão na Wicca. As correspondências astrológicas e planetárias são familiares aos wiccanos, porque esses sistemas vêm das mesmas raízes; na verdade, é bem provável que os primeiros rituais wiccanos tenham sido profundamente influenciados pelas filosofias alquímicas, que, como a *Hermética*, exerceram grande fascínio sobre os principais responsáveis pelo desenvolvimento da Arte.

OS SETE METAIS PRINCIPAIS

A relevância contemporânea da alquimia para a Wicca ainda é evidente nas tabelas de correspondências. Os sete principais metais da alquimia – que vão do mais básico até o mais puro e são

Os aspectos espirituais da alquimia ainda são valorizados pelos ocultistas do Ocidente.

ligados aos sete estágios do desenvolvimento espiritual humano – são associados aos sete planetas do nosso Sistema Solar conhecidos pelos gregos antigos.

CHUMBO

O chumbo, mais básico dos metais, era muito usado no mundo antigo devido ao baixo ponto de fusão e à maleabilidade. Essas qualidades o tornavam adequado para inscrições, e tabuletas de chumbo, datadas da época romana e impressas com feitiços latinos, foram encontradas em poços sagrados da Grã-Bretanha. Denso e pesado, o chumbo é o metal de Saturno, planeta lento e severo. Eco moderno das correspondências antigas, os anéis de Saturno podem ser vistos como símbolos das qualidades protetoras do chumbo.

ESTANHO

O estanho é outro metal "macio", considerado um presente de Júpiter, antigo regente romano dos deuses. O estanho teve seu papel no desenvolvimento tecnológico das civilizações como componente do bronze, metal duro e resistente à corrosão, produzido com o acréscimo de estanho ao cobre.

FERRO

O ferro, metal de Marte, surgiu quando o mundo antigo descobriu o segredo da fundição e transformou-o em armas que poderiam derrotar as confeccionadas em bronze. Também era usado para fabricar ferramentas agrícolas, como arados – talvez outra razão pela qual o feroz Marte, antigo deus romano da guerra, também seja patrono da agricultura.

COBRE

O cobre, metal da adorável Vênus, já foi exportado em grandes quantidades do Chipre, de onde deriva seu nome. O Chipre tinha a reputação de ser o berço de Vênus, deusa do amor.

MERCÚRIO

Mercúrio, planeta do deus mensageiro Hermes, o mais veloz do panteão grego, está associado ao metal mercúrio.

PRATA E OURO

O primeiro metal "nobre" desta seleção é a prata, ligada à Lua, enquanto o mais nobre dos metais é o ouro, associado ao Sol e às suas propriedades favoráveis à vida, símbolo da realização espiritual. O casamento do Sol e da Lua é conhecido como "casamento alquímico", e os wiccanos que cultuam a Deusa e o Deus como aspectos do ser supremo veem isso como expressão do equilíbrio necessário para alcançar a divindade.

A Wicca tende a se afastar desse tipo de hierarquia; valorizamos o mundo material como algo infundido de Espírito, não como uma gradação que parte do "básico" e vai até o mais "puro". No entanto, para os wiccanos, a alquimia vê a noção de realização espiritual como algo que resulta da matéria do Universo; para nós, a ideia de que os segredos do universo divino estão dentro e ao redor de nós nos parece familiar.

A hierarquia alquímica dos metais tem significado específico na Wicca.

Símbolos wiccanos

Como a maioria dos caminhos religiosos, a Wicca tem seu arsenal de símbolos favoritos. Alguns deles têm vários atributos, e todos estão sujeitos a conotações e sobreposições quase infinitas. Algumas interpretações básicas, no entanto, são aceitas pela maioria das tradições, por isso você encontrará algumas no glossário a seguir.

Os bruxos costumam usar símbolos e imagens em roupas e acessórios, como joias e bijuterias. Ocasionalmente, carregam ou usam um símbolo para uma finalidade específica, como conferir poder de proteção ou força, por exemplo. Isso é mais frequente quando usamos esses símbolos para decorar nossos instrumentos mágicos, sobretudo cálices, athames, varinhas ou cajados. Também utilizamos símbolos básicos nos trabalhos de magia e nos rituais, inscrevendo alguns mais relevantes em velas, escrevendo-os com tinta ou descrevendo-os no ar com o athame. Símbolos dos elementos e dos planetas nos ajudam a focar as energias que invocamos e, ao mesmo tempo, condensam seu poder concentrado.

Alguns símbolos foram redescobertos em fontes antigas – a espiral, por exemplo –, enquanto aqueles usados havia séculos para outros fins, como os dédalos, foram recuperados e agora são usados como sinais sagrados. Às vezes, uma tradição nascida no Ocidente faz uso extensivo de um simbolismo que se originou no Oriente; no entanto, como a Wicca é uma religião eclética e diversificada, reverencia a sabedoria onde quer que ela se encontre. Alguns bruxos preferem usar apenas os símbolos adotados pela própria tradição, mas não há ortodoxia que determine que essa seja a decisão mais correta, e a maioria dos wiccanos não se importa nem um pouco em misturá-los e combiná-los de maneira respeitosa.

PENTÁCULO/PENTAGRAMA

Um dos símbolos mais usados na Wicca é a estrela de cinco pontas, o pentagrama. Se encerrada em um círculo, trata-se de um pentáculo, e seu significado varia; pode significar desde o círculo da Terra até a natureza unificada do Universo. As cinco pontas referem-se aos cinco elementos sagrados: Ar, Fogo, Água, Terra e Espírito, e, nesse caso, é apresentada com uma única ponta voltada para cima. Quando o pentáculo ou pentagrama é grafado com uma ponta voltada para baixo, torna-se símbolo de proteção ou banimento e, às vezes, é encontrado sobre o batente das portas. Quando usado como joia, com a ponta para baixo, isso às vezes significa que é símbolo da segunda iniciação da Wicca tradicional.

A direção dos elementos simbolizados pelas cinco pontas da estrela varia, mas a mais comum é mostrada no diagrama à direita.

SÍMBOLOS DOS ELEMENTOS

As cores dos cinco elementos são Ar-amarelo, Fogo-vermelho, Água-azul, Terra-verde, Espírito-roxo ou branco (ver tabela da p. 78 para mais informações). Ocasionalmente, você pode ver pingentes de triângulos invertidos, os quais, em geral, indicam a primeira iniciação do elemento Água; esse símbolo é muito estimado pelos bruxos centrados na Deusa, pois também tem conotações positivas em relação à fisicalidade das mulheres. O símbolo para cada elemento é o triângulo equilátero (ver abaixo).

Ar
triângulo atravessado por linha horizontal

Fogo
triângulo

Terra
triângulo invertido atravessado por linha horizontal

Água
triângulo invertido

Espírito
pentáculo com uma ponta voltada para cima

SÍMBOLOS WICCANOS

ESTRELA DE SEIS PONTAS

Às vezes conhecida como Estrela de Davi, símbolo da fé judaica, a estrela de seis pontas tem conotações diferentes na Wicca. Une os símbolos dos quatro elementos físicos, e sua simetria demonstra visivelmente o princípio hermético: "Assim em cima como embaixo". Na Wicca, portanto, é um símbolo de significado hermético, assim como a conjunção dos elementos.

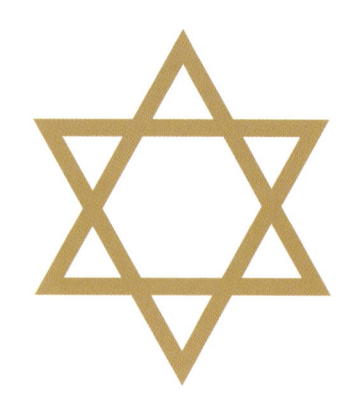

TEIA, DÉDALO, LABIRINTO E ESPIRAL

A teia é um símbolo particularmente importante na Wicca contemporânea; descreve a maneira como concebemos o universo físico e espiritual e a natureza da magia. Simboliza a conexão sagrada, que também entendemos como Espírito e/ou Deus e Deusa. Os dédalos, (*mazes*, em inglês), populares na Europa na Idade Média e na Renascença, são intrincados labirintos com muitos becos sem saída, símbolo das funções do lado esquerdo do cérebro, da racionalidade e da razão. Por outro lado, traçar ou percorrer um labirinto unicursal (*labyrinth*, em inglês), ou seja, com um único percurso, ativa as funções do lado direito do cérebro, sede das capacidades intuitivas e psíquicas. O labirinto unicursal descreve a jornada desde o nascimento, através da vida, até a morte e o renascimento, e é encontrado em muitos monumentos antigos. A espiral tem função semelhante – não surpreende que o labirinto possa ser uma espiral – e denota igualmente a ordem microcósmica e macrocósmica do Universo. A espiral, como a teia, é um símbolo do elemento Espírito.

TRIÂNGULO, TRÍSCELE E NÓ CELTA

A triplicidade é uma configuração recorrente na Wicca e ressoa com as filosofias matemáticas e geométricas dos antigos gregos e com os símbolos espirituais usados por nossos ancestrais celtas. O triângulo equilátero era uma forma particularmente importante para os arquitetos gregos antigos, em busca de equilíbrio harmonioso. Era também um símbolo sagrado para Atena, deusa padroeira de Atenas e divindade da sabedoria, da matemática, das artes e do artesanato.

Os trísceles, "redemoinhos" de três espirais da arte celta, representam o poder do três – Terra, Água e Fogo. Do ponto de vista simbólico, são semelhantes às espirais, e, como o número três é sagrado para a Deusa Tríplice da Lua, representa a energia da deusa. O desenho celta está repleto de simbolismo espiritual, sobretudo no intrincado padrão dos nós. Na Wicca, o fio ininterrupto a partir do qual os nós são compostos representa a natureza da eternidade e do Universo, enquanto seu formato retrata a complexidade e a beleza da vida.

RODA DE OITO RAIOS

A roda de oito raios é um símbolo do ano sagrado. Cada um dos raios representa um dos sabás. Às vezes, simboliza a Roda da Fortuna, a deusa do acaso e do destino no panteão romano.

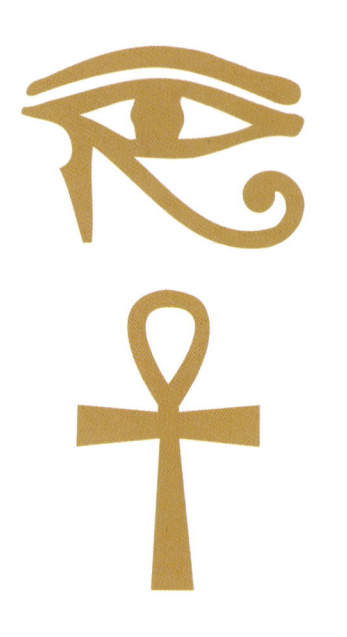

ANKH E O OLHO DE HÓRUS

O ankh é um antigo símbolo egípcio associado a Ísis, a Grande Mãe e deusa da magia e da cura. A laçada, na parte superior, é um símbolo yônico – sexual feminino –, enquanto a haste é um símbolo fálico. Em conjunto, concebem a vida, por isso o ankh é visto como a chave da fertilidade, do renascimento e da vida eterna. O olho de Hórus, seu filho divino, é uma proteção contra o mal e símbolo da "vidência" ou da sabedoria. Hórus é deus da saúde e da regeneração, por isso seu símbolo carrega alguns significados pagãos contemporâneos.

O SENHOR DA COLHEITA (GREEN MAN)

Representações antigas do Senhor da Colheita (em inglês, Green Man), espírito da natureza de feições folhosas e, muitas vezes, com folhas surgindo da boca, podem ser encontradas em todas as ilhas britânicas. Na Wicca, é visto tanto como um aspecto do Deus quanto como defensor do meio ambiente.

DESENVOLVA SEUS CONHECIMENTOS E HABILIDADES

FIGURAS DA DEUSA

Figuras da deusa, sejam estatuetas de argila arredondadas como a Vênus de Willendorf ou figuras mais delgadas em forma de punhal e tocos no lugar de braços, são muito usadas como pingentes na comunidade wiccana. Muitas remontam à Idade da Pedra e simbolizam todos os atributos de uma divindade feminina valorizada.

LUA TRÍPLICE

A Lua cheia ladeada por uma Lua crescente (à direita) e uma Lua minguante (à esquerda) é um símbolo da Deusa Tríplice: Donzela, Mãe e Anciã, respectivamente.

CRUZ SOLAR

Cruzes de braços iguais antecedem o cristianismo e, quando dentro de um círculo, simbolizam os poderes do Sol.

CORNUCÓPIA

O Chifre da Abundância é o símbolo da antiga divindade romana Ceres, deusa da fertilidade e da abundância. O uso desse símbolo geralmente indica desejo de abundância por parte do portador.

Cores

Se você estiver lendo os capítulos desta obra na sequência, já sabe que, na Wicca, as cores são importantes. Alguns bruxos creem que cada uma das cores produz uma "vibração" diferente, teoria que vai além do simbolismo e não é peculiar à Wicca, pois é fruto da Nova Era. O glossário a seguir se restringe às associações e correspondências simbólicas de cada cor.

Os cinco elementos sagrados da Wicca têm cores específicas a eles atribuídas (ver tabela da p. 78). No entanto, existem outras propriedades simbólicas associadas às cores. O guia a seguir não é definitivo; à medida que sua própria experiência aumentar, vá adicionando significados ao seu próprio glossário e correspondências ao seu Livro das Sombras.

BRANCO

Cor da Lua, o branco é frequentemente usado para invocar a energia lunar nos trabalhos de magia. Também é símbolo de pureza e leveza e, muitas vezes, usado com outras cores para representar aspectos do trabalho que será realizado. Na maioria das vezes, os rituais de bênçãos usam velas brancas. Como o branco promove a ideia de inocência, também pode ser usado para simbolizar a iniciação e indicar intenções puras.

A energia lunar é simbolizada pela prata ou pela cor branca.

DESENVOLVA SEUS CONHECIMENTOS E HABILIDADES

PRETO

Ao contrário da crença popular, o preto não é uma cor do "mal"; é a cor do potencial, do espaço e da proteção. É, muitas vezes, usado em feitiços de banimento e amarração, pois é a cor que representa a parte escura da Lua, à medida que ela mingua, ou a própria Lua Negra. O preto simboliza a escuridão; mas, na Wicca, não é concebido como algo "ruim", mas como algo potencialmente criativo e que dá passagem ao nosso eu mais profundo. É uma cor usada nas velas que representam deusas negras, como Hécate, Kali ou Morrigan.

VERMELHO

Cor primária que denota fogo, paixão, força de vontade, coragem e energia sexual, o vermelho é frequentemente usado em feitiços de amor, para invocar o amor verdadeiro. Cor da energia de Marte, é usado nos trabalhos de magia para invocar defesa contra aquilo que ameaça ou oprime. Também é usado para denotar a energia solar.

O vermelho pode ser usado para evocar a energia de Marte.

AMARELO

Cor primária que representa questões da mente, a comunicação, a aprendizagem, o movimento e os inícios, o amarelo é a cor das deusas do intelecto e do estudo, como Atena e Sarasvarti, e da aprendizagem e erudição. Como o vermelho, pode ser usado para invocar a energia solar, mas pertence sobretudo a Mercúrio, planeta da agilidade e da comunicação.

O azul é muito associado à água.

AZUL
Cor primária que representa a Água e, consequentemente, a cura, a harmonia, o amor, as emoções, as capacidades psíquicas, os sonhos e a intuição, o azul está ligado à energia de Netuno, ao passo que o azul mais escuro, às vezes, simboliza Júpiter.

VERDE
Cor secundária que simboliza a fertilidade, o crescimento, as questões materiais e a Terra, o verde também está ligado à energia de Vênus. Essa é a cor do chakra do Coração e simboliza os sentimentos, a totalidade e as uniões harmoniosas.

ROXO
Considerada a cor da realeza, em tempos antigos, o roxo é a cor do planeta Júpiter, visto como o rei dos deuses. Indica espiritualidade, generosidade, justiça, o acaso e o milagre. Também é a cor da transformação, o que lembra sua associação com o elemento

O verde é símbolo da energia da Terra.

O cor-de-rosa simboliza o carinho e a amizade.

Espírito. Cor ligada a Fortuna, deusa da roda do destino e do acaso, e a Íris, deusa mensageira do arco-íris (ver a seguir).

COR-DE-ROSA

Essa cor simboliza afeição, afinidade, amizade; velas cor-de-rosa, às vezes, são usadas em feitiços de amor, assim como velas vermelhas e brancas, para adicionar essas qualidades particulares às outras exigidas para atrair amor.

PRATEADO

Como o branco, que simboliza a energia lunar, muitas vezes o prateado é mais usado que o dourado, devido à ênfase nas fases da Lua e em outras formas de simbolismo lunar na Wicca. O prateado também pode simbolizar o desejo de atrair dinheiro em feitiços para prosperidade.

DOURADO

O dourado simboliza os atributos do Sol, incluindo a felicidade, a saúde, a realização, o sucesso e, de acordo com a alquimia, a realização espiritual. É frequentemente usado em feitiços para trazer saúde a um indivíduo ou sucesso em geral para a pessoa ou empresa.

ARCO-ÍRIS

Multicolorido, o arco-íris foi adotado como símbolo do orgulho gay no Ocidente, e Íris, deusa do arco-íris, é sua patrona. Na Wicca, o arco-íris simboliza a esperança, a estreita interconexão entre o céu e a terra, a espiritualidade e a fisicalidade, e os princípios da conexão, da coalizão e da unidade.

Herbologia

Devido à associação consagrada pelo tempo entre os bruxos e o conhecimento das ervas, não surpreende que os wiccanos contemporâneos creiam nas tradições acerca das propriedades mágicas das plantas. Assim como existem correspondências simbólicas entre planetas, constelações, fases da Lua, dias da semana, deuses e deusas e os elementos, também existem tradições que ligam diferentes plantas a diferentes propósitos mágicos e ritualísticos.

É importante observar que as descrições a seguir se baseiam no simbolismo mágico, não em informações clínicas. A herbologia medicinal requer pesquisas e estudos médicos de muitos anos, e você nunca deve "prescrever" ervas para si mesmo ou para os outros, seja para ingerir ou passar na pele, se não tiver o treinamento apropriado. Existe um intercâmbio interessante entre a fitoterapia e o herbalismo mágico, mas na prática é preciso manter uma distância segura entre eles!

O glossário a seguir refere-se a algumas das plantas mais comuns usadas pelos bruxos, para fins mágicos e ritualísticos. São usadas de várias maneiras: como decoração para o altar, incenso, numa *balefire* (fogo aceso para fins mágicos ou ritualísticos) ou para rechear bonecas de pano usadas em feitiços. As ervas também podem ser utilizadas em rituais ou feitiços ungindo-se uma vela com óleo carreador e enrolando-a em folhas e flores secas.

Muitos bruxos gostam de fazer o próprio óleo de ervas.

Os bruxos costumam, ainda, colocar as ervas mágicas em saquinhos e amarrá-los à cabeceira da cama ou usá-los como pingente, no pescoço. Pendurar ramos ou grinaldas de flores com propriedades protetoras ou de banimento ao redor de uma lareira, no ponto central da casa ou na porta da frente e dos fundos, é uma maneira antiga de proteger a residência. Também se usam flores em guirlandas, ao redor da base de velas, ou em coroas que os participantes do ritual usam na cabeça.

Alguns bruxos gostam de fazer o próprio óleo de ervas imergindo uma quantia concentrada de ervas num bom óleo carreador, como o de semente de uva, deixando a mistura em repouso por pelo menos uma semana, para que absorva o perfume e a energia das folhas. Depois disso, despeja-se o óleo do frasco sobre um novo leito de folhas. Esse processo deve ser repetido até que o óleo fique impregnado com o aroma das ervas. O alecrim, o manjericão, a sálvia e o tomilho são ervas adequadas para usar nesse processo. Esse óleo é considerado um dos mais poderosos para o uso mágico, pois o mago já imprimiu sua energia ao prepará-lo para fins sagrados. Tanto a energia quanto a intenção de quem produz o óleo infundem-no com o tipo de energia que será útil nos trabalhos de magia.

Se você preferir usar as ervas a seguir, procure cultivar as suas próprias num vaso ou no jardim, ou colha-as na natureza. As ervas frescas têm "vibração" diferente das secas (que você pode usar em último caso), e convém ter algumas à mão. Se você pretende pegar folhas e flores de uma planta, deve sempre pedir a permissão dela antes – silenciosamente ou em voz alta. Se ela estiver no seu jardim, enterre uma migalha de pão embebido em vinho na sua base como agradecimento à terra. Se o glossário lhe parecer extenso demais, console-se com o fato de que você não precisa se lembrar de todas as informações de uma só vez e de que foram necessárias muitas pessoas e muitos anos para coletar todas elas.

As ervas frescas têm energia diferente das secas.

FLORES

Beladona Essa erva medicinal, consagrada a Lilith e a Hécate, é usada em trabalhos de vidência e feitiços de banimento e amarração. É extremamente venenosa, por isso devem ser tomadas todas as precauções para evitar intoxicação por contato.

Calêndula Planta solar, usada em incensos para a cura e o sucesso. Também usada em amuletos de amor e, às vezes, oferecida em colares para desejar boa sorte à noiva em casamentos wiccanos. Usada para intensificar a energia de cura em feitiços.

Camomila Usada dentro de travesseiros para ajudar no sono e em incensos para ajudar na meditação. Associada a feitiços para atrair sucesso e dinheiro.

Ciclame Para o amor e a proteção; combate os pesadelos.

A madressilva simboliza a lealdade.

Craveiro Às vezes conhecido como cravo-da-índia, é gerador de energia e aumenta o poder das combinações de incenso em pó. Também usado em encantos de proteção.

Gerânio Para uso em feitiços de amor; bom para combater a ansiedade e os problemas psicológicos.

Heliotrópio Associado a divindades solares, sobretudo Apolo, o heliotrópio é usado para profecias e para afastar a negatividade.

Jacinto Dedicado a Afrodite, o jacinto é uma planta do amor, e seu perfume tem

A lavanda é uma das grandes ervas "universais".

a fama de aliviar a dor e afastar os pesadelos. Usado em feitiços de cura e de amor.

Jasmim Por ter correspondências com a Terra e com a Lua, o jasmim é associado aos ciclos femininos e, às vezes, usado em feitiços para ajudar a aliviar problemas relacionados à menstruação ou à concepção. Usado em feitiços de amor para atrair amor verdadeiro e apaixonado, bem como em feitiços de prosperidade, devido ao aspecto terroso.

Lavanda Erva associada ao Ar e a Mercúrio, excelente para feitiços de comunicação e usada em combinação com outras flores em feitiços de amor. Ideal para feitiços de cura, no caso de doenças de pele e problemas psicológicos. Excelente dentro de travesseiros, para induzir o sono e ajudar a lembrar os sonhos.

Lilás As flores frescas são usadas para induzir lembranças vívidas e melhorar as visualizações e o transe. Usada em feitiços de amor e de cura.

Madressilva Pode ser usada em casamentos wiccanos para simbolizar a fidelidade. É usada nos feitiços da prosperidade e para aumentar a energia sexual feminina se colhida um dia depois da Lua cheia.

Milefólio Repele a negatividade e está associado a funções do elemento Ar, como viagens.

Papoula Planta lunar usada para induzir sonhos proféticos e o descanso para favorecer a cura. Associada aos ciclos femininos, ajuda na fertilidade e na concepção, além de regular os ciclos mensais das mulheres.

A calêndula tem associações solares.

Rosa Consagrada a Afrodite, a rosa aprimora óleos de amor e incensos. Associada ao elemento Água, também é ótima para feitiços de cura.

Selo-de-salomão Erva para proteção, limpeza e tomada de decisões.

As rosas são consagradas à deusa do amor.

A borragem estimula a coragem.

ERVAS

Alecrim Sempre presente no armário de ervas de qualquer bruxo, o alecrim tem várias funções mágicas, incluindo purificação, proteção e preservação da memória. Pode ser usado em ramas, para polvilhar o sal e a água antes de o círculo ser lançado, e cultivado na porta de casa para proteção.

Arruda Usada para a purificação e para a saúde, a arruda é outra erva que você precisa ter no armário, pois tem muitas utilidades.

Artemísia Consagrada a Ártemis, quando essa erva seca é queimada, ajuda a induzir visões psíquicas. Deixa os gatos malucos, então é melhor mantê-los longe! Afasta pessoas de más intenções e falsos amigos.

Borragem As folhas e flores da borragem podem ser levadas por aqueles que desejam coragem e força de vontade em situações difíceis. Promove força e resistência.

Confrei O confrei é principalmente uma erva de cura, adequada para doenças físicas e mentais.

Erva-dos-gatos Famosa por agradar os gatos, é usada em feitiços de amor e consagrada a Bast e Sekhmet, deuses egípcios com cabeça de gato e de leão. Usada para eliminar a negatividade.

O manjericão é usado em rituais de purificação.

HERBOLOGIA

Eufrásia Para facilitar a vidência e a profecia; gera energia em todo trabalho mágico.

Hortelã Serve para prosperidade, limpeza, cura, dinheiro e sorte no amor; é ótima panaceia.

Manjericão Uma variedade de usos, incluindo purificação, amor e proteção.

Marroio-branco Erva terrena e sexy, útil em feitiços de fertilidade, proteção e prosperidade.

Meimendro-negro Extremamente venenosa e de manipulação perigosa, essa erva é usada no exorcismo e nos feitiços de banimento, assim como para induzir visões. Nunca deve ser inalada, aplicada na pele ou ingerida. Todas as precauções devem ser tomadas para evitar envenenamento por contato.

A menta tem muitas associações mágicas.

Poejo Erva relacionada à hortelã, ideal para banir sentimentos ruins ou inveja direcionados a você. Ótimo para tirar o cheiro de sapatos velhos!

Urtiga Erva de proteção que pode ser queimada ou enterrada em um frasco para proteger uma propriedade e afastar fofocas e hipócritas. Bom antídoto se alguém estiver sendo maldoso. Excelente para feitiços de banimento.

Valeriana Usada para induzir o sono e também para ser colocada em sachês de amor.

TEMPEROS

Assa-fétida Erva de cheiro desagradável, cujas folhas são queimadas para afastar influências nefastas. Usada no exorcismo, é capaz de expulsar todo mundo de um ambiente!

Benjoim Resina usada em incensos para o sucesso e para proteção contra desastres.

A noz-moscada pode ser usada em feitiços de cura para pessoas idosas.

Canela Utilizada para induzir a paixão nos homens e para conferir prosperidade nos negócios.

Cravo Para a saúde em geral e para atrair pessoas. Usada em incensos para o sucesso e como óleo para atrair o amor e manter os problemas a distância.

Mirra Resina usada em incensos de purificação, bem como para a cura. Associada a enterros e ao renascimento, assim como à proteção.

Noz-moscada Usada no pescoço, dentro de um saquinho vermelho, propicia saúde e força. Particularmente útil em feitiços de cura para pessoas idosas.

O cravo-da-índia pode ser incluído no incenso para o sucesso.

Olíbano Proteção e purificação; resina consagrada ao Sol, boa para os trabalhos de cura.

Orris Raiz seca e em pó da íris, é frequentemente usada em incensos para o amor, mas o perfume é agradável o suficiente para ser usada como talismã de purificação para a casa. Pode ser colocada em saquinhos de musselina com aveia e usada no banho com óleo de lavanda, para um banho de purificação pré-ritual.

Patchouli Erva muito ligada à Terra, usada para atrair a atenção sexual masculina. Usada em óleos e incensos para o amor e, como correspondência da Terra, nos incensos para a prosperidade.

ÁRVORES E ARBUSTOS

Absinto Também chamado de losna, é usado em trabalhos divinatórios e para proteção.

Azevinho Com folhas espinhosas, o azevinho é uma erva de proteção; suas bagas podem ser enfileiradas num fio e usadas para que alguém cumpra sua promessa.

Cipreste Para entrar em contato com deusas do Outro Mundo, como Hécate ou Perséfone negra. Também para consagrar instrumentos mágicos. A fumaça produzida pelas folhas facilita a clarividência.

Dictamo Produz muita fumaça quando queimado; poderosa erva para divinações, ajuda na tomada de decisões e oferece visão clara de um problema.

O eucalipto é uma boa erva para a cura em geral.

Espinheiro Proteção, inícios e desejo sexual. Bom para impulsionar projetos e afastar obstáculos ao progresso.

Eucalipto Além de aliviar a sinusite, é uma boa erva para a saúde em geral e para a proteção; possui associações lunares.

Freixo Folhas e galhos de freixo são usados para proteção e profecias.

O espinheiro é uma flor do mundo das fadas, associada a Beltane.

Giesta Associada ao ar e ao vento, frequentemente usada na magia do tempo. Também usada para proteção e pureza.

Louro As folhas de louro são queimadas nos trabalhos psíquicos e de clarividência, assim como de purificação e cura.

Maçã, flor da macieira A macieira é a porta de entrada para o Outro Mundo celta, morada do aspecto bruxa (*hag*) da Deusa, que nos leva da vida à morte e ao renascimento. Suas folhas e flores são queimadas em transe e usadas nos feitiços de amor e cura.

Mandrágora Sua raiz é usada em feitiços de fertilidade e para reavivar o desejo sexual nos homens; já que é rara, a betônia-branca às vezes é usada no lugar dela. É também uma planta protetora e, quando enterrada num portão, dizem que afasta intrusos ou visitantes indesejados.

Murta Erva muito perfumada, cresce no Mediterrâneo. A planta madura se assemelha a uma árvore ou arbusto. Consagrada a Astarte, a murta é útil em feitiços para acender a paixão de um amante e para propiciar amor e fertilidade. A madeira é particularmente boa para confeccionar amuletos de amor. Boa erva para casamentos wiccanos.

Sorveira-brava Aparentemente protege contra bruxos (!), mas é uma boa planta protetora. As bagas podem ser usadas para conseguir barganhas e proteger propriedades. Também pode ser queimada para divinação.

Urze Erva ligada ao clima, usada para invocar chuva em períodos de seca e associada à proteção. Consagrada à deusa.

Visco Proteção, fertilidade e amizade. Usado em amuletos para proteção em geral, tem a reputação, possivelmente pela associação com o carvalho, de proteger contra relâmpagos e, por vezes, é colocado na varanda de casas altas. Também usado em feitiços para curar desentendimentos em amizades.

Zimbro Força importante de proteção em termos mágicos. Muitas vezes usado para afastar ladrões ou intrusos, pode ser pendurado em portas e janelas de residências, em forma de colares. Erva de proteção, seus frutos secos podem ser usados em incensos de purificação. Boa para feitiços de banimento e amarração, e também para proteger contra contratempos em viagens.

Óleos e Incensos

O uso de perfumes em rituais pode ser um recurso poderoso para o desenvolvimento espiritual e para realizar feitiços, pois os aromas promovem mudanças no humor e estados alterados de consciência. Além disso, ajudam a abrir a porta das emoções e da memória, para dali termos acesso ao nosso eu mais profundo – a centelha interior conectada com o divino e que é parte dele. Os óleos essenciais e os incensos capturam a essência da planta e, portanto, carregam a energia concentrada de suas propriedades mágicas e espirituais. Podem ser usados com eficácia nos trabalhos dentro do círculo e na meditação, de várias maneiras diferentes.

Os óleos são particularmente versáteis. Mas somente os essenciais puros devem ser usados nos trabalhos dentro do círculo, pois são essências naturais que condensam as qualidades da planta. Os óleos perfumados, de qualidade inferior, podem ser mais baratos,

Agora é comum ter um difusor de óleos essenciais em casa.

mas em geral contêm contaminantes químicos e provavelmente não têm nenhuma parte da planta cujo aroma pretende imitar! Os óleos essenciais podem ser usados em difusores no lugar de incensos; também podem ser usados para untar velas e ajudar a carregá-las com sua energia, além da energia da nossa intenção, e na geração de energia no círculo. Diluídos, o podem ser usados para ungir as pessoas que vão ser abençoadas – o nível de concentração é particularmente importante nesse caso (ver a seção Advertências na p. 339). Também podem ser usados para perfumar sachês de banho utilizados antes dos trabalhos no círculo, para purificação ou elevação do humor, ou adicionados a combinações de incensos.

Se você estiver usando um difusor de óleo, observe que o óleo essencial geralmente é adicionado à água, colocada numa pequena superfície sobre uma vela de *réchaud*. Se pretende usar óleo essencial diluído em óleo carreador, como o óleo de semente de uva ou amêndoa, para ungir uma pessoa ou uma vela, verifique se as proporções diluídas estão de acordo com limites seguros. Você também precisará manter uma toalha seca à mão, pois o óleo se espalha muito rapidamente e pode deixar as mãos e os utensílios bastante escorregadios.

COMO USAR O INCENSO

O uso de incenso nos trabalhos dentro do círculo, sobretudo o incenso em grãos ou em pó, pode fazer diferença radical e acrescentar uma atmosfera espiritual ao espaço sagrado. Pode ser usado com certas ervas (pp. 329-30), para promover estados alterados de consciência nos participantes. Ecoando as práticas de nossos ancestrais pagãos, o incenso carrega nosso desejo até as divindades por meio da doce fumaça transportada pelo ar.

O incenso em grãos ou em pó é o ideal, pois pode ser misturado com a finalidade específica do trabalho de magia, divinação ou meditação. Embora incensos com um único ingrediente, como bagas de zimbro, usadas para purificação, ou o díctamo, usado para divinação, às vezes sejam utilizados nos círculos wiccanos, as combinações de incensos são mais comuns. Algumas pessoas têm um dom especial para combinar incensos – mas não é difícil aprender a misturá-los se você souber alguns dos princípios básicos apresentados no glossário das pp. 340-41. Os incensos normalmente são compostos de resinas como olíbano, mirra, copal ou benjoim; uma base como sândalo-branco ou sândalo-vermelho; ervas secas, flores e/ou frutos; e, ocasionalmente, óleos essenciais ou até mesmo ingredientes encon-

Para misturar óleos, o ideal é ter um estoque de frascos e conta-gotas.

trados na cozinha, como mel, frutas secas ou vinho. Para fazer uma mistura de incensos, você vai precisar de uma superfície de trabalho limpa, como uma placa de mármore para picar as ervas, um pilão e um frasco. Uma faca afiada, ou, melhor ainda, uma faca de fio duplo, própria para colher ervas, seria o ideal.

O bom de usar incenso em grãos, ervas picadas ou pó é que você pode criar combinações especiais, adequadas aos propósitos específicos do ritual ou feitiço que está realizando. Pode criar diferentes combinações para diferentes fases da Lua e sabás, assim como para o trabalho com os elementos e tipos específicos de feitiço. Uma das mais belas que já usei foi uma mistura sugestiva produzida por um amigo para o equinócio de outono e que tinha aroma de pomares e templos antigos. As combinações devem ser criadas na fase da Lua apropriada para capturar as energias que você deseja liberar quando o incenso for queimado. Os incensos em pó ou grãos são queimados em discos de carvão em brasa, que podem ser comprados em lojas esotéricas ou pela internet. Os discos são colocados em incensários à prova de fogo, que, por sua vez, são colocados sobre um tapete antichama, para evitar danos em pisos e móveis.

Advertências

Se estiver grávida, tiver pressão alta ou sofrer de problemas de saúde graves, é importante que você consulte um médico ou terapeuta antes de usar qualquer um dos óleos ou ingredientes para incensos. Todos os óleos essenciais precisam ser diluídos antes de ser usados na pele ou no banho; alguns óleos essenciais não são apropriados para se usar dessa maneira. Essas essências poderosíssimas têm efeitos físicos e devem ser tratadas com grande cautela.

O óleo diluído para untar objetos ou pessoas nunca deve ser mais concentrado que 7 gotas de óleo essencial em 1 colher de sopa de óleo carreador de semente de uva, amêndoa ou azeite de oliva, e deve-se tomar sempre cuidado para manter o óleo longe dos olhos.

Glossário de óleos e incensos

Observe que a maioria dos óleos essenciais, das cascas e de resinas têm as mesmas propriedades atribuídas à erva, flor ou planta; as ervas incluídas neste glossário são aquelas cujos óleos têm propriedades particulares ou, no caso das cascas ou resinas, aquelas que não foram mencionadas na seção de herbologia (pp. 324-35).

ÓLEOS ESSENCIAIS

Amêndoa Óleo carreador, mas usado também para a prosperidade e a fertilidade.

Árvore do chá Para purificação, banimento e exorcismo.

Baunilha Restaura o vigor, dá energia; como afrodisíaco, pois aquece os sentidos.

Bergamota Para elevar o ânimo e para cura, purificação, inspiração.

Capim-limão Para o desenvolvimento espiritual, a clarividência e a cura.

Cravo Reaviva as paixões, tira a dor, evoca doces lembranças.

Gengibre Para a paixão e para combater problemas digestivos e a letargia.

Gerânio Abre o apetite dos convalescentes, promove o amor, a harmonia e o relaxamento, e combate o estresse.

O óleo de gengibre é um ótimo antídoto para a letargia.

O capim-limão estimula a clarividência.

Ilang-ilang Afrodisíaco por excelência! Promove sonhos proféticos.

Lavanda Induz o sono, promove o relaxamento e a cura.

Manjericão Para elevar o ânimo, desanuviar pensamentos e prevenir tensões e conflitos.

Rosa absoluta Para o amor, a harmonia e a cura. Óleo muito caro, mas o gerânio é um bom substituto.

Sândalo Para proteção, cura, consagração, bênção.

Violeta Para o amor e a cura e para equilibrar as emoções.

CASCAS, RESINAS E PLANTAS

Canela Saúde, paixão, gerar energia.

Cedro Prosperidade, heranças, assuntos domésticos, tradição.

Copal Purificação, banimento, amarração.

Henna Bênçãos, reverenciar o Deus e a Deusa interior, tradição.

Pinho Purificação, comunicação, renovação.

Sândalo-branco Bênçãos espirituais, consagrações, bênçãos em geral, purificação; base muito usada em incensos.

Sândalo-vermelho Harmonia, atrair energia; base muito usada em incensos.

Combinações de incensos

As receitas a seguir são uma seleção de combinações básicas para trabalhos de magia ou rituais.

AMOR

Misture todos os ingredientes na Lua crescente, para atrair o amor.

½ colher de chá de raiz de orris em pó
1 colher de chá de pétalas de rosa
½ colher de chá de mirra
1 colher de chá de madressilva
½ colher de chá de sândalo-branco
½ colher de chá de mel
1 colher de chá de passas picadas

INICIAÇÃO

Misture todos os ingredientes na Lua Negra.

½ colher de chá de dictamo
9 gotas de óleo de cipreste
1 colher de chá de incenso
½ colher de chá de mirra
1 colher de chá de bagas de sorveira-brava

PURIFICAÇÃO

Misture todos os ingredientes na Lua Minguante.

1 colher de chá de sândalo-branco
½ colher de chá de copal
9 gotas de óleo de cravo
9 cravos-da-índia
1 colher de chá de visco
½ colher de chá de raiz de mandrágora

PROSPERIDADE

Misture todos os ingredientes na Lua crescente, para aumentar a prosperidade.

3 folhas de louro
3 folhas de hortelã
6 gotas de óleo de cravo
½ colher de chá de sementes de papoula
1 colher de chá de madressilva
½ colher de chá de cedro

Os incensos são recursos muito poderosos nos trabalhos de magia.

DIVINAÇÃO

Misture todos os ingredientes na Lua Negra.

1 colher de chá de dictamo
1 colher de chá de folhas de louro esmagadas
1 colher de chá de artemísia
3 gotas de óleo de cipreste
1 colher de chá de sândalo-vermelho
3 gotas de óleo de capim-limão

ESBÁ

Misture todos os ingredientes na Lua crescente.

2 colheres de chá de incenso
1 colher de chá de sândalo-branco
½ colher de chá de bagas de zimbro
3 gotas de óleo de gerânio
½ colher de chá de raiz de orris em pó
2 colheres de chá de alecrim seco

As árvores e seu folclore

A Wicca é uma religião da natureza, e muitas vezes nos referimos a seres não humanos, como animais, rochas e plantas, como nossos "irmãos". Em nenhum lugar essa nossa afinidade com a natureza é mais aparente que em nosso relacionamento com as árvores. Sabemos que nossos antepassados reverenciavam o espírito das árvores e que algumas delas tinham associações espirituais e divinas.

As árvores carregam dentro delas registros históricos do ambiente em que estão.

Superstições sobre a madeira e as árvores são evidências de antigas tradições relacionadas às árvores.

O costume de "tocar na madeira" ou "bater três vezes na madeira", para dar sorte, assim como certas tradições em relação às árvores de Natal e os troncos de Yule, teve origem em crenças antigas sobre a natureza sagrada das árvores. Muitas tradições folclóricas antigas sobre as árvores e certos tipos de madeira estão relacionadas a crenças muito mais antigas sobre o espírito das árvores, e, muitas vezes, o que parece ser superstição é, na realidade, o remanescente de uma memória ancestral.

As árvores são plantas incríveis. Guardam, nos padrões de crescimento, registros históricos, meteorológicos e geológicos, e podem viver centenas de anos. Fornecem morada, abrigo e sombra para aves e insetos, animais e outras plantas, e são os pulmões do nosso planeta. Quando morrem ou são cortadas, fornecem material para construir casas e objetos, além de tornar mais bonito nosso próprio hábitat.

SÍMBOLO UNIVERSAL

As árvores também nos proporcionam lições espirituais; enraizadas na terra, crescem em direção ao céu, conectando o céu e a terra, pois pertencem a ambos. Acompanham as estações do ano, oferecendo abrigo e descansando no inverno, para preparar o renascimento da primavera. Não é nenhuma surpresa que a Árvore da Vida seja um símbolo universal de aspiração e desenvolvimento espirituais. Nossos ancestrais nórdicos consideravam um grande freixo, Ygdrasil, a expressão de toda a existência; na verdade, as árvores desempenham papel importante em muitos mitos da criação antiga. Os celtas eram grandes amantes das árvores e, assim como os religiosos gregos, usavam os bosques sagrados como templos ao ar livre e espaço para rituais.

Histórias de deusas e deuses antigos são pontilhadas de referências às árvores; segundo antigas lendas egípcias, a tumba de Osíris foi incrustada num pinheiro ou cedro. Dafne, perseguida por Apolo, é transformada num loureiro, enquanto a deusa Atena dá de presente aos gregos uma oliveira. Na mitologia judaico-cristã, o conhecimento chega à humanidade através do fruto da macieira. A importância das árvores para nossa civilização e das histórias ligadas a elas não poderia ser maior também no universo da Wicca.

ALFABETO DAS ÁRVORES

Os celtas tinham afinidade tão grande com as árvores que inventaram um alfabeto composto de árvores, o *Beth-Luis-Nion*, às vezes chamado *Beth-Luis-Fearn*. Esse alfabeto tem ligação com um calendário de treze meses – cada mês começando na Lua Nova. Todas as letras são relacionadas a um arbusto ou árvore, e aqueles nascidos no mês lunar relacionado a essa árvore supostamente têm algumas de suas qualidades, como os signos do zodíaco na astrologia. Além disso, existe um sistema de divinação relacionado aos símbolos Ogham do alfabeto, usados de modo semelhante às runas (pp. 350-57).

O glossário a seguir é apenas um guia, pois há variações na interpretação e na correspondência de cada árvore. Pode-se entender melhor o sistema por meio do estudo, da meditação e do contato direto com as próprias árvores.

ALFABETO DAS ÁRVORES

Letra	Árvore	Características
B Beth	Bétula	Disciplina, determinação, organização
L Luis	Sorveira-brava	Proteção, crescimento suave, aspiração
N Nion	Freixo	Magia, mistérios, portal, intelecto
F Fearn	Amieiro	Divinação, ofícios, sabedoria, regeneração
S Saille	Salgueiro	Poder psíquico, cura, fluxos da magia e dos sonhos
H Uath	Espinheiro	Proteção, amor, fertilidade, porta para o Outro Mundo celta
D Duir	Carvalho	Força, proteção, coragem, saúde, integridade espiritual, serviço
T Tinne	Azevinho	Proteção, manter promessas, alegria, força vital, sabedoria
C Coll	Aveleira	Fertilidade, intuição, nutrição, longevidade
M Muin	Videira	Êxtase, xamanismo, sensualidade, felicidade, rebelião
G Gort	Hera	Lealdade, regeneração, fidelidade, confiança
P Pelboc	Árvore-anã	Ajuda ao próximo, cura, defesa, espírito intrépido
R Ruis	Sabugueiro	Renascimento, consagração, princípio gerador, ousadia
A Ailm	Abeto-prateado	Pureza, esperança, visão clara, astúcia
O Onn	Tojo	Relacionamentos, lar, casamento, amizade, princípios
U Ur	Urze	Promessa, constância, dom artístico, amor pela tradição
E Eadha	Branco	Tempo, longevidade, autodeterminação, conhecimento
I Idho	Teixo	Tutela, flexibilidade, entrada, ancestrais

À medida que seus estudos progredirem, você obterá conhecimento mais prático dos significados dos padrões do alfabeto.

FOLCLORE DAS ÁRVORES

Existem muitos ditados sobre o folclore das árvores, alguns dos quais com pequenas pepitas de sabedoria. A superstição de que nunca se deve queimar um amieiro, ou a "Velha Garota" — outro nome dessa árvore, com referência às suas associações com a Deusa —, é, na realidade, um bom conselho, pois a madeira dessa árvore crepita e cospe fagulhas, por isso é um risco para sua segurança! Outros provérbios têm o mesmo caráter prático: por exemplo, a crença de que o carvalho e o freixo atraem

As bolotas do carvalho estão associadas à energia solar e a formas do deus.

raios provavelmente se origina do fato de que essas árvores são as mais altas da floresta e, portanto, mais sujeitas a ser atingidas por raios. O conselho para se abrigar sob o espinheiro provavelmente é bom, pois a altura e a extensão dessa árvore são restritas em áreas florestais, e ela, portanto, é menos suscetível a raios.

Algumas árvores têm associações específicas com planetas, elementos e deuses. O carvalho é muito associado ao Senhor da Colheita, Jack-in-the-Green e Robin Hood/Goodfellow e Herne ou Cernunnos, o Deus Cornífero e guardião da floresta. Essa árvore está ligada à energia solar e ao elemento Fogo e é especialmente sagrada para os druidas, cujo nome se acredita possa derivar do antigo nome do carvalho, *duir*. O salgueiro tem fortes conexões com a Lua e com a Água e é sagrado para o aspecto *Hag* ("bruxa") da Deusa Tríplice. Está associado à magia, aos sonhos e ao poder psíquico, e as varinhas feitas dessa madeira são particularmente populares entre as mulheres. O freixo tem associações com a Terra e com o Ar, refletindo suas qualidades interconectadas. A madeira do freixo, tingida ou pintada de preto, é muito usada, na comunidade wiccanna, para confeccionar o cabo dos athames. Considera-se essa madeira uma proteção poderosa e um canal de energia bidirecional, o que reflete as ligações do freixo com a terra e o céu.

O espinheiro provavelmente poderia ser tema de um livro inteiro sobre as conotações espirituais e mágicas das árvores; é considerado uma árvore ligada ao mundo das fadas, pois guarda a porta de entrada para o Outro Mundo, e recomenda-se que ninguém adormeça embaixo dele. Em algumas partes da Europa, construtoras foram obrigadas a mudar a planta de edifícios porque os trabalhadores se negavam a cortar espinheiros antigos. Essas árvores são consagradas a Cardea, deusa romana das trancas e fechaduras e da fertilidade e da mudança, e o florescimento do espinheiro marca Beltane, o primeiro sabá do verão. Por causa de suas qualidades protetoras, as pessoas costumavam levá-lo para dentro de casa para abençoar seu lar. Em algum momento, no entanto, esse costume foi invertido e passou a ser considerado de mau agouro, em vez de trazer sorte, provavelmente para desencorajar práticas pagãs. Nos dias de hoje, considera-se de bom agouro levar flores de espinheiro para dentro de casa, mas apenas no festival de Beltane.

Se algum dia você quiser fazer uma varinha de uma árvore viva, certifique-se de pedir antes a permissão dela e agradecer depois. Falo isso por experiência própria, pois já fui descuidada ao colher ramos de azevinho e ganhei uma cicatriz no formato da runa Ken (ver p. 355).

Em algumas culturas, acredita-se que cortar determinadas árvores dê azar.

AS ÁRVORES E SEU FOLCLORE

Runas

As runas são letras de um antigo alfabeto germânico que se desenvolveu ao longo dos últimos dois mil anos até formar 24 símbolos, usados para manter registros. Esses símbolos são formados de linhas retas, o que reflete suas origens, quando eram esculpidos em pedra ou madeira. As runas também carregavam significado que ia além do uso escrito ou fonético; incorporavam conhecimento e poder esotéricos e eram usadas para divinação e magia.

As runas são símbolos de um sistema desenvolvido ao longo de dois mil anos.

A palavra "runa" significa mistério ou segredo, e cada símbolo incorpora um conceito espiritual. O mito nórdico afirma que Odin, o Pai Todo-Poderoso, descobriu o segredo das runas com grande sofrimento; passou por um tipo de iniciação xamânica, em que ficou pendurado de cabeça para baixo na árvore do mundo, o Ygdrasil, por nove dias e nove noites, até obter o conhecimento dos seus segredos. O prêmio foram as runas, cujo conhecimento o dotou de poder e sabedoria. Odin transmitiu esse conhecimento a Freia, deusa do *seidr* ou "visão mágica", e posteriormente Hagal, deus do arco-íris que conecta a Terra Média e a morada dos deuses, transmitiu esse conhecimento para a humanidade.

O antigo alfabeto rúnico germânico às vezes é chamado de "Elder Futhark", sendo que a palavra FUTHARK compreende suas primeiras seis letras. A versão anglo-saxônica ou "Futhorc" contém 33 símbolos, devido a diferenças linguísticas nas regiões nas quais seu uso se difundiu. O Futhark é o sistema mais usado. É dividido em três "Aetts", cada um com oito símbolos. O primeiro Aett é dedicado a Freia; o segundo, a Hagal; e o terceiro, a Tyr, deus da coragem e da defesa, e os significados anexados a eles refletem isso (ver tabelas nas pp. 355-57).

Muitos wiccanos, encantados com a possibilidade de ter um registro vivo de um sistema mágico genuinamente antigo, atribuem às runas várias utilidades. São uma maneira útil de expressar e simbolizar valores espirituais específicos, e, às vezes, nós as usamos como pingentes para atrair seu poder. Os bruxos também usam as runas para fins de divinação: lançam um conjunto de pedras ou varetas rúnicas aleatoriamente e adivinham os significados das formas, dos padrões, da ordem e da direção em que caem; ou as sorteiam e as dispõem em "tiragens", mais ou menos como no tarô. Como nesse sistema, a divinação por meio das runas é mais um meio pelo qual se interpretam padrões e se age de acordo com eles, que um instrumento para "divinação". Os próprios símbolos das runas, porém, são carregados de poder; por isso, se você optar por usá-las para fins de divinação, deve tratá-las com respeito e dar atenção ao que revelam.

Na Wicca, as runas também são usadas nos trabalhos de magia. Convém ter um conjunto de pedras que simbolizem diferentes conceitos espirituais na magia simpática; as runas oferecem um meio eficaz pelo qual podemos invocar energias, concentrar nossa intenção e focar nos resultados desejados com brevidade. Elas carregam ao próprio poder concentrado, além da função do simbolismo, e os bruxos, muitas vezes, acham que trabalhar com as runas ao longo do tempo aumenta a intuição e as capacidades mágicas.

AS RUNAS E A MEDITAÇÃO

As runas também são usadas na meditação. Um dos métodos favoritos dos wiccanos é segurar uma runa na mão do poder (normalmente a mão com a qual se escreve), fechar os olhos e traçar a linha entalhada da pedra com as pontas dos dedos, enquanto volta a atenção para dentro de si mesmo. Nesse método livre de meditação, a própria pedra transmite mensagens e ideias, ela fica impressa cineticamente no consciente e no subconsciente, ou seja, por meio do toque, durante a viagem interior. Pode-se usar ainda um método mais direcionado, que consiste em se concentrar num problema em particular e selecionar uma runa que você associa a esse problema. Por exemplo, Daeg, a runa da visão clara, pode ajudá-lo a encontrar a verdade de uma situação. Você faz à runa uma pergunta direta relacionada ao problema e observa o que lhe vem à mente. As runas nem sempre são diretas; a resposta pode vir em forma de sugestões, pensamentos ou símbolos aleatórios, mas a intuição é fundamental nesse caso, e você terá que praticar e trabalhar muito com o sistema rúnico para obter bons resultados com esse método de "vidência". Muitas pessoas costumam usar o incenso divinatório com esse tipo de meditação (p. 343).

Embora hoje você possa comprar um conjunto de runas em lojas esotéricas, também é possível confeccionar seu próprio conjunto. Você pode fazer isso coletando pedras de um leito de rio e pintando cada uma delas ou cortando um galho de espessura uniforme em 24 varetas e gravando nelas os símbolos das runas. Se optar pelo último método, achará útil consultar novamente a lista de correspondências da p. 347, a fim de escolher a árvore mais apropriada para seus propósitos.

Uma escolha apropriada, dada as origens lendárias das runas, é o freixo. No entanto, todo mundo tem sua árvore e seu "estilo" de magia favoritos, e muitas madeiras são usadas para fazer conjuntos de runas. Se preferir a madeira de uma árvore viva, procure coletá-la fora da estação de crescimento e certifique-se de pedir permissão à árvore, deixando um "pagamento" (em outras palavras, retribuindo); para isso, use um selante orgânico na "ferida" deixada pela retirada do galho, para impedir que a madeira desprotegida fique vulnerável a fungos.

Confeccionar as próprias runas é um excelente exercício de autodesenvolvimento.

Sistemas rúnicos

O significado único de uma runa deve ser considerado no contexto do Aett a que ela pertence. O Aett de Freia é influenciado pelas características dessa deusa. Como é uma deusa do amor, da educação, do prazer e da alegria, as runas de Freia estão imbuídas dessas qualidades e devem ser vistas sob essa luz. Hagal, guardião da ponte que liga a Terra Média à morada dos deuses, traz à sua Aett as influências da realização, dos assuntos materiais, do poder e do sucesso terrenos. Tyr, poderoso deus guerreiro, conhecido pela coragem e pelo poder de proteção, traz a seu Aett todos os temas relacionados ao caráter protetor, como justiça, integridade, questões de autoridade, tomada de decisão e redenção moral.

Ao usar as runas, procure entender seu significado espiritual vendo-as no contexto da Aett em que estão agrupadas. Também é bom considerar as explicações a seguir apenas como ponto de partida, não como explicação definitiva do que as runas representam ou sua finalidade. Todos os mistérios têm múltiplas camadas, e os temas e as influências das runas se desdobrarão à sua frente se você se empenhar na pesquisa, no estudo e na prática das runas, tratando-as com respeito.

A seguir, é apresentada uma lista do Elder Futhark, dividido nos três Aetts. O nome das runas varia de acordo com os diferentes sistemas — os usados aqui são da antiga língua germânica padrão, com a versão popular comum entre parênteses. Não existe, aparentemente, nenhum precedente histórico para a runa em branco — a runa de Odin —, que surgiu no fim do século XX. No entanto, ela pode ser interpretada como mais uma evolução na jornada de desenvolvimento pela qual as runas passaram ao longo dos séculos. Embora os caracteres e seus nomes sejam antigos, os significados atribuídos a eles hoje receberam uma interpretação moderna, condizente com o mundo em que vivemos.

AETT DE FREIA

Runa	Nome	Símbolo	Características e significados
ᚠ	Fehu (Feoh) F	Gado	Riqueza, redistribuição, acumular energias
ᚢ	Uruz (Ur) U	Auroque	Força, mudança inevitável, vontade, desafio
ᚦ	Thurisaz (Thorn) TH	Espinho	Proteção, obstáculos a superar, generosidade
ᚨ	Ansuz (Ansur) A	Boca	Fala, comunicação, movimento, progresso, passar em testes
ᚱ	Raidho (Rad) R	Roda	Jornadas, caminho para a realização espiritual, surpresas, boas notícias, mudança na sorte, negociações
ᚲ	Kenaz (Ken) K/C	Conhecimento	Sabedoria, luz, atenção às lições da vida, propostas, cura, recuperação, fogo
ᚷ	Gebo (Gyfu) G	Dom	Amor, parceria, boa vontade, dádivas, sacrifício recompensado
ᚹ	Wunjo (Wynn) W/V	Alegria	Felicidade, risadas, boas notícias, resultados esperados

AETT DE HAGAL

Runa	Nome	Símbolo	Características e significados
	Hagalaz (Hagal) H	Hail	Forças naturais, equilíbrio, unificação, reconciliação, obstáculos, mudança necessária
	Nauthiz (Nid) N	Necessidade	Carência, constrangimento, paciência, tristeza, aguardar o tempo certo, adversidade
	Isa (Is) I	Gelo	Paralisação, isolamento, quietude, pausa, posição de espera, discrição
	Jera (Jara) J/Y	Ano	Ciclos, colheita, conclusão, resultados, rever fatos, recompensa, trabalho feito
	Eihwaz (Yr) El	Teixo	Defesa, prevenção de desastre, flexibilidade, os ancestrais, sabedoria antiga
	Perthro (Peorth) P	Dados	Chance, sorte, felicidade, segredos, recuperação de coisas que pareciam perdidas, o inesperado
	Elhaz (Eolh) Z	Alce	Paz, defesa, amizade, dispensar cuidados, capacidade de evoluir, mudanças pessoais
	Sowilo (Sigil) S	Sol	Saúde, plenitude, força vital, sucesso, poesia e música

AETT DE TYR

Runa	Nome	Símbolo	Características e significados
↑	Tiwaz (Tiw) T	Deus Tyr	Energia, poder, vitória, sucesso, busca espiritual
B	Berkano (Beorc) B	Bétula	Limpeza, crescimento, fertilidade, disciplina, paciência, integridade, habilidade interpessoal
M	Ehwaz (Eoh) E	Cavalo	Jornadas, mudanças gradativas, crescimento, comunicação, novos lugares
M	Mannaz (Mann) M	Seres humanos	Humanidade, dignidade, autoestima, amor pela humanidade, cooperação, justiça, integridade
↾	Laguz (Lagu) L	Água	Ciclos femininos, gravidez, fluxo e processo, condutos, sonhos, questões psíquicas, uma jornada
◊	Ingwaz (Ing) NG	Deus Freyr	Fertilidade, família, relacionamentos harmoniosos, inícios, ambiente doméstico, consolidação
⋈	Dagaz (Daeg) D	Dia	*Insight*, clareza, verdade, mudança radical positiva, deslumbramento, apreciação da beleza
⟐	Othala (Othal) O	Propriedade	Herança, legado material e espiritual, separação, preservação dos costumes e da lei

SISTEMAS RÚNICOS

Mitos e histórias

Como a espiritualidade da Wicca é diversificada, ela não tem uma única mitologia que abranja toda nossa tradição de histórias e mitos. Encontramos significado em muitos contos antigos e não temos receio de reinventá-los ou reinterpretá-los da maneira consagrada pelo tempo, ao longo de sucessivas gerações.

Uma das histórias wiccanas mais conhecidas é o "Mito da Deusa", às vezes encenada em rituais para iniciados. Essa história conta a descida da Deusa ao Mundo Subterrâneo, para aprender os segredos da Morte. A cada portal, ela é forçada a abrir mão de seus apetrechos mundanos, até se ver totalmente nua. Por fim, é abraçada pela Morte, que revela o conhecimento secreto que ela tanto procurava. A interpretação desse conto fica por conta do iniciado, que, como a Deusa, está diante do portal, pronto para entrar num terreno desconhecido, disposto a deixar de lado as convenções e distrações mundanas, a fim de se tornar apto a aprender o que vale a pena conhecer.

VÁRIOS MITOS DA DEUSA

Este mito é uma versão moderna de uma combinação de várias histórias antigas de deusas que descem ao Mundo Subterrâneo. O mais antigo deles é a descida de Innanna, a intrépida deusa da antiga Suméria, que com astúcia, iniciativa, compaixão e sacrifício desce até o Mundo Subterrâneo, deixando seus pertences, joias e roupas nos sete portais da terra dos mortos. Ali, ela sofre para obter conhecimento e retorna ao mundo superior com o poder e a sabedoria que se propôs a encontrar.

Há também ecos da história de Perséfone, filha da Deusa da Terra Deméter, que pode ter evoluído do ciclo de Innanna. A Deusa Donzela Perséfone desce ao Mundo Subterrâneo e, como come seis sementes de romã enquanto está ali, é forçada a retornar a cada seis meses, todos os anos; durante esse período, sua mãe divina chora e negligencia a vegetação da Terra, causando, assim, as estações. Ambas as lendas têm fortes temas solares; a noção da descida ou a queda dos

A história de Perséfone faz parte de uma antiga mitologia relacionada ao ciclo solar.

poderes do Sol no decorrer do ciclo anual. A ênfase na descida de uma deusa em vez de um deus indica ligações antigas entre os poderes regenerativos do Sol e uma deusa; talvez a associação da ascensão e queda da luz com o princípio masculino tenha surgido muito depois.

DESENVOLVA SEUS CONHECIMENTOS E HABILIDADES

O REI DO CARVALHO E O REI DO AZEVINHO

Existe uma tradição wiccana que associa diferentes aspectos do deus às mudanças sazonais. Ela se baseia no costume popular da luta entre o Rei do Carvalho e o Rei do Azevinho. O Rei do Azevinho é o senhor do período do ano em que ocorre o declínio da luz, versão invernal do Senhor da Colheita. É um espírito da natureza cuja mensagem é a esperança nas profundezas do inverno e, na Wicca, representa, entre outras coisas, a maturidade. O Rei do Carvalho é o recém-chegado, rival do Rei do Azevinho, pois sua regência se baseia no aumento da luz e não no período de quietude que chega quando os dias estão mais escuros.

As batalhas entre o Rei do Carvalho e o Rei do Azevinho, que simbolizam a predominância da luz ou da escuridão, não são travadas em nenhum dos festivais solares — solstícios e equinócios —, mas em Beltane (pela afeição da Deusa, ostensivamente) e em Samhain, respectivamente os primeiros festivais de verão e inverno. O resultado das batalhas é um desfecho já conhecido de antemão, pois o vencedor é aquele que predominará naquela época do ano. No entanto, esse conhecimento nunca impediu os mais determinados de usar galhadas e equipamentos de combate para tentar nocautear o oponente.

LENDA ARTHURIANA

Elementos da parceria entre a deusa e o deus são vistos nas lendas arthurianas, de acordo com as interpretações wiccanas. O ciclo arthuriano lança o herói como o jovem deus (concebido sob circunstâncias misteriosas), o xamã (aprendiz de Merlin e iniciado pela Dama do Lago) e o consorte da deusa da soberania (Rei da Terra). O destino do deus solar é refletido na história de Arthur; ele é mortalmente ferido, mas adquire a imortalidade quando é levado para Avalon — a Ilha das Maçãs (fruto do Outro Mundo celta) — por (esta informação varia), três ou nove donzelas, referência à Deusa Tríplice. Existem paralelos com a jornada do Sol que declina, descendo cada vez mais no céu todos os dias, após o equinócio de outono. O deus Sol moribundo viaja para a terra dos mortos, onde

As máscaras de folhagem usam como modelo o rosto do Senhor da Colheita, que às vezes se manifesta como Rei do Azevinho.

peregrina com a Deusa, mãe de todos os seres vivos, para ser restaurado e, por fim, renascer quando sua luz se eleva mais acima do horizonte, após o solstício de inverno. Evidentemente, se não vemos o Sol como masculino ou o aspecto masculino do Deus e da Deusa como o Sol, esse paralelo tem pouca importância. No entanto, não há como negar as referências na lenda arthuriana à questão do casamento entre Arthur, símbolo das origens divinas dentro da fragilidade humana, e a Terra.

Para aqueles de nós que veem a divindade no aspecto feminino – com o "masculino" residindo dentro do feminino –, ou que percebem o Deus e a Deusa como aspectos do Uno, sem as restrições dos modelos de gênero, outra história pode ser contada com o ciclo anual. Ela nos leva além da ascensão e da queda do Sol, até uma interpretação muito mais rica das mudanças sazonais e da vida.

Em Imbolc, a Deusa Donzela adquire cada vez mais feminilidade na companhia das mulheres. Ao mesmo tempo, o jovem Deus cresce no amor dos pais, criado na floresta, aprendendo e explorando seus caminhos. Em Eostre, a Donzela já adquiriu mais feminilidade, e o jovem Deus demonstra masculinidade precoce; eles se tornam amantes e concebem um filho. Em Beltane, deixam de lado a juventude e se casam sob um espinheiro em flor. Ambos abandonam suas galhadas, símbolos do crescimento e da mudança, e vestem o manto da responsabilidade. Durante o verão, reinam em todo o esplendor, armazenando a força do Sol para enfrentar a parte mais escura do ano.

Em Lammas, chega a colheita do milho, e o espírito de John Barleycorn – um aspecto do Deus – é capturado em bonecas de milho, para garantir seu retorno no ano seguinte como o espírito da regeneração. Em Samhain, a Deusa grávida é assistida pelo próprio eu ancião, a Bruxa (*Hag*), e ela e o Deus partem para as margens mais escuras do Tempo dos Sonhos, para se preparar para o renascimento do Deus no solstício de inverno; assim, o ciclo recomeça.

Se você está se perguntando onde essa história começa e onde termina, como a Deusa conseguiu ser uma bruxa (*Hag*) ao mesmo tempo em que é Donzela e Mãe, está deixando de ver o mais importante. O ciclo do ano, assim como a história, é sobre mudanças constantes, não sobre finais felizes e princípios absolutos. E é por isso que as histórias, sujeitas a muitos níveis de interpretação, são o veículo ideal para expressar algo da maneira como a Wicca aborda as verdades essenciais — as grandes questões — sobre a natureza do Universo e nosso lugar dentro dele.

O ciclo arthuriano está repleto de arquétipos antigos.

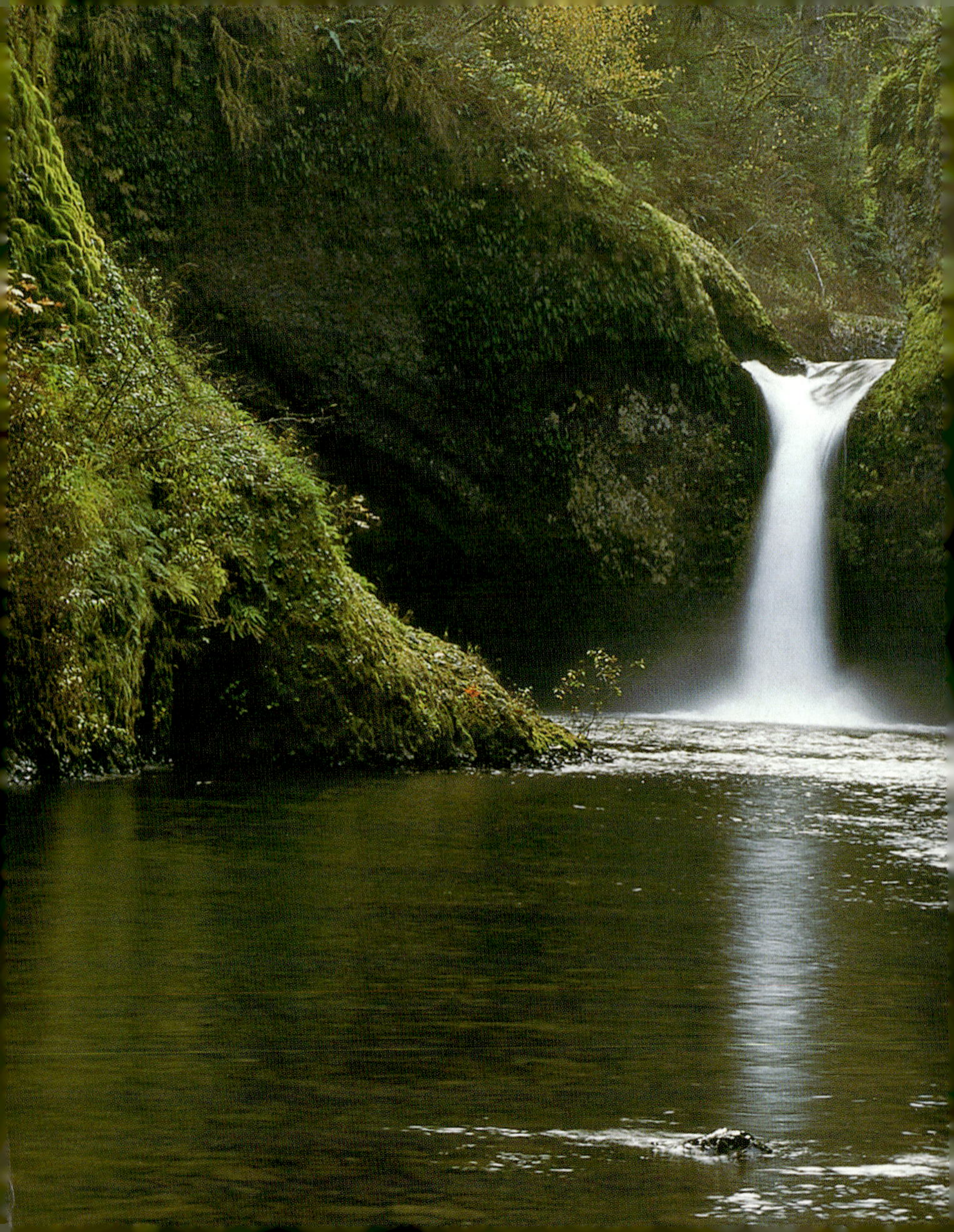

RITUAIS E CERIMÔNIAS

Principais rituais

Como você já deve ter percebido, o trabalho dentro do círculo consiste muito mais em rituais que em feitiços. Mudanças sazonais são comemoradas nos oito sabás, os principais festivais do ano wiccano. A mudança das fases da Lua é celebrada nos esbás, quando os wiccanos se reúnem para reverenciar o Deus e a Deusa, para lançar feitiços e para fomentar o próprio desenvolvimento espiritual e mágico. Os sabás e os esbás têm um elemento pessoal – quando celebramos as mudanças sazonais e cíclicas no mundo à nossa volta, refletimos sobre como isso pode se refletir em nossa própria vida. No entanto, existem rituais que se relacionam muito mais diretamente com o aspecto pessoal; rituais que nos ajudam a marcar acontecimentos da vida e celebrar ritos de passagem.

A Wicca desenvolveu tradições para marcar as mudanças da vida.

Por que realizar um ritual? Na Wicca, marcamos os ciclos da vida ou os acontecimentos que mudam nossa vida porque, ao realizar mudanças simbólicas em um espaço sagrado, enviamos uma mensagem ao nosso eu espiritual mais profundo, tendo as divindades como testemunhas. Enquanto estamos no círculo, estamos trabalhando "entre os mundos", tecendo novos padrões, "registrados" na grande rede de existência. Como estamos trabalhando simbolicamente, estamos acessando nossa consciência mais profunda. O efeito desse duplo impacto provoca a afirmação psicológica e espiritual das mudanças que aconteceram ou estão prestes a ocorrer.

Uma advertência: corremos o risco de "ritualizar" demais os diferentes aspectos da nossa vida desnecessariamente, e muitas vezes somos avisados dessa tendência por meio do gentil conselho de uma irmã ou irmão praticante, no início do nosso desenvolvimento na Arte. Realmente não é necessário realizar um ritual para cada acontecimento; por exemplo, antes de sair de casa, antes de comer ou tomar uma decisão. Além disso, os rituais não precisam ser elaborados; na realidade, quanto mais simples forem, mais eficazes.

Os rituais a seguir são exemplos de cerimônias que você pode realizar em ocasiões importantes do ciclo de vida. Foram projetados para permitir que convidados participem da cerimônia e podem ser adaptados de acordo com sua necessidade pessoal. A estrutura básica desses rituais presume que você trabalhará com outras pessoas dentro do círculo, como os oficiantes que invocam os elementos e acendem as respectivas velas no momento de lhes dar as boas-vindas. Todos os rituais desta seção são exemplos muito básicos e podem ser facilmente reformulados para atender às suas necessidades e preferências.

Os rituais dos ciclos de vida celebram as mudanças no nosso mundo interior e exterior.

PRINCIPAIS RITUAIS

Cerimônia da nomeação

Este ritual foi criado de modo que seus parentes e amigos possam participar das várias etapas da cerimônia, por isso estabeleça, de antemão, quem desempenhará cada papel na cerimônia.

RITUAL

Você vai precisar de:

- Um oficiante para cada elemento
- Incenso de purificação, como o de olíbano
- Um cálice com água
- Um pedaço de pão
- Coroa de flores para a cabeça do bebê
- Uma vela branca, num suporte seguro, para cada convidado

Como realizar o ritual:

1 Acenda o incenso e lance o círculo.

2 O oficiante do elemento Ar diz: "Dou as boas-vindas a este círculo ao elemento Ar, com todas as suas bênçãos. [Para o bebê] Que esta criança seja abençoada com aprendizado e conhecimento, com inteligência e poder para se comunicar facilmente com os outros".

O oficiante do elemento Fogo diz: "Dou as boas-vindas a este círculo ao elemento Fogo, com todas as suas bênçãos. [Para o bebê] Que esta criança seja abençoada com coragem, força de vontade e vigor para trabalhar pelo que é correto".

3 O oficiante do elemento Água diz: "Dou as boas-vindas a este círculo ao elemento Água, com todas as suas bênçãos. [Para o bebê] Que esta criança seja abençoada com amor e amizade, e o dom da intuição". O oficiante do elemento Terra diz: "Dou as boas-vindas a este círculo ao elemento Terra, com todas as suas bênçãos. [Para o bebê] Que esta criança seja abençoada com saúde, prosperidade e o conhecimento das suas raízes na Terra. O oficiante do elemento Espírito diz: "Dou as boas-vindas a este círculo ao elemento Espírito, com todas as suas bênçãos. [Para o bebê] Que esta criança seja abençoada com sabedoria e

Muitas culturas realizam a cerimônia da nomeação.

use seus dons para fazer deste mundo um lugar melhor à medida que cresce".

4 Os pais então dizem: "Estamos aqui para receber esta criança no seio da nossa família e da nossa comunidade, para pedir que a Deusa zele por este/a pequenino/a e testemunhe nossos desejos para ele/ela. [Falando com o bebê e colocando a coroa na cabeça dele] Nós nomeamos você [nome]. Seja bem-vindo/a!". Todos os presentes dizem: "Bem-vindo/a, [nome]".

5 Um convidado escolhido coloca uma migalha de pão na mão do bebê dizendo: "Que você nunca tenha fome e sempre tenha o suficiente para compartilhar". [Para os convidados] "Que todos os presentes honrem a confiança que [nome do bebê] coloca em nós enquanto cresce".

6 Outro convidado escolhido molha os lábios do bebê com a água do cálice dizendo: "Que você nunca tenha sede e tenha sempre o suficiente para compartilhar". [Para os convidados] "Que todos os presentes possam ver esta criança ser criada com amor".

7 Todos os convidados avançam, um por vez, para desejar seus melhores votos para a criança, acender uma vela que sele seu desejo e colocá-la no centro do círculo antes de voltar ao seu lugar.

8 Os pais agradecem a todos os convidados, os oficiantes agradecem aos elementos e aquele que lançou o círculo o dispersa.

CERIMÔNIA DA NOMEAÇÃO

Casamento wiccano

Por tradição, "um ano e um dia" é o tempo para vigorar o casamento wiccano, mas, nesta cerimônia, a união pode ser mantida "enquanto durar o amor". A cerimônia descrita é para casais do mesmo sexo ou sexos diferentes. Podem ser incorporadas leituras ou músicas, ou pode-se abrir mão disso e apenas fazer os juramentos um para o outro. É comum usar cordões da iniciação para amarrar as mãos dos noivos durante a cerimônia, e um novo cordão pode ser usado e guardado em local seguro depois.

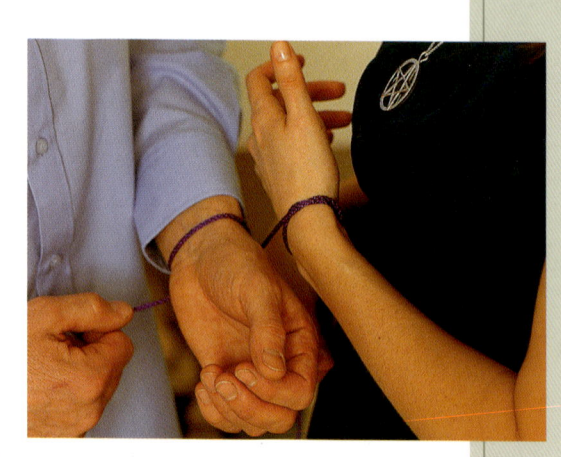

O casamento pagão também é conhecido como handfasting *[atar as mãos].*

RITUAL

Você vai precisar de:

- Incenso para o amor (p. 342), aceso antes do lançamento do círculo
- Pão
- Cálice de vinho ou suco
- Cordão
- Cabo de vassoura

Como realizar o ritual:

1 Lance o círculo.

2 O oficiante do elemento Ar diz: "Dou as boas-vindas ao elemento Ar, que traz para este círculo e este casamento as bênçãos da comunicação e das boas lembranças". O oficiante do elemento Fogo diz: "Dou as boas-vindas ao elemento Fogo, que traz para este círculo e este casamento as dádivas da lealdade e da paixão". O oficiante do elemento

RITUAIS E CERIMÔNIAS

Água diz: "Dou as boas-vindas ao elemento Água, que traz para este círculo e este casamento as bênçãos do amor e da paciência".

3 O oficiante do elemento Terra diz: "Dou as boas-vindas ao elemento Terra, que traz para este círculo e este casamento as bênçãos da estabilidade e de base sólida". O oficiante do Espírito diz: "Dou as boas-vindas ao elemento Espírito, que traz para este círculo e este casamento as bênçãos das sábias escolhas em tudo o que fizerem e disserem um para o outro".

4 O Parceiro 1 diz: "Diante destas pessoas, neste local e neste momento, prometo amá-lo/a e respeitá-lo/a, [nome do Parceiro 2]". O Parceiro 2 então diz: "Diante destas pessoas, neste local e neste momento, prometo amá-lo/a e respeitá-lo/a, [nome do Parceiro 1]".

5 Um convidado escolhido parte um pedaço de pão ao meio e oferece uma parte para cada parceiro dizendo: "Que nunca nada lhes falte e sempre compartilhem o que têm". Outro convidado escolhido oferece a cada parceiro vinho/suco de uva dizendo: "Que vocês bebam do mesmo cálice e lembrem-se sempre do amor que expressaram um pelo outro hoje".

6 O Parceiro 1 diz ao 2: '[Nome], eu lhe ofereço esta aliança, símbolo da unidade, com todo meu amor e como símbolo do meu compromisso com você". O Parceiro 2 repete as mesmas palavras.

7 Ambos os parceiros enrolam o cordão em torno dos punhos das mãos unidas e, olhando um para o outro, dizem ao mesmo tempo: "Eu me uno a você, por livre e espontânea vontade, respeitando seu direito de mudar e crescer. Prometo apoiá-lo/a, amá-lo/a e continuar ao seu lado enquanto houver amor. Assim seja!".

8 Ambos os parceiros saltam sobre o cabo da vassoura. O casamento está consumado, e a festa pode começar.

Cerimônia da ancianidade

A cerimônia da ancianidade ou do Sábio marca nossa entrada nessa fase da vida em que ficamos um pouco mais sábios, por já ter passado certo número de anos no planeta. Para as mulheres, a cerimônia é geralmente realizada após a menopausa, o que é um processo, e não uma época definida. Para os homens, o ingresso na ancianidade também é um processo marcado por algumas mudanças trazidas pela maturidade.

Por tradição, este ritual se tornou uma celebração em que amigos oferecem presentes e algumas palavras sobre a maturidade. O ritual descrito a seguir dá espaço para parentes e amigos apresentarem poemas, presentes e textos. Como todos os círculos em grupo, neste deve haver um oficiante para cada elemento e um oficiante para a/o Anciã/o.

RITUAL

Você vai precisar de:

- Ramos de sálvia seca para defumação (purificação do espaço/das pessoas)
- Coroa de sálvia e alecrim frescos

Como realizar o ritual:

1 Lance o círculo.

2 O oficiante do Ar diz: "Soprando do leste, os ventos da mudança. Montando suas vassouras através dos ares, vêm as Bruxas do Leste. Salve

A cerimônia da ancianidade reverencia a sabedoria das mulheres mais velhas.

e sejam bem-vindas!". [Todos respondem] "Salve e sejam bem-vindas!"

3 O Oficiante do Fogo diz: "Das chamas da Fênix surgem, velho, jovem e sábio, a força e a coragem refeitos. Salve e sejam bem-vindas!". [Todos respondem] "Salve e sejam bem-vindos!"

4 O oficiante da Água diz: "Chuvas, poças d'água, ribeirões, rios, mares e poderosos oceanos, todos eles são parte do grande ciclo. Salve e sejam bem-vindos!". [Todos respondem] "Salve e sejam bem-vindos!"

5 O oficiante da Terra diz: "Gaia, a mais velha, na qual tudo se dispersa e tudo se renova. Salve e seja bem-vinda!". [Todos respondem] "Salve e seja bem-vinda!"

6 O oficiante da cerimônia diz para a/o Anciã/o: "[Nome], nós nos reunimos para honrá-la/o em sua entrada na maturidade e para nomeá-la/o Anciã/o. A prata em seus cabelos vem do tempo passado sob a Lua, a sabedoria dos seus conselhos foi adquirida trilhando o caminho antes de todos nós e a habilidade das suas mãos, do tempo que passou tecendo a teia – fonte da vida para nós agora e para aqueles que virão depois. Salve e sinta-se honrada/o, Anciã/o". [Passa-se a fumaça pela/o anciã/o com as folhas secas de sálvia fumegantes antes de se colocar a coroa na cabeça dela/e]

7 Os amigos avançam um a um, leem poemas para a/o Anciã/o e oferecem elogios e presentes.

8 O oficiante da cerimônia diz para a/o Anciã/o: "Honrada/o, saiba que a dádiva da maturidade é a sabedoria. Que você possa oferecer essa sabedoria com bondade, gentileza e paciência. Lembre-se sempre de reconhecer a beleza e a força nas mudanças que o tempo trouxe ao seu corpo. Vá além das convenções e não se identifique com nada que não seja o seu verdadeiro eu. Bendita/o seja". [Todos respondem] "Bendita/o seja!"

Cerimônia do nome mágico

Quando você escolhe um nome mágico, precisa se apresentar, por esse nome, aos elementos e ao Deus e à Deusa. Esse ritual "sela" seu nome no nível espiritual, o que não significa que não possa usar um nome mágico diferente numa data posterior (pp. 148-51). Alguns covens preferem unir a nomeação e a iniciação numa única cerimônia, mas alguns bruxos acham melhor apresentar o nome mágico antes ou em vez da iniciação.

Antes do ritual, medite sobre uma divindade protetora, que pode ser um deus ou uma deusa com quem você tenha afinidade ou uma divindade da magia. Considere com antecedência que dons vai pedir a cada elemento em sua nomeação. Neste ritual, o "sujeito" refere-se à pessoa que está apresentando seu nome mágico.

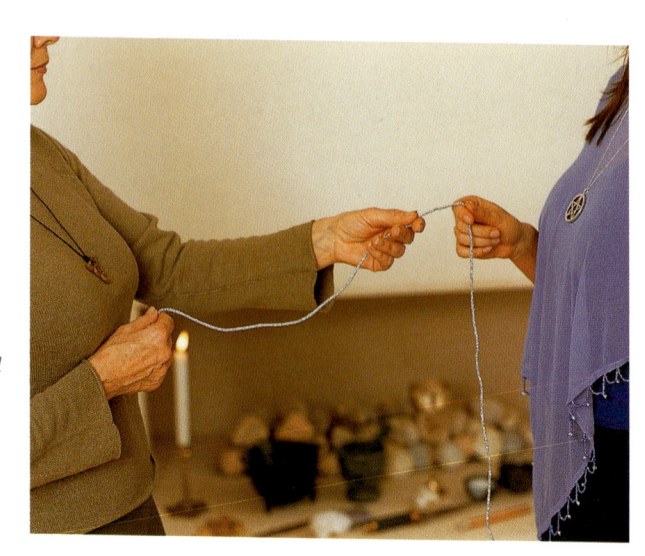

As cerimônias do nome mágico são um recurso formal para atrair a atenção do Deus ou da Deusa para a identidade espiritual que você escolheu.

RITUAIS E CERIMÔNIAS

RITUAL

Você vai precisar de:

- Incenso de iniciação
- Penas grandes no quadrante do Ar
- Sal no quadrante da Terra
- Água no quadrante da Água
- Velas de *réchaud* no quadrante do Fogo
- Cordão prateado/cinza no Espírito

Como realizar o ritual:

1 Lance o círculo.

2 Quatro oficiantes dão as boas-vindas aos elementos, como fariam normalmente num esbá.

O sujeito caminha para o centro e declara: "Neste espaço entre os mundos, apresento o nome pelo qual devo ser conhecido dentro do círculo sagrado, pelos elementos e pelo Deus e a Deusa. Eu me nomeio [nome] e convoco [Deus ou Deusa] para testemunhar e abençoar esse nome".

3 O sujeito se move *deosil* até o quadrante do Ar. O oficiante do Ar diz: "Por qual nome você será conhecido por mim?". O sujeito responde com o nome escolhido. O oficiante do Ar diz: "Que dons você me pede nesta sua nomeação?". O sujeito responde adequadamente. O oficiante do Ar responde espalhando a fumaça do incenso sobre o sujeito, com a ajuda da pena.

4 O sujeito passa pelos quadrantes do Fogo, da Água e da Terra repetindo o mesmo diálogo com cada oficiante: O oficiante do Fogo acende a vela de *réchaud*; o oficiante da Água borrifa o sujeito com a água; oficiante da Terra coloca uma pitada de sal na boca dele.

5 O sujeito vai até o centro e fica diante do Espírito. O oficiante do Espírito diz: "Por qual nome você será conhecido pela Deusa?". O sujeito responde. O oficiante do Espírito diz: "Que dádivas você pede a Ela nesta sua nomeação?". O sujeito responde. O oficiante do Espírito, em seguida, entrega ao sujeito o cordão prateado/cinza, que deve ser mantido num altar permanente ou em outro local seguro.

6 Faz-se os agradecimentos aos elementos e fecha-se o círculo.

Cerimônia da separação

A cerimônia de casamento wiccano estabelece um compromisso dentro de um espaço sagrado e ocorre nos níveis espiritual e emocional. É importante, portanto, caso o casal tome a iniciativa de se separar, que cortem esse vínculo dentro de um espaço sagrado. Embora as rupturas possam ser dolorosas, espera-se que o casal trate um ao outro com o mesmo respeito que prometeram demonstrar na união e resolvam seus assuntos de maneira civilizada.

O ideal é que ambos estejam presentes na cerimônia de separação, sozinhos ou acompanhados de testemunhas. Se isso não for possível, o ritual pode ser adaptado para que um dos membros do casal o realize sozinho. A celebração a seguir foi elaborada para um casal que tenha amigos presentes para servir de oficiantes e um advogado para ajudá-los na cerimônia.

RITUAL

Você vai precisar de:

- Um cordão preto longo o suficiente para que seja possível dar a volta nos dois punhos e deixar cerca de 30 cm de sobra
- Um athame afiado
- Vela preta
- Saleiro

Como realizar o ritual:

1 Lance o círculo.

2 Os oficiantes dão as boas-vindas aos elementos, como normalmente fazem no esbá. O advogado diz: "Estamos aqui porque [Parceiro 1] e [Parceiro 2] desejam se separar em honra do Deus e da Deusa e diante Deles, que abençoaram sua união. [Parceiro 1], você concorda que é por isso que está aqui?".

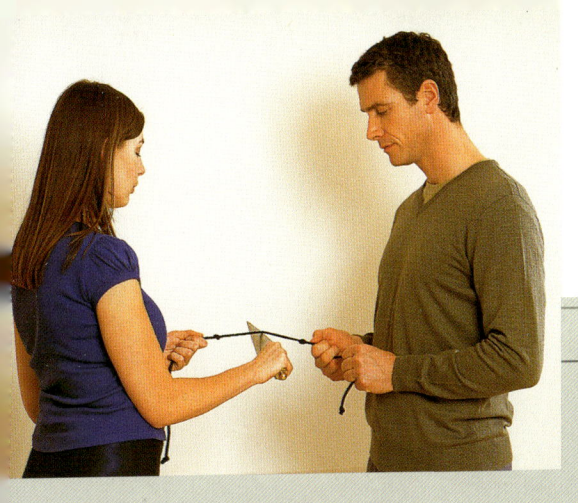

A cerimônia da separação é uma parte do processo de separação.

Parceiro 1 responde: "Sim". O advogado repete a fala para o Parceiro 2, que deve concordar.

3 O advogado acende a vela preta no centro do círculo dizendo: "Invoco Saturno, o Velho, o Sábio, para testemunhar a separação de [Parceiro 1] e [Parceiro 2]. Que a Deusa que os uniu agora testemunhe o rompimento do vínculo entre eles e abençoe cada um deles enquanto trilham caminhos separados".

4 O advogado amarra ou solicita que os parceiros amarrem as extremidades do cordão preto ao redor do punho da mão que foi amarrada com o do parceiro no casamento, deixando cerca de 30 cm de cordão esticado firmemente entre eles.

5 O Parceiro 1 desenha uma linha de sal sobre o piso entre ele e o parceiro dizendo: "Assim nos separamos". Parceiro 2 pega o athame e corta o cordão esticado entre eles dizendo: "Assim nos separamos".

6 O advogado diz: "Vocês se separaram com respeito; que a cura se inicie". As "pulseiras" de cordão preto devem ser removidas após o ritual e enterradas nas profundezas da terra e longe da casa do casal.

Ritual da bênção pessoal

Depois de grandes mudanças, de grandes traumas ou se está nos faltando autoconfiança, podemos sentir que precisamos de amparo espiritual. Este ritual da bênção pessoal supostamente se baseia numa tradição muito antiga. O sal representa a segurança e o santuário da terra; e a chama da vela representa a passagem desde o nevoeiro do medo até a luz da proteção da Deusa. O ritual a seguir foi elaborado para uma só pessoa. A Lua Negra é o melhor momento para realizá-lo. No entanto, como esse ritual é apenas para momentos de necessidade, você não precisa esperar por essa fase da Lua. O ideal é que o realize vestido de céu, ou seja, nu.

O ritual da bênção pessoal deve ser realizado apenas em momentos de necessidade.

RITUAL

Você vai precisar de:
- Vela branca
- Sal
- Óleo de unção (pp. 342-43) ou, se não tiver, azeite de oliva virgem

Como realizar o ritual:

1 Lance o círculo.

2 Dê as boas-vindas ao elemento Ar dizendo: "No leste, eu invoco o elemento Ar neste círculo. Que os Poderosos me protejam".

Repita isso movendo-se *deosil* ao redor do círculo e invocando o Fogo, a Água e a Terra, um de cada vez.

3 No centro, dê as boas-vindas ao Espírito dizendo: "No centro, nas margens e em todos os espaços intermediários, o elemento Espírito me guia e protege. Polvilhe o sal no chão à sua frente e entre nesse espaço dizendo: "A terra sob meus pés me oferece refúgio das angústias do mundo". Acenda a vela branca e recue.

Mergulhe a ponta do dedo no óleo e encoste-o nos pés, nos joelhos, nos genitais, nos seios e nos lábios dizendo no momento apropriado:

Benditos sejam meus pés; que eles possam percorrer o caminho sagrado
Bendito sejam meus joelhos; que eles nunca cedam com o medo
Bendito seja meu ventre/falo; sem o qual não existiríamos.
Bendito seja o meu peito; que meu coração seja forte dentro dele
Benditos sejam meus lábios; que eles possam expressar a vontade da Deusa

4 Fique sob a luz da vela dizendo:

Entro na luz da Deusa, em seus braços e em sua proteção
Sua luz é meu escudo e minha armadura
Ela anda comigo a cada passo
Ela está acima e abaixo de mim
Para o leste e oeste
Diante e atrás de mim
Dentro e ao meu redor

5 Feche os olhos e permaneça no calor e à luz da vela por quanto tem desejar.

Cerimônia fúnebre

O último rito de passagem é aquele em que a pessoa se despede da vida e segue para a morte. Embora as crenças wiccanas variem, existem algumas tradições associadas à passagem para o Outro Lado. Rhiannon, deusa celta dos cavalos e da justiça natural, é vista como a divindade que recebe os mortos do outro lado da vida. A referência aos "doces pássaros de Rhiannon" no ritual a seguir é uma alusão à crença de que, sob o comando dessa deusa, o canto dos pássaros conduz o espírito dos mortos, para facilitar sua passagem.

Os funerais servem a um propósito diferente daquele de um serviço memorial. O ritual apresentado aqui é uma espécie de "compromisso", ou seja, o cumprimento do nosso dever de cuidar do corpo e do espírito dos mortos. Num funeral pagão, não é incomum deixar o corpo do falecido à vista, sobre um catre, e vestido formalmente ou envolvido numa mortalha.

O funeral marca a transição da vida para a morte e o além.

RITUAL

Você vai precisar de:

- Ramos de alecrim, para que a pessoa falecida seja lembrada. Eles devem ser colocados sobre o corpo no momento apropriado.

Como realizar o ritual:

1 Lance o círculo com o corpo do falecido no centro.

2 O oficiante do Ar diz: "No leste, dou as boas-vindas ao elemento Ar e peço que nossas lembranças de [nome da pessoa falecida] permaneçam vivas e não se alterem com o passar do tempo".

O oficiante do Fogo diz: "No sul, dou as boas-vindas ao elemento Fogo e peço que nos lembremos dela/e como era em vida e mantenha essa lembrança viva em nosso coração".

3 O Oficiante da Água diz: "No oeste, dou as boas-vindas ao elemento Água e peço que o amor que ela/e trouxe para nossa vida permaneça conosco para sempre. O oficiante da Terra diz: "No norte, dou as boas-vindas ao elemento Terra e peço que sua presença entre nós e o que ela/e deixou para trás sejam honrados em sua morte como eram em sua vida".

4 O oficiante do Espírito diz: "[Nome], nós a/o enviamos em sua jornada a partir deste mundo com nossas boas lembranças, com nossos bons pensamentos, com nosso amor e com nossas mãos.

5 Parentes ou amigos podem fazer leituras breves ou oferecer músicas ou poemas, antes de pegar um ramo de alecrim e colocar sobre o corpo.

6 O oficiante do Espírito diz: "[Nome], que os doces pássaros de Rhiannon a/o guiem em sua jornada, que seu espírito voe como uma flecha até o coração do Sol, que seu espírito esteja em paz e possa descansar. Abençoada/o seja".

7 O corpo deve ser erguido do catre por vários participantes de altura semelhante e transportado para o local onde será cremado ou enterrado.

Glossário

Água Um dos cinco elementos. A água está nas chuvas que nutrem as colheitas e a vegetação, nos ribeirões, nos rios, nos mares e nos oceanos. No espaço sagrado, o quadrante da Água é, muitas vezes, decorado em azul, com contas de vidro; representações de criaturas do mar; ervas e flores "aquosas", como a rosa, o jacinto, a murta e a ligústica; e um cálice. Podemos acrescentar símbolos ou imagens associadas às divindades da Água, como Rhiannon, deusa galesa do renascimento, ou Iemanjá, deusa do mar na Umbanda.

Alexandrina Essa tradição da Wicca foi desenvolvida no ano de 1960, a partir do sistema gardneriano, e recebeu esse nome em homenagem a Alex Sanders, que com a parceira Maxine desenvolveu uma tradição que incorporava elementos de fontes judaico-cristãs, bem como aspectos dos mistérios gregos e egípcios e tradições celtas. Os alexandrinos reverenciam a Deusa Tríplice em todos os aspectos e o Deus dual.

Alfabeto das árvores celtas Os celtas tinham afinidade tão forte com as árvores que inventaram um "alfabeto das árvores", o *Beth-Luis-Nion*, às vezes chamado *Beth-Luis-Fearn*. Todas as letras estão relacionadas a um arbusto ou a uma árvore, e aqueles nascidos no mês lunar relacionado a essa árvore supostamente têm algumas de suas qualidades, como os signos do zodíaco na astrologia.

Altar Ponto focal para rituais e trabalhos de magia dentro do círculo. Por tradição, é montado no norte, mas às vezes no centro do círculo, lugar do Espírito. O altar é o local onde ficam os instrumentos e ingredientes dos rituais ou feitiços.

Anciã Mulher na menopausa.

Ankh Antigo símbolo egípcio associado a Ísis, a Grande Mãe e deusa da magia e da cura. A laçada é um símbolo yônico — sexual feminino —, enquanto a haste é um símbolo fálico. Em conjunto, produzem vida, e, portanto, o ankh é visto como a chave da fertilidade, do renascimento e da vida eterna.

Ar Um dos cinco elementos. No espaço sagrado, o quadrante do Ar é, muitas vezes, decorado em amarelo, com sinos de vento; penas; estatuetas de pássaros, sementes e ervas aromáticas, como lavanda ou hortelã; e varinhas. Essa decoração pode incluir símbolos ou representações das divindades associadas ao Ar: Atena, deusa da sabedoria; ou Hermes (Mercúrio), deus da velocidade e da comunicação.

Árvore da Vida A Árvore da Vida baseia-se no sistema antigo da Cabala e mostra uma estrutura de esferas arquetípicas organizadas num padrão geométrico que simplificam a natureza complexa da realidade.

Avalon A Ilha das Maçãs (fruto do Outro Mundo celta).

Balefire Fogueira ritualística exclusiva para trabalhos de magia ou rituais.

Beltane Festival do fogo celta. Celebrado no dia 1º de maio, no hemisfério Norte, e no dia 31 de outubro, no hemisfério Sul.

Bruxa ou *Hag* Aspecto antigo da Deusa que nos acompanha com grande compaixão, da vida até a morte.

Bruxo/a de aldeia Homem ou mulher que serve uma comunidade e conhece os modos da natureza, a magia das ervas e a cura tradicional.

Bruxos solitários Bruxos que praticam sozinhos

Cabala ou **Qabalah** Derivado do antigo misticismo judaico, corpo de conhecimento esotérico que supostamente contém os segredos do Universo.

Cálice O cálice está associado à Água e é, por tradição, oferecido de presente ao bruxo, pois representa o elemento Amor. É o receptáculo do vinho ou do suco passado pelo círculo antes do fim de um ritual e pode ser usado em trabalhos de magia.

Casamento wiccano ou *Handfasting* Cerimônia de casamento à moda wiccana. As cerimônias geralmente incluem votos que valem por um ano e um dia ou pelo tempo que o amor durar. Esse é um reconhecimento de que as pessoas continuam mudando depois que se apaixonam, e que o juramento de que ficarão juntas pela eternidade pode não refletir isso.

Chamado da Deusa (O) Poema que uma sacerdotisa recita nos esbás.

Círculo O círculo representa um paradoxo universal e espiritualmente relevante – é uma forma sem começo nem fim. Na Wicca, fazemos a maior parte dos nossos rituais e trabalhos de magia dentro de um círculo, lançado por um bruxo para definir os limites do lugar onde ficamos diante de nossas divindades, onde fazemos magia e entramos em estados alterados de consciência.

Círculo sagrado Círculo lançado pelos bruxos para definir os limites do lugar onde ficamos diante de nossas divindades, onde fazemos magia e entramos em estados alterados de consciência. Esse espaço é sagrado porque é dedicado ao Deus e à Deusa e ao seu trabalho. Os limites do círculo são protegidos pelos elementos e pelas divindades que evocamos e reverenciamos.

Cordão da iniciação Cordão cujo comprimento é a soma da altura exata do iniciado, seu perímetro encefálico e a circunferência do tronco, na altura do coração.

Coven Grupo de bruxos. É comum que os covens se reúnam para trabalhar em círculo pelo menos uma vez por mês, nos esbás. Covens maiores também podem lançar círculos com a presença de apenas alguns membros, como sessões de treinamento para recém-chegados. É comum que os covens sejam convocados para realizar trabalhos de cura ou quando há uma crise ou emergência envolvendo um membro do grupo. Alguns covens antiquados ainda têm um sumo sacerdote ou sacerdotisa, embora muitos agora passem esse cargo aos membros mais experientes do grupo ou o dispensem completamente se o grupo estiver organizado de maneira não hierárquica.

Dédalo Os dédalos (*mazes*, em inglês) são símbolos das funções do lado esquerdo do cérebro, a racionalidade e a razão.

Deosil Sentido horário.

Druida Sacerdote celta pagão que reverencia a natureza como divindade; celebra, geralmente, os quatro principais festivais solares e reverencia um Deus ou uma Deusa. Os celtas, às vezes, se organizam em linhas iniciáticas e hierárquicas, mas nem sempre. Os druidas podem ser homens ou mulheres.

Elementos Os cinco elementos sagrados dos quais o Universo é composto: Ar, Fogo, Água, Terra e Espírito.

Eostre Deusa da fertilidade associada ao equinócio de primavera.

Equinócio Os equinócios da primavera e do outono são os dois dias de equilíbrio perfeito entre as horas da luz do dia e da noite. No hemisfério Norte, o equinócio de primavera é em 21 ou 22 de março, e o equinócio de outono em 21 ou 22 de setembro. No hemisfério Sul, os equinócios são invertidos.

Esbá Os esbás são, por tradição, círculos da Lua cheia. Os covens geralmente os celebram, embora alguns prefiram celebrar também outras fases da Lua ocasionalmente. O principal objetivo dos esbás é celebrar e reverenciar as divindades, cultivar o desenvolvimento espiritual, desenvolver habilidades mágicas e ritualísticas e gerar energia para lançar feitiços.

Escriação Técnica de focar a atenção numa superfície reflexiva, como um espelho, uma bola de cristal ou a chama do fogo, para receber imagens e pensamentos que revelem uma verdade ou uma mensagem relativa a uma situação específica.

Espiral A espiral representa as ordens microcósmica e macrocósmica do Universo. Como a teia, é um símbolo do elemento Espírito.

Espírito O quinto elemento, que faz com que os quatro primeiros se unam em certas proporções e formas, para produzir a vida e o Universo como os conhecemos. O Espírito é o tecelão sagrado dos elementos e, por ser "a ligação" entre todos, é, junto com os outros quatro, igualmente a causa e parte do Universo. Também é a grande teia da vida que une todos os seres. No espaço sagrado, o Espírito fica no centro do espaço ritual. É decorado em roxo ou branco e pode incluir símbolos e totens de aranha e de teia, representando patronos divinos "mágicos", como Hécate ou a Mulher Mutante.

Estrela de seis pontas A estrela de seis pontas une os símbolos dos quatro elementos, e sua simetria demonstra visivelmente o princípio hermético: "Assim em cima como embaixo". Na Wicca, essa estrela é símbolo de significado hermético, bem como da conjunção dos elementos. Também conhecida como estrela de Davi, símbolo da fé judaica.

Fogo Um dos cinco elementos. O Fogo é visto no calor do Sol e na temperatura necessária para manter todas as coisas em equilíbrio. No espaço sagrado, o quadrante do Fogo é, muitas vezes, decorado em vermelho, com velas e lamparinas; estatuetas de dragões ou salamandras; flores e ervas; especiarias e resinas, como olíbano, canela, cacto ou coentro; e athames (facas dos bruxos) ou espadas. Essa decoração pode incluir símbolos ou imagens de divindades associadas ao fogo: Brighid, deusa do fogo celta, ou Belenos, deus do Sol.

Gaia A mãe primordial da Terra, que deu à luz patenogenicamente (sem inseminação) às águas, ao céu e às montanhas. O biossistema interconectado que liga todos os seres e elementos do planeta, como um todo, é chamado Gaia.

Gardneriana Tradição cujo nome homenageia Gerald Gardner e envolve elementos de tradições antigas e, devido às suas origens, o folclore e os costumes do paganismo inglês.

Hécate Deusa negra da magia, tecelã de sabedoria e guardiã das encruzilhadas.

Hereditário Na Wicca, hereditário é um bruxo que herdou o conhecimento da Arte através da própria família ou pela iniciação num grupo hereditário.

Imbolc Festival de fogo celta. Comemorado no dia 1º ou 2 de fevereiro no hemisfério Norte e em 1º ou 2 de agosto no hemisfério Sul.

Iniciação Ato de compromisso com a Deusa – patrona das iniciações –, no qual o bruxo sinaliza para a grande teia que conecta todas as coisas que está diante das divindades para se dedicar aos caminhos dos Sábios.

John Barleycorn Aspecto amoroso e paternal do Deus. Casa-se com a deusa grávida em Beltane e sua vida é ceifada no Lughnasadh, com a colheita, para alimentar as pessoas.

Labirinto O labirinto unicursal descreve a jornada da vida, desde o nascimento, passando pela morte, até o renascimento, e é encontrado em muitos monumentos antigos, no mundo todo.

Lei Tríplice ou **do Triplo Retorno** Crença de que tudo o que você faz volta para você multiplicado por três.

Litha Solstício de verão. Celebrado em 21 ou 22 de junho, no hemisfério Norte, e em 21 ou 22 de dezembro, no hemisfério Sul.

Lua cheia Fase da Lua em que ela está totalmente iluminada pelo Sol.

Lua crescente Fase da Lua em que ela aumenta progressivamente.

Lua minguante Fase da Lua em que ela diminui progressivamente.

Lua Negra Termo wiccano usado quando a Lua está totalmente coberta pela sombra da Terra. Acontece mensalmente, nos três dias que antecedem a Lua Nova.

Lua nova Fase em que a Lua está totalmente coberta pela sombra da Terra.

Lua Satélite mais próximo da Terra. Produz as marés das águas e influencia os ciclos reprodutivos de alguns animais. O ciclo completo da Lua, ao longo das fases, desde a Lua nova (ou Negra), passando pela crescente, pela cheia, até a Lua nova novamente, é de 29,5 dias.

Lughnasadh Festival do fogo celta. Celebrado em 1º ou 2 de agosto, no hemisfério Norte, e em 1º ou 2 de fevereiro, no hemisfério Sul.

Magon ou Modron Equinócio de outono. Celebrado em 21 ou 22 de setembro, no hemisfério Norte, e em 21 ou 22 de março, no hemisfério Sul.

Nó celta Nó formado com um único fio, que representa a natureza da eternidade e do Universo.

Olho de Hórus Proteção contra o mal e símbolo da "vidência" ou da sabedoria. Hórus é deus da saúde e da regeneração, e, seu símbolo carrega alguns significados para pagãos contemporâneos.

Ostara Equinócio de primavera. Celebrado em 21 ou 22 de março, no hemisfério Norte, e em 21 ou 22 de setembro, no hemisfério Sul.

Pentáculo Estrela de cinco pontas, o chamado "pentagrama", dentro de um círculo. O pentáculo representa o círculo da Terra ou a natureza unificada do Universo. As cinco pontas representam os cinco elementos sagrados: Ar, Fogo, Água, Terra e Espírito.

Pentagrama Estrela de cinco pontas, um dos símbolos mais comuns na Wicca.

Politeísta Religião que não cultua apenas um deus ou uma deusa.

Rede Palavra derivada do inglês antigo e do alto alemão antigo que significa "conselho".

Rede Wiccana Guia para se tomar decisões sobre como agir.

Roda de oito raios Símbolo do ano sagrado, cada um representando um dos sabás sazonais. Às vezes simboliza a Roda da Fortuna, deusa do acaso e do destino no panteão romano.

Runas Letras de um alfabeto germânico antigo, desenvolvido nos últimos dois mil anos, até formar 24 símbolos. Os caracteres são formados por linhas retas, o que reflete suas origens, quando eram esculpidas em pedra ou madeira. As runas também têm significado que vai além do uso na escrita ou na sua fonética; incorporavam conhecimento e poder esotéricos e eram usadas para divinação e magia.

Sabás Festivais sazonais. São oito os festivais sazonais ao longo do ano wiccano: Samhain, Yule, Imbolc, Ostara, Beltane, Litha, Lughnasadh e Mabon.

Sábios Na Wicca, os bruxos de ambos os sexos também são chamados Sábios.

Samhain Festival do fogo celta. Celebrado no último dia de outubro, no hemisfério Norte, e no dia 1º de maio, no hemisfério Sul.

Seax-Wica Tradição criada por Raymond Buckland, que também introduziu a Wicca nos Estados Unidos. A Seax-Wica baseia-se na estrutura gardneriana, mas abrange aspectos da tradição anglo-saxônica e da picta escocesa.

Sefirot Esferas da Árvore da Vida, na Cabala. Cada esfera (Sefirá) representa um aspecto da vida e da iluminação espiritual, e cada uma tem correspondências com os planetas e os anjos.

Senhor da Colheita ou **Green Man** Consorte da Deusa e o espírito antigo dos Greenwood. Na Wicca, o Senhor da Colheita é visto como aspecto do deus e defensor do meio ambiente.

Solstício Os solstícios de inverno e de verão são os dias mais curtos e mais longos do ano, respectivamente. No hemisfério Norte, o dia mais curto do solstício de inverno geralmente é 21 ou 22 de dezembro; o dia mais longo do solstício de verão é 21 ou 22 de junho. No hemisfério Sul, os solstícios se invertem.

Tarô Baralho que consiste em 72 cartas, todas simbolizando aspectos arcanos de acontecimentos, personalidades e influências em nossa vida. Existem também quatro naipes: Copas, Ouros, Espadas e Paus, que correspondem aos quatro primeiros elementos sagrados da Wicca – Copas corresponde ao elemento Água, Ouros ao Terra, Espadas ao Ar e Paus ao Fogo.

Teia Rede da vida através da qual todos os seres estão ligados. A teia simboliza a conexão sagrada, que também entendemos como Espírito e/ou o Deus e a Deusa.

Terra Um dos cinco elementos. A Terra é encontrada nas rochas, nas montanhas, nos vales e nas cavernas subterrâneas. No espaço sagrado, o quadrante da Terra é normalmente decorado em verde e contém plantas vivas; madeira; cristais e pedras; galhos caídos e imagens de criaturas da floresta; ervas "terrestres"; resinas e óleos como patchouli, cipreste, teixo ou mandrágora; e um pentáculo. O quadrante da Terra pode incluir imagens de divindades apropriadas, como Deméter, deusa da colheita ou o Senhor da Colheita.

Terras do Verão ou **Summerlands**. Na mitologia celta, esse é o reino da eterna juventude, onde as águas têm poderes de cura que revitalizam os idosos, os doentes e os que sofreram em vida. Quando alguém morre, alguns bruxos dizem que essa pessoa foi para as Terras do Verão.

Trísceles Símbolo de três braços da arte celta que representa o poder do três – Terra, Água e Fogo.

Visualização Capacidade de manter, no olho da mente, aspectos da paisagem espiritual interior ou imaginar o resultado pretendido de um feitiço. A visualização é parte importante do processo de autodesenvolvimento, dos trabalhos de magia e dos rituais.

Widdershins Sentido anti-horário.

Yule Solstício de inverno. Celebrado em 21 ou 22 de dezembro, no hemisfério Norte, e em 21 ou 22 de junho, no hemisfério Sul.

Índice Remissivo

Afrodite 106, 109-10
Água 31-2, 76-9, 84-5
  correspondências 211
  escriação 300
  limpeza do espaço 198-99
  símbolos 78, 315
água salgada, limpeza do espaço
  198-99
alexandrina, bruxaria 16-17, 97
alfabetos
  alfabeto das árvores celta 304,
    346-7
  runas 350-57
alquimia 310-13
altares 194-97
amarelo 321
amor 29
  combinação de incensos 342
  feitiços 250-51, 254-55
ancianidade, cerimônia de 45, 372-73
Angus 106, 120
animais espirituais 144-47
ankh 318
Anúbis 116
Apolo 108, 346
Ar 31-2, 76-9, 80-1
  correspondências 210
  símbolos 78, 315
arco-íris 323

Arhianrhod 100, 120
Áries 110
Arte, iniciação na 225
Ártemis 107, 108-09
Arthur, rei 35, 72, 180, 361-62
Árvore da Vida 306, 308-09
árvores 33, 344-49
Asatrú 99
Astarte 128
astrologia 208, 213, 290-91
athame 200, 203, 277, 349
Atena 80, 109, 346
autoconhecimento 21
autoiniciação 224
azul 322

balefire 240-41
banimento, feitiço 264-65
Bast 116
beijo quíntuplo 229
Bel 121
Belenos 82, 100, 121
Beltane 50, 55, 66-7, 361, 362
  visualização 168-71
biscoitinhos da lua 238
Bloddeuth 122-23
bolas de cristal, escriação 298-99
branco 320
Brighid 52, 62-3, 82, 100, 121-22

Bruxaria tradicional britânica ou
  inglesa 16-7
bruxos, papéis 220-21
  ver também Wicca
bruxos solitários 97
Buckland, Raymond 97

Cabala 152, 302-09
cálice 200
cântico 270-71
casamento 44, 45
casamento wiccano 44, 45, 370-71
celtas
  alfabeto das árvore 304, 346-47
  divindades 100, 101, 120-28
  festivais do fogo 52-5, 57, 207
  mitologia 35-7
  nós 317
Ceridwen 123
cerimônia da separação 376-77
cerimônia da ancianidade 372-73
cerimônia fúnebre 44, 380-81
cerimônias *ver* rituais
Cerne 100, 123
chakras 202, 268-69
  abertura 139
  feitiços 251
Chamado da Deusa, O 24, 29, 95, 194, 233
Chifre da Abundância 319
chumbo 312

ciclo da vida 34-9, 44-5
ciclo lunar 43
círculos de pedra 47, 186
cobre 312
comida, preparando 238-39
concentração, trabalho com feitiços 266-67
cor-de-rosa 323
cordões, trabalho no círculo 201
cores 199, 320-23
cornucópia, símbolo da 319
correspondências, melhor ocasião
  para feitiços e rituais 206-15
Cosmos wiccano 40-3
covens 230-39
  cozinha 238-39
  organização 234-37
  papéis 230-32
cozinha do coven 238-39
criadores de padrões 245
Crowley, Aleister 245, 303
cruz solar 319
cura 221
  como direcionar e liberar energia 276-77
  covens 234
  feitiço de cura 252-53

Dagda 124
dança 267, 273
Danu 124

dédalos 314
Delfos 21
Deméter 26, 86, 107, 110
desafio, cerimônia de iniciação 226, 228
Deus 24-7, 104-05, 362
  ver também divindades
Deusa 18, 24-7, 104-05
  Deusa Anciã 59
  Deusa Donzela 362
  figuras 319
  mitos e histórias 358-59, 362-63
  O Chamado da Deusa 24, 29, 95, 194, 232-33
  símbolos 317
  ver também divindades
Diabo 19
Diana 108-09
diânica, Wicca 98
dias da semana, melhor ocasião para feitiços e rituais 207-08, 214-15
Dionísio 98, 111
Dis 124
divinação
  combinação de incensos 343
  runas 351-52
  Tarô 293, 296-97
divindade protetora 140-43
divindades 24-7, 103-31
  africanas 128-31
  asiáticas 128
  divindade protetora 140-43
  do Oriente Médio 128-31
  egípcias 100, 116-20
  gregas 100, 101, 108-16
  panteões 101
  romanas 100, 108-16
dourado 323
druidas 99, 348
Duncan, Helen 95

ecléticos 98
elementos 31-2, 75-89
  cerimônia de iniciação 229
  cores 199
  correspondências 210-11
  definição 199
  símbolos 78, 315
  Tarô 293
  visualização para o equilíbrio 156-59
emprego, feitiço para conseguir 258-59
energia
  cânticos 270-71
  chakras 268-69
  cinética 267
  dança 273
  direcionar e liberar 276-77
  energia sexual 274

lançamento do círculo 202-03
toque de tambores 272-73
trabalhos de magia 266-67
ensopado do círculo 239
envelhecimento 45
Eostre 125, 362
Epona 126
equilíbrio 20-1
   visualização 156-59
equinócio de primavera 42, 50-1, 52, 57, 64-5
equinócio de outono 42-3, 50-1, 52, 72-3
equinócios 42-3, 50-2, 207
esbás 230, 234, 366
escriação 298-300
espaços sagrados 194-97
especiarias 331-32
espelhos, escriação 300
espinheiro 348, 349
espirais 37, 38-9, 190-91, 316
Espírito 31-2, 77-9
   correspondências 211
   símbolos 78, 315
   teia 244-45
espiritualidade 24-9
estações 18, 42-3
estanho 312
Estrela de Davi 316
estrela de seis pontas 316
estrelas 18

éter 88
ética 20-1, 248-49
exorcizar a água 198-99

facas
   athame 200, 203, 277, 349
   trabalho no círculo 200
feitiços 204-05, 243-77
   amor 254-55
   banimento 264-65
   cura 252-53
   emprego ou promoção 258-59
   feitiços mais populares 250-51
   fertilidade 260-61
   gerar energia 266-67
   melhor ocasião 206-09
   prosperidade 256-57
   proteção 262-63
   runas 352
   Tarô 297
ferro 312
fertilidade, feitiço da 260-61
   símbolos da 65
festivais solares 42-3, 51, 57, 207
   visualizações 160-77
festival da colheita 70-1
filosofia wiccana 20-1
Flora 111
Fogo 31-2, 76-9, 82-3
   Beltane 67
   correspondências 210

símbolos 78, 315
trabalho no círculo 240-1
fogo, escriação 300
fogo, festivais do 52-5, 57, 207
fogueira ritualística *ver balefire*
folclore das árvores 348-49
Fortune, Dion 245
Freia 100, 126, 351, 354, 355
Frigga 100

Gaia 30-2, 111
Gardner, Gerald 95, 96
gardneriana, bruxaria 16-17, 96
gays e lésbicas 98, 274, 275
gênero, polaridade de 224, 275
Green Man *ver* Senhor da Colheita

Hag 362
Hagal 351, 354, 356
handfasting ver casamento wiccano
Hathor 116-17
Hécate 106, 111-12
Hefesto 113
Hera 113
herbologia 324-35
hereditários 97
Hermes 80, 113-14
Hermes Trismegisto 310
Herne 26, 66, 100, 123-24, 348
Hesta 114
horas planetárias 208, 212

Hórus 117, 318
Iansã 105-6, 130
Iemanjá 84
Imbolc 50, 52-5, 62-3, 362
  visualização 164-7
incenso 336, 337-9, 342-3
iniciação 222-9
  combinação de incensos 342
Innanna 130, 358-59
instrumentos, trabalho no círculo 200-01
intuição 285
Isis 100, 118, 318
junto e misturado, nomes mágicos 217

Kali 130-1

labirintos 38, 39, 316
Lammas 55, 70-1, 362
lebres 64-5
Lei da Bruxaria (1736) 94-5
Lei do Triplo Retorno 248
Lei Tríplice 248
Leis da magia 248-9
Lenda da Deusa 35
Lilith 131
limpeza do espaço 198-99
Litha 50, 51-2, 57, 68-9
  visualização 172-74
Livro das Sombras 308

Loki 100
Lua 18
  ciclo 43
  combinação de incensos 343
  e sonhos 286
  Lua Tríplice 319
  melhor ocasião para feitiços e rituais 206, 208
  signos 213
  Templo da Lua 152-55, 306
Lugh 26, 126-27
Lughnasadh 50, 55, 70-1
  visualização 176-79

Mabon 50, 52, 72-3
  visualização 180-83
Macha 127
Maeve 127
magia 27-8, 243-77
  como desenvolver seus poderes 280-81
  gerar energia 270-73
  magia sexual 274-75
  magia simpática 206, 251
  nomes mágicos 148-51
  princípios, leis e ética 248-49
  trabalho com chakras 268-69
marés 18
medidas 201, 237
meditação 282-83, 297, 352
meio do inverno 60-1
meio do verão 68
menstruação 44
mercúrio 313
metais, alquimia 311-13
mitos 358-63
Mitra 131
Modron *ver* Mabon
monumentos pré-históricos 37-8, 46-7
Morrigan 127
mortalha, medidas da 380
morte, ciclo da 34-39
  cerimônia fúnebre 380-81
  Dia dos Mortos 45
  Festival dos Mortos 58-9
  Mundo Subterrâneo 72-3, 358-59

não prejudicar ninguém 23, 209
nascimento 44
natureza ciclos de vida e morte 34-9
  divino na 18, 24
  Néftis 118-19
  paisagem sagrada 46-7
  teia da Terra 30-2
Nightmare, Macha M. 98
nomes
  cerimônia de nomeação 44, 368-69
  cerimônia do nome mágico 374-75
  nomes mágicos 148-51
  trabalho no círculo 198
nós celtas 317
Nuada 127-28

nudez, cerimônia de iniciação 227
numerologia, nomes mágicos 216-17
Nut 119

ocasião
　melhor ocasião para feitiços e
　　rituais 206-15
　trabalho no círculo 193
Odin 100, 128, 351
óleos 325, 336-41
óleos essenciais 336-41
Olho de Hórus 318
Osíris 119, 346
Ostara 50, 52, 64-5, 125-26
ouro 313
ovos, símbolos de fertilidade 65

paganismo 99
paisagem sagrada 46-7
Pan 114
papéis nos covens 230-32
pedras, runas 353
pentáculo 79, 200-01, 314-15
pentagrama 314-15
Perséfone 114-15, 358-59
planetas 18
　astrologia 291
　horas planetárias 208, 212
plantas
　árvores 344-49
　herbologia 324-35

Plutão 115
poderes psíquicos 281
poluição 221
prata 313
prateado 323
preto 321
promoção, feitiço para conseguir
　258-59
prosperidade, combinação de incensos
　343
　feitiço de 256-57
proteção, feitiço de 262-63
purificação, combinação de incensos
　342

Quatro Pilares 21

Radical Faery Tradition 98
reciclagem 36
Reclaiming Tradition 98
Rede Wiccana 19, 22-3
reencarnação 35-7
Rei do Azevinho 361
Rei do Carvalho 361
religião de mistério 40, 280-81
renascimento 35-7, 61
Rhiannon 84, 100, 106, 126, 380
rituais 18-19, 204-05
　cerimônia da ancianidade 45,
　　372-73
　cerimônia da nomeação 368-69

cerimônia da separação 376-77
cerimônia do nome mágico 374-5
cerimônia fúnebre 44, 380-81
casamento wiccano 44, 45, 370-71
correspondências 206-15
iniciação 222-29
lançamento do círculo 202-03
organização do coven 234-35
principais rituais 366-81
ritual da bênção pessoal 378-79
roda de oito raios 317
roxo 322-23
runas nórdicas 304, 350-57

sabás 49-73, 234-55, 366
sabedoria 16
sacerdotes e sacerdotisas 221, 230
Samhain 50, 55, 58-9, 361, 362
  visualização 160-61
Sanders, Alex 96
Saturno 106
Seax-Wica 97
Sefirot 302-7
segunda-feira 207
Segurança
  fogo 240
  óleos essenciais 339
Sekhmet 119
Selene 115
senhas, cerimônia de iniciação 228
Senhor da Colheita 55, 66, 86, 318, 348, 361

visualização 168-71
Set 119
sexual, polaridade 275
sexualidade 29
  cerimônia de iniciação 226
  magia sexual 274-75
símbolos 77-8, 314-19
  árvores 345-6
  definição dos elementos 199
  magia simpática 206, 251
  runas 350-57
  sonhos 287
sistema de graus, iniciação 223-24
Sol
  cruz solar 319
  melhor ocasião para feitiços e
    rituais 206
  solstício de verão 68-9
solstício de inverno 42, 50-1, 60-1
solstício de verão 42, 50-2, 68-9
  visualização 172-74
solstícios 42-3, 50-2, 206
sonhos 284-88
lúcidos 287-88
Starhawk 98

tambores, toque de 271, 272-73
Tarô 292-7, 302, 304
teia 30-2, 88-9, 244-45, 316
terapias alternativas 221
terapias complementares 221
Terra (elemento) 31-2, 76-9, 86-7

correspondências 211
símbolos 78, 315
Terra (planeta)
estações 42-3
teia da Terra 30-2
Terras do Verão 35-7, 72, 180
Thor 100, 128
Thoth 120
trabalho feitiço para conseguir
   emprego ou promoção 258-59
trabalho no círculo 185-217
   cerimônia do nome mágico 374-75
   covens 230-32, 234-36
   como direcionar e liberar a energia
      276
   definição dos elementos 199
   fogo 240-41
   instrumentos 200-01
   lançamento do círculo 202-03
   lapsos de tempo 193
   limpeza do espaço 198-99
   toque de tambores 272-3
   nomes 216-17
   preparação para o 245-6
   rituais e feitiços 204-09, 251
   trabalho vocal 271
tradição nórdica 99, 100, 120-28
tradições 92-3
transformação 37, 88-9, 191
triângulos 317
Tríplice, Lei 248

Triplo Retorno, Lei do 248
tríscele 317
Tyr 351, 354, 357

Universo 35, 37, 40, 267
Urano 115

Valiente, Doreen 95
varinhas 201, 277
velas
   definição dos elementos 199
   escriação 300
   trabalho no círculo 240
verde 322
vermelho 321
vestido de céu, cerimônia de iniciação
   227
vingança, feitiços 250-51
vinho 200
visualização 133-83, 267
visualização orientada 306 *ver também*
   visualização

Wicca
   caminhos diferentes 94-9
   círculos sagrados 185-217
   conhecimentos e habilidades
      279-363
   cores 320-23
   cosmos 40-3
   covens 230-39

divindades 24-7, 100-01
deuses e deusas 103-31
elementos 75-89
espiritualidade 24-9
iniciação 222-29
filosofia e ética 20-1
magia 243-77
o que é 16-9
rituais e cerimônias 365-81
sabás 49-73

símbolos 314-19
tradições 92-3
visualização 133-83
Woden (Odin) 100, 128, 351

Yule 50, 51, 52, 60-1

Zeus 115-16
zodíaco 213, 290-91

Agradecimentos

Fotografias especiais: © Octopus Publishing Group Limited/Russell Sadur

Outras fotografias: Alamy/Nigel Hicks 68-9; /Ronald Weir 38-9. **Bridgeman Art Library, Londres/Nova York**/www.bridgeman.co.uk/Bibliotheque Nationale, Paris, França 358; /Freia em busca do consorte, 1852 (óleo sobre tela), Blommer, Nils (1816-53)/Nationalmuseum, Stockholm, Sweden 125; /Lambeth Palace Library, Londres, Reino Unido 307; /Manchester Art Gallery, Reino Unido 363; /National Museum of Iceland, Reykjavik, Islândia 126; /Coleção particular, The Stapleton Collection 302; /Royal Library, Copenhagen, Dinamarca 129. **Collections**/Robert Pilgrim 360; /Brian Shuel 66. **Corbis UK Ltd**/58, 196; /Alinari Archives 106; /Bettmann 300;/Jim Craigmyle 178; /Gianni Dagli 117; /Macduff Everton 350-51; /Freelance Consulting Services Pty Ltd 190-91; /Greenhalf Photography 63; /Jason Hawkes 175; /Angelo Hornak 130; /Arquivo iconográfico 311; /Mimmo Jodice 112; /Araldo de Luca 109; /David Muench 192; /Kevin Schafer 46-7; /Ted Spiegel 36; /Sandro Vannini 105; /Adam Woolfitt 189;/Roger Wood 118. **Mary Evans Picture Library** 122. **Getty Images** 21, 92-93, 168, 320, 369;/Adastra 209; /Richard Ashworth 100; /Ken Biggs 152; /Brand X Pictures 148-149; /Thomas Broad 22; /Comstock Images 30; /Nick Dolding 244; /Georgette Douwma 167; /Robert Everts 17; /Fischer 64; /Ken Gillham 367; /Peter Gridley 104; /A. Hansen 9; /Robert Harding 144; /Tom Murphy 142; /Fergus O'Brian 172; /Photodisc Green 241; /Planet Earth/Mike Coltman 164; /Jurgen Reisch 31; /David Sacks 34, 283; /Miquel S. Salmeron 19; /Tom Schierlitz 313; /Steve Taylor 353; /Adrian Weinbrecht 138; /Frank Whitney 67. **Octopus Publishing Group Limited** 16, 26, 33, 61, 70, 81, 82, 197, 250, 282, 284, 286, 290, 291, 292, 299, 324, 348; /Colin Bowling 328 em cima, à direita, 329 embaixo, à direita, 330, 332, 336, 338; /Michael Boys 98-99, 326; /Nick Carman 72; /Jerry Harpur 51, 334; /Mike Hemsley 83, 204, 205, 217, 240, 345; /Neil Holmes 327; /Sandra Lane 331; /Sean Myers 32; Ian Parsons 65, 85 embaixo, 143, 200, 294, 298, 323; /Peter Pugh-Cook 275; /Guy Ryecart 88; /Roger Stowell 325, 329 em cima, à esquerda, 340, 341; /Mark Winwood 194; /George Wright 62, 328 embaixo, à esquerda, 333. **Nasa** 20, 208. **Rubberball** 4-5, 79.

Com nossos agradecimentos à Mystics & Magic (www.mysticsandmagic.co.uk) pelo empréstimo dos acessórios fotográficos.